校园环境

上海市立信会计金融学院附属学校证大校区

上海市立信会计金融学院附属学校高行校区

上海市立信会计金融学院附属学校东陆校区

教师风采

陈安老师美术室工作照

陈婷老师"议论文片段写作训练"公开课

俞文瑞老师以"问题"激发学生的思维与语言能力公开课

张泽平老师执教"分数的除法"

张芸老师

汪启老师课堂风采

马晓萦老师执教《背影》

黄宇丹老师工作

文振华老师"秋游之辰山植物园"写作指导课

杨晓敏老师"安全记心上"公开课

赵萌萌老师"计算比赛场次"公开课

徐凤鸣老师公开课

徐双勤老师教学风采

宫雪老师主题教育课"中国力量——富强"

孙颖佳老师《曹冲称象》公开课

张葛依老师"习作单元教学"公开课

夏姬春老师执教"西疏东密的河流"

谢嘉阳老师初三化学"饱和溶液与不饱和溶液"教学掠影

李莉老师"走进数字博物馆"公开课

马宁老师执教"轴对称"

董长江老师"草莓成长日记"项目化学习公开课

葛圣妮老师执教《昆明的雨》

陈旭老师"我想更懂你"市级公开课

柴鸣嫣老师执教"体验不同运动方式：连续跳跃游戏与挑战"

顾天宇老师执教"课桌高度与学生身高等因素的探究"

孙悦青老师执教《富贵不能淫》

金昕老师"A visit to Ocean World"公开课

王佳卉老师"Open Day"公开课

杨嘉俊老师"Reading The grasshopper and the ant"公开课

尹小雪老师执教"海陆分布"

张娅梨老师"移动性技能：小小消防员"公开课

冯姿媛老师"Design for school uniforms"公开课

黄怡青老师项目化学习展示课

梁晓鸽老师《普罗米修斯》公开课　　　　　　　　　王雨菲老师教学展示课

邹萱老师"有趣的创意卡套制作展示"公开课　　　　印嘉妮"条形统计图"公开课

张书圆老师《我的伯父鲁迅先生》公开课

核心素养下的学校育人实践

主编 李杰

上海社会科学院出版社

图书在版编目(CIP)数据

核心素养下的学校育人实践 / 李杰主编． -- 上海：上海社会科学院出版社，2024． -- ISBN 978 - 7 - 5520 - 4416 - 4

Ⅰ．G632.421

中国国家版本馆 CIP 数据核字第 2024NK6887 号

核心素养下的学校育人实践

主　　编：李　杰
责任编辑：路　晓
封面设计：裘幼华
出版发行：上海社会科学院出版社
　　　　　上海顺昌路 622 号　邮编 200025
　　　　　电话总机 021 - 63315947　销售热线 021 - 53063735
　　　　　https://cbs.sass.org.cn　E-mail：sassp@sassp.cn
照　　排：南京前锦排版服务有限公司
印　　刷：上海新文印刷厂有限公司
开　　本：787 毫米×1092 毫米　1/16
印　　张：19.25
插　　页：4
字　　数：408 千
版　　次：2024 年 11 月第 1 版　2024 年 11 月第 1 次印刷

ISBN 978 - 7 - 5520 - 4416 - 4/G · 1365　　　　定价：96.00 元

版权所有　翻印必究

本书编委

主　编：李　杰
副主编：季　霜　鲁　敏
编　委：奚俊贤　韩　苂　陈　婷　陆美菁　徐双勤
　　　　　胡亚华　张泽平　俞文瑞　刘忠霞　姚美华
　　　　　张　芸　宫　雪　汪　启　高　静　尤　兰
　　　　　朱秀莲　金　杰　孙颖佳　张葛依　陈　旭
　　　　　沈　璞　张俊杰　陈　越　马晓紫

序言

上海立信会计金融学院附属学校，是浦东新区公办九年一贯制学校。在"构建以仁爱为核心思想的生态校园"办学理念的引领下，学校秉承"立品、笃学、拓新"的校训，坚持五育并举融合育人，凝聚师生力量，借力各方资源，着力内涵发展。

新课程标准落地后，我校直面改革、积极应变、主动求变，基于核心素养，以新一轮区级重点课题"指向创造力培育的义务教育阶段金融特色课程体系建构与实践"为引领，重新审视和建构符合我校实际的九年一贯制课程体系，以"生态课堂""生态作业"为抓手，将国家课程与校本课程深度融合，研究实践双线并进，生态研训主动发展，聚焦学生思维和能力的培养，积极探索教与学方式的变革。

课堂是教育的主战场，是人才培养的主渠道，核心素养必须落实在学科教学中。教师是立教之本，是落实立德树人根本任务的主体。尊重教育规律，尊重个性差异，关注学生终身发展，从学科特定的内容出发，将学科育人的理念融入目标的设立以及所展开的教学过程中，满足不同层次学生的学习需求，进而促进学生核心素养的发展，这是我校教师达成的思想共识。

本书呈现的是我校教师从多门学科、不同角度，在项目化学习、大单元设计、跨学科教学、金融特色、大数据赋能、多元评价等方面的实践，以及对核心素养下的学生创造力培养的思考与研究的优秀教育、教学成果。

躬耕教坛初心如磐，踔厉奋发兴校担当。我们将以培育学生核心素养为导向，在推进教育高质量发展的道路上，进一步探索多学科育人的新模式，凝心聚力，砥砺前行，为学生的全面发展和终身发展奠基。期待我校在教育教学方面的实践与思考能给更多的一线教育工作者带来启发，也殷切地希望广大教育同仁的批评指正。

李杰

2024 年 8 月

目 录

序言 ································· 李 杰 001

总 论

构建金融特色课程　培育学生的创造力 ··············· 李 杰 003
优化课程实施方式　强化融合育人功能 ··············· 李 杰 015

第一辑　五育并举　融合育人

浅谈新课标背景下课堂教与学方式的转变的实践
　　——以"二元一次方程及方程组"为例 ············ 张泽平 025
一张纸中的数学
　　——数学综合与实践活动的设计与组织 ············ 沈 璞 031
论初中数学教学中如何实现"五育并举" ·············· 马 宁 037
根植老上海"本土"资源，探索"情境式"主题活动的版画教学实践研究 ··· 陈 安 041
铸魂立根　育德润心 ························ 宫 雪 045
基于当代爱国诗歌教学传承红色基因
　　——以《乡愁》为例 ···················· 鲁 敏 050
探究新时代背景下初中语文教学与劳动教育的融合路径 ······· 葛呈妮 054
小学习作教学中运用支架式教学的策略研究
　　——以小学三年级上学期习作教学为例 ··········· 梁晓鸽 059
劳动教育在小学语文实践活动课程中的实施路径研究 ········ 孙颖佳 064
新课标下初中英语阅读德育渗透的探究 ·············· 杨嘉俊 068
初中地理教学中教与学的方式变革 ················ 夏姬春 072

第二辑　课题引领　学科教学

核心素养导向下的初中古诗词教学策略研究 …………………………………… 陈　婷　079
关注学习经历　提升思维品质 ………………………………………………… 马晓萦　084
基于"语感素养"养成，确定教学内容 …………………………………………… 汪　启　088
初中低学段写作策略探析
　　——以统编教材六、七年级（五·四学制）记叙类写作单元为例 ………… 文振华　092
聚焦核心素养　传承红色文化
　　——初中语文大单元教学（以八年级上册第二单元为例） ………………… 曹靖文　098
核心素养下"以学为基"教学理念的探索 ………………………………………… 张书圆　103
立足英语课堂教学，培养学生的语言能力 ……………………………………… 俞文瑞　108
语篇教学与思维训练 …………………………………………………………… 郑双娜　114
学科核心素养导向下小学英语单元作业初探 ………………………………… 陈昀娟　120
核心素养下教育戏剧在心理课的应用
　　——以初中亲子关系心理课"我想更懂你"为例 ……………………………… 陈　旭　126
基于核心素养的初中心理健康教育课程单元教学实践
　　——以《我的自传》为例 ………………………………………………………… 杨晶晶　132
核心素养视域下初中体育分层教学研究 ……………………………………… 郭志成　138
低年级基本运动技能的主题式探索与实践
　　——以立定跳远为例 …………………………………………………………… 张娅梨　142
对比法在初中化学教学中的应用 ……………………………………………… 徐双勤　146
核心素养视域下"5E教学模式"在初中化学教学中的实施研究
　　——以碳捕捉中定性为例 ……………………………………………………… 谢嘉阳　150
数学单元长作业的设计与实践
　　——以沪教版六年级数学下册第五章"有理数"为例 ………………………… 徐凤鸣　157
核心素养导向下小学高年级数学错题订正策略探究 ………………………… 赵萌萌　165
核心素养导向下的美育在音乐学科中的渗透与实践 ………………………… 徐　静　169
新质生产力背景下初中地理课堂创新路径研究 ……………………………… 尹小雪　175
承"跨学科"之力　落"双减"之要求
　　——新课程标准下小学语文作业的改革 …………………………………… 张葛依　180

第三辑　项目推进　数据赋能

生生不息吉祥纹 ………………………………………………	黄宇丹	189
核心素养导向下校园定向跑项目化学习的实践研究 …………	张　芸	198
学习素养视角下初中数学的项目化学习实践		
——以"设计教室地面铺装方案(平面镶嵌)"为例 ………	黄怡青	204
新课标科学学科核心素养引领下的项目化学习实践		
——以"小设计,大不同"校园微更新改造项目为例 ………	陈佳瑶	211
基于"五育融合"的跨学科项目化学习的设计与实践		
——以"草莓成长日记"为例 ………………………………	董长江	216
Design for school uniforms 项目案例 ………………………	冯姿媛	221
学校开放日设计 …………………………………………………	王佳卉	228
核心素养视域下初中英语项目化学习策略探究		
——以"Design for school uniforms"一课为例 …………	徐玮倩	236
对比传统课堂,谈对初中数学项目化学习的实践与思考		
——以"课桌高度与学生身高等因素的关系探究"项目化学习为例 …	顾天宇	239
基于项目化学习的整本书阅读教学设计		
——以《西游记》教学为例 …………………………………	孙悦青	245
依托项目化学习　畅游拼音王国		
——以统编版教材语文一年级上册第二、三单元"汉语拼音"为例 …	王雨菲	253
教学辅助材料在小学道德与法治项目化学习中的应用探索		
——以二年级下册"我们好好玩"单元为例 ………………	杨晓敏	259
基于核心素养的小学数学项目化学习实践		
——以"小小时间规划师"项目为例 ………………………	印嘉妮	268
"有趣的创意卡套制作"案例 ……………………………………	邹　萱	273
核心素养导向下的初中历史项目化教学实践		
——以"走进数字博物馆·史证抗战"为例 ………………	李　莉	283
基于课程改革下以学生为中心的课前教学模式的优化		
——以"相似三角形"24.2(1)比例线段为例 ……………	唐舒妍	288
大数据支持下小学英语教育信息化策略研究 …………………	金　昕	292

总　　论

构建金融特色课程　培育学生的创造力

李　杰

一、概述

"生涯教育理念下义务教育阶段学校金融课程建设实践研究"是上海市教委"基于区域特色的学校综合课程创造力研究和实践"浦东试点项目学校的研究课题。

"生涯教育"是指学生在学校期间，所接受的以认识自我与职业，和规划未来生涯为核心内容的，渗透于教育教学全过程并与学生的职业觉察、探索和准备等内容密切相关的学校教育。

"金融课程"是校本综合课程之一。"金融课程"的主体框架是"一体两翼"。"一体"是指"给孩子的财商教育课"，旨在培育学生的财经素养。"金融"是特殊的领域，要具备诚信意识和法治精神；"两翼"是指诚信教育和法治教育，实现"小学播下金融的种子，初中培育金融的苗子"，且要确保根正苗红。

"生涯教育理念下义务教育阶段学校金融课程"是系统、有序的教育内容，目的不是把学生培养成富豪，而是注重学生创造力的培养，着眼于学生将来能够很好地适应社会、服务社会，以学生当下能够接受的形式对他们进行有关金融初步知识、系统运作、金融与自己的关系的教育，让他们逐步学会了解自我、认识自我、接纳自我、完善人格、提升决策水平，为将来能够选择适合自己的职业，勇于面对职业生涯中遇到的各种挑战，打下良好基础。

财经素养与智商、情商是现代经济社会中人类三大不可或缺的素质，特别是对青少年而言，这三者往往奠定了未来职业发展的基础。但在青少年培养过程中，学校、父母往往重视智商、情商的锻炼，而忽视财经素养的养成。究其原因，主要是将财经素养的养成，简单理解为教授青少年如何使用钱和赚钱。其实，钱只是资源配置的一个信号、一种载体，更重要的是让学生理解其背后资源配置的原因和目的，以及通过优化资源配置，使个人、家庭、企业乃至社会经济向好发展。财经素养主要关注人们的相关知识、行为和态度以及各种综合能力。而财经素养教育是横跨经济学、金融学、数学、会计学、统计学、心理学等学科的综合教育。它让孩子们获得一种认知世界的全新思维方式；帮助学生懂得利用财经学科原理观察和感知社会现象；培养学生解决日常问题，提高理性思维、规划力、判断力、协作力、创新力以及感恩与爱的多维综合能力。金融课程是学生创造力培养的重要路径,任何单一的课程都很难培养学生的创造力,只有多学科、跨学科的共同努力,才是创新型人才培养的关键。

二、课程背景及意义

(一)学校基本情况

上海立信会计金融学院附属学校是上海市浦东新区公办九年一贯制学校,现有证大、东陆、高行3个校区,两个学段共69个教学班2534名学生、187名在编在岗教师,有区学科带头人、骨干教师14人,广泛分布在不同学科。

从2013年开始,学校倡导生态教育理念,秉承"立品、笃学、拓新"的校训,形成"崇善、尚和、求新"的学校精神,确立了"自信、善良、负责"的育人目标。学校注重课程建设,努力"打造金融课程,推进五育并举",积极构建并实施结构完整的学校课程体系,强化学生关键能力的培养,对每一个学生负责。历经10余年的沉淀、积累、发展,经受了实践的检验,突破了学校发展的"高原现象"。学校"十二五"到"十三五"期间,两轮的浦东新区教育科学研究重点课题"构建以仁爱为核心思想的生态校园建设""生态教育理念指导下的学校课程建设实践研究",体现了承前启后、继往开来的信心和勇气,体现了落实立德树人的根本任务,体现了培养支撑终身发展、适应时代要求的关键能力。这两轮的课题研究,在办学理念、教育教学研究,谋求学生终身发展等诸多方面收获颇丰。第一轮的课题研究生成了生态课堂、生态校园两大标准,融洽了干群、家校、师生关系,形成了"人心思齐"的和谐局面,促进学校工作迈上了新台阶。第二轮的课题研究,聚焦课程,应对新中考改革,实现了内涵发展的新突破,使学校发展进入了快车道。这些表明了上海立信会计金融学院附属学校办学理念的先进性:在关系上,关爱生命、和谐合作;在方法上,尊重规律、讲求科学;在评价上,系统思考、自我修复;在愿景上,追求卓越、持续发展。这表明了上海立信会计金融学院附属学校办学理念的独特性,学校将生态学思想、理念、原理、原则与方法融入现代教育的生态学过程,表现在:有效的教育行动影响学生;有效的学习活动,使潜能得到有效开发。

(二)把握时代脉搏

进入"十四五"后,《浦东教育现代化2035》文件中明确将开展基于区域特色的学校综合课程创造力的研究与实践作为战略任务之一。2018年11月,浦东新区成为上海市"基于区域特色的学校综合课程创造力研究和实践"项目的试点区。浦东已初步构建了具有区域特色的"创教育"综合课程体系,形成"融创""航创""科创""文创"四大课程板块。2020年9月17日,为推进浦东新区"教育综合改革创新示范区"建设,浦东新区教育局与上海立信会计金融学院制定了《上海立信会计金融学院附属学校特色发展三年行动计划》,提出"推动立信附校特色发展,探索中小学教育与大学教育联动机制,促进高等教育与中小学教育的有效衔接,将其建设成为浦东教育综合改革实验的样本"的建设目标,确立"区校联动、共建共享"的工作定位,"特色立校、激发活力"的工作理念,"搭建平台、项目牵引"的工作策略,逐步实现"质量稳步提升、办学富有特色、人民满意的优质学校"的发展目标。聚焦金融课程建设,培育学生创造力,成为上海立信会计金融学院附属学校的历史选择,上海立信会计金融学院附属学校是"融创"实验校之一。

"创教育"就是要创造课程,培育学生的创造力。学校构建并开设了"金融课程",它是校本综合课程之一,也是学生必选课程之一。上海立信会计金融学院附属学校学生100%地参加校本课程"版画""啦啦操""金融课程"的学习,在此基础上再选一门有兴趣的校本课程学习。学有余力的学生可再选一门校本课程学习,形成三个"100%+1+X"的校本课程学习模式。新起点、新征程,"生涯教育理念下义务教育阶段学校金融课程建设实践研究"是学校办学理念的迭代发展,创造力培育是学校办学理念的新的重要内涵,在创造课程、转变教与学的方式过程中,既能提升教师教育教学能力,也能提升学生综合素质,使学校在新的发展阶段成为金融特色学校,是切实地落实中共中央办公厅、国务院办公厅印发的《关于进一步减轻义务教育阶段学生作业负担和校外培训负担的意见》的举措。

上海正在迈向国际金融中心,浦东是上海改革开放的前沿,陆家嘴金融中心、金桥出口加工工业园区、外高桥保税区、上海自由贸易试验区等金融商贸中心全都坐落于此。让学生了解金融对自己的生活、对世界经济的影响,激发学生的自豪感,增强责任感,努力培养学生全球视野和国际化思维方式,为将来立足社会、投身国家建设做准备,体现了立德树人根本任务的要求。

三、课程设计

（一）理论研究

创造力由来已久,众说纷纭。比较有代表性的是:创造力是根据一定目的,动用一切已知信息,产生出某种新颖、独特、有社会或个人价值的产品的智力品质。

创造力有3个焦点领域:认知特征、人格品质、个体经历。

创造力表现被归纳为4个维度:产生观点、深入考查观点、开放并勇于探索观点、自我理解与控制。

创造力的核心是创造性思维能力,主要是产生多样化想法、产生创新想法、评价与改进想法。

美国教育心理学教授詹姆斯·考夫曼和罗纳德·贝格托创建的创造力4C模型,将创造力分为迷你创造力(mini-C)、日常创造力(little-C)、专业创造力(pro-C)和杰出创造力(big-

C）。前两者也被称为"小创造力",比如将剩饭做成一餐美食,或在工作中进行复杂的行程安排、设计一次有创意的活动。所有这些,都是为学生未来生活做准备的,也都是可以通过日常教学实践去培养的。

关于创造力培育,我们在研究的基础上作了如下探索:在国家课程实施中,有总体和特色两个要求。总体要求是落实"双减"政策,提高课堂教学效率,解放学生的创造力。各教研组在教育教学中,探索基于课程标准的教与学方式的转变,开展3个主题的探究:"探究与想象"(包含好奇和质疑、探索和调查、挑战既有认知、允许不确定性、不惧困难、敢与众不同);"合作与担当"(包含分享成果、给出并接受反馈、恰当与他人合作);"坚毅与申辩"(包含批判性反思、逐渐养成技能、不断精进和提升、尝试各种可能性、建立关联、使用直觉),这种普适性的教与学的转变,是发挥课堂主阵地,培育学生的创造力的有效探索。

金融特色课程不主张一项任务只有一种正确方法,一个问题只有一个正确答案,而是以真实生活问题为切口,给学生提供体验式学习、项目化学习、游戏化学习、混合式学习等多元学习体验,要有利于学生产生多样化想法、产生创新想法、产生评价与改进想法,让学习和解决问题变得有趣起来,从而在这一过程中激发和培养学生的创造性思维。

我们还需要继续研究学生已经具备了哪些素养,达到了什么程度,如何提升学生可接受的、需要的创造力。

（二）课程目标

1. 学校

学校成为金融特色学校。

2. 教师

以学校金融课程建设为契机,提高教师课程开发、实施能力,培养一支具有研究能力、创造能力,能推动学校金融特色持续发展的师资队伍。

3. 学生

通过普及金融知识和实践体验,激发学生对金融的兴趣,引导学生树立正确的财富观念,养成良好的财富管理习惯,培育金融素养,激发学生的创造力,实现小学"播下金融的种子"、初中"培育金融的苗子"的培育目标,孕育未来的金融人才。

（1）普及金融知识。以学生经历的生活故事为载体,对金融运作和意义有初步的感知和认识,熟悉基本的金融知识与工具,知道金融活动与自己的生活息息相关,与社会环境（国内国际形势）密切相关。

（2）树立正确观念。让学生从货币的起源和形式中知道货币的实质是价值交换,是信用主权的体现,明白金钱的价值体现的是劳动所创造的社会财富,知道金融市场与政治、实体经济、精神文明之间的关系,从而形成正确的金钱观:会赚钱——用自己的劳动获取报酬;

会花钱——合理开支。

（3）养成良好习惯。以生活体验为主线，以实际操作为抓手，让学生把所学的金融知识在生活中运用，有意识地提高资金的使用效率，让合理消费、储蓄和理财行为成为生活的一部分。

（4）孕育金融人才。知道金融人才必备的素质，让学生对金钱、对劳动、对社会价值的认识成为认识自己、了解自己、发现自己的兴趣点，引导学生扎实学习文化知识，有针对性地补充金融相关知识，勇敢面对各种挑战，促进自己德智体美劳全面发展，向具有国际化视野和家国情怀的金融人才标准靠近。

（三）课程内容

1. 小学阶段

（1）钱的用途——你的玩具、零食从哪里来？

认识货币，了解货币的用途，每个国家（地区）都有指定的法定货币。

（2）钱的来源——知道你们家的钱是从哪里来的吗？

了解爸爸妈妈所从事的工作，说说所知道的行业以及爸爸妈妈从事的具体工作。

（3）支付方式——你们家买东西的时候怎么付钱？

现金、刷借记卡、刷信用卡、刷储值卡、手机支付等。

（4）家庭开支——你们家平时哪些地方需要用钱？

（5）合理开支——你会把自己的钱一次都花完吗？

合理支配自己的零花钱，参与家庭日常购物，包括实体店和网络购物。

（6）钱的保管——你们家的钱平时谁来保管？

知道存款会有利息、购买金融产品会有收益，初步了解银行及金融工具的功能。

学会管理自己的零花钱。

（7）钱的作用——你知道钱在生活中起到什么作用？

知道货币流通过程和我们生活的关系。

2. 中学阶段

（1）货币的作用——货币的起源、形式、汇率换算。

（2）支付方式——支付方式的演变过程及意义。

现金、刷借记卡、刷信用卡、刷储值卡、手机支付等。

（3）家庭开支——每个家庭日常开支比例，同一个家庭不同时期的开支比例。

（4）金融工具的功能——知道存款、购买金融产品为什么会有利息，了解基金、证券、保险、信托等金融机构基本运作情况。

（5）劳动价值——按劳取酬。

(6) 打理自己的零花钱——理财、储蓄等。
(7) 税收与社会保障——税收来源的支出、"五险一金"。
(8) 金融人才必备素质——基本素质和专业素养。
(9) 上海、浦东的金融环境及在国家发展中的战略地位。

四、课程实施

（一）机制保障

1. 政策引导

学校与上海立信会计金融学院合作办学,制订了金融特色发展三年行动计划,在专业指导、教师培训、资源使用方面有具体保障。在政策上,我校可以引进金融专业的教师。

2. 组织管理

成立校长为组长、中层以上干部为组员的项目领导小组,成立跨学科的金融特色教研组。上海立信会计金融学院附属学校,有勇于探索学校教育与时代发展同步的愿望和实践经验,是浦东新区项目化学习实验校,有区级重点课题"指向创造力培育的义务教育阶段金融特色课程体系建构与实践"的引领,有区级内涵发展项目"心理咨询支持下的初中学生生涯教育实践研究"的助力。本着"融入德育活动,嵌入教学过程"的原则,将项目研究与日常教育教学相融合,努力践行基础教育为人的一生奠基、为社会服务的理念,从而提高教师对教育教学的认识,提高教育教学质量,确保项目的推进和实施。

3. 项目支持

市教委、浦东新区教育局"基于区域特色的学校综合课程创造力研究和实践"项目组的专家曾莅临学校指导,项目组联盟学校的教师也对本课题的研究给予了大力支持。

4. 分层培训

对全体教师开展项目化学习的培训,使全体教师了解了什么是项目化学习及价值,并有10个备课组开展了项目化学习实践。对金融特色教研组开展金融知识、金融课程实施的培训。

（二）课程创新

为了使项目推进主题优化,路径明晰,学校将国家课程和校本课程进行了融合,构建了全学段的金融特色课程体系,打造了富有特色的金融课程。

确定了以"一书、二育、三馆、多基地"为主线的课程体系建设。

一书:《给孩子们的财商教育》

二育:诚信教育、法治教育

三馆:金融主题馆

证券主题馆(证大校区),建立了模拟交易区、风险教育区、个股展示区、互动教育区、中国会计博物馆馆藏文物展示区,供3个校区学生拓展课模拟、互动,接受证券知识的传授,熟悉交易的流程,形成初步的证券交易的能力。

银行主题馆(东陆校区),建立了银行发展史展区、银行业务体验区(模拟银行)、互动教育区、中国会计博物馆馆藏古钱币展示区,供3个校区的学生了解银行业务,锻炼实际操作的能力。

保险主题馆(高行校区),建立了中国保险发展史展区、保险知识宣教区、保险业务体验区互动教育区,供3个校区学生了解保险业务,初步掌握保险知识,提升金融素养。

多基地:学校与银行、保险公司、金融投教基地、东昌中学、上海立信会计金融学院等多家单位建立了合作关系,组织学生走出校园、实地体验,多方位提供学生实践的机会,让课内课外有机融合,全面提高学生实践操作的能力。

金融课程不主张一项任务只有一种正确方法,一个问题只有一个正确答案,而是以真实生活问题为切入口,给学生提供体验式学习、项目化学习、游戏化学习、混合式学习等多元学习体验,有利于学生产生多样化想法、创新想法、评价与改进想法,让学习和解决问题变得有趣起来,从而在这一过程中激发和培养学生的创造性思维。

在课程的开发与实践中,上海立信会计金融学院附属学校构建了九年一贯制的金融教育课程体系,如表1所示。

表1 九年一贯制金融教育课程体系

年级	课程名称	课程类别	负责人
1—3年级	走进金融体验馆	通识类必修课程	杨晓敏
4—5年级	给孩子们的财商教育	特色类个性课程	杨晓敏
6年级	一日金融人	体验类实践课程	宫 雪
7年级	给孩子们的财商教育	特色类个性课程	肖 洁
8年级	采访金融人士	通识类必修课程	鲁 敏
8年级	身边的货币	兴趣类选修课程	肖 洁
9年级	身边的财富管理	兴趣类选修课程	孙 琼

由上海立信会计金融学院教师团队执笔,从学生的年龄特点出发,制订了"给孩子们的财商教育"课程方案及科目纲要。金融教研组教师与高校教师团队一起编写了读本(中小学各一本)并出版。

"给孩子们的财商教育"课程于2021学年分别在小学4—5年级和初中7年级排进拓展

课。财商备课组任课教师分工合作,撰写每节课的教案,制作课件,以案例分享、活动探究的形式,提供多种指向学生创造力培养的学习设计、教学策略、评价量规,实现学生创新能力、教师创造力培养能力的协调发展。

在高校专家团队的指导下,上海立信会计金融学院附属学校负责金融特色课程开发的教师分别制订了"采访金融人士""一日金融人""金融体验馆"等课程的方案,在实施课程的过程中,注重课程资源的开发利用与积累,各课程形成了有效的教学评价方案及各种影像资料、教学案例,为课程的进一步完善及下一轮实施奠定了基础。

在实施国家课程中,基于学生发展需要、打破学科壁垒、实现跨学科融合,梳理金融知识的点,形成金融知识的网,探索基于课程标准的金融特色课程实施方法,以学生当下能够接受的形式,将金融课程融入德育、渗透教学,使学生了解金融与自己的关系、与国家发展的关系,形成金融素养,为将来能够很好地适应社会、服务社会奠定基础。

(三)教学创新

1. 依托科学配套读本,助力学生综合能力培养

依托《给孩子们的财商教育》读本而展开,课程内容高度契合学生的创新能力培养目标。配套读本由上海立信会计金融学院教师团队从金融知识、风险态度、投资行为这三个维度作整体设计,旨在使学生积累基础金融知识,掌握简单金融工具,提升自身金融素养。对于这一课程,我们主要采取分组探究、合作汇报的方式开展。培养学生问题意识是培养其创造力的基础,因此在这一课程中,教师通常先通过视频、PPT 讲解等方式,将学生引入情境,引导学生自发地认识问题并提出问题。以融·创展示课"畅游货币王国"为例,教师先通过故事的形式引导学生提出问题并引入本堂课的主题,再安排学生以小组为单位对问题作自主探究。为了让学生的理解不局限于书本,课程还安排了实践部分,让学生对货币作实物观察。最后提出一些开放性问题,引导学生畅想未来货币,拓展学生思维。整个过程不仅丰富了学生的金融知识,还锻炼了他们的合作能力和创造能力。

2. 利用信息技术,提升学生的学习兴趣与效率

在学习配套读本的基础上,还设置了配套的财商教育课微课。该微课由金融课教师选取《给孩子们的财商教育》中的重要章节,经浓缩提炼后录制为 6—7 分钟的小短片。学生可以通过观看这些精炼又不乏趣味的小视频,回顾复习课上所学的金融知识,巩固在课上建立的对金融的认识,加深对金融的理解。温故而知新,在重温学过的金融知识时,学生可能又会由此产生新的疑问,这时候只要教师加以点拨,引导学生自主探讨新的金融问题,学生的创造力和金融素养又会提高到一个新的层次。

3. 立德树人,培养学生做诚信金融人

诚信和金融向来是密不可分的,甚至可以说,诚信是金融的生命。有学者曾强调,青少

年的财务素养涉及他们品德的着重培养与人格的完美塑造,金融素养教育可以融合道德教育,并形成协同效应,在提高学生金融素养的同时也应当注重培养其诚信的品质。因此,除了上述两类课程,学校还设置了与金融课程相关的诚信教育课——"'双十一'的秘密"。这一课程抛弃了传统课程"传递—接受"的基本特征和教师的主导作用,让学生成为引导课程走向的主人,在 4 节课的自主研究实践中获得经验和认识。这一课程让学生通过分组合作设计调查问卷、收集相关资料、采访网络店铺等方式探究网购退货的相关事宜,在一定程度上促进了学生创造力的发挥,同时也培养了学生诚信购物、诚信经商的意识。

4. 开展项目化学习,培养学生的能力素养

在开展金融教育的过程中,我们必须明确金融教育的目的。金融教育的目的是培养学生的金融素养和创造能力,帮助他们解决现实问题,具体来说就是让学生具有一定的金融常识,熟悉和了解一些金融工具并且具备在生活中运用它们的能力。这就提醒我们,金融教育在教育教学方式上应改变传统课程与传统教学的方法,灵活地带动学生兴趣,以提高学生的学习积极性、求知欲和创造力。除了面向高年级的金融特色课程,开展面向全学段的丰富金融活动,才能让金融教育更具趣味性和实践性。

(1)"国信证券杯"投教作品大赛。为提高青少年的投资者教育工作效果,从小培养科学理性的投资理念,增强中小学生对金融理论知识的理解能力和感知力,上海立信会计金融学院和国信证券上海分公司联合举办了首届"国信证券杯"投教作品大赛,学生参与积极。作品形式丰富多样,涵盖了活动方案类作品、文字类作品、图片类作品及音视频类作品;作品内容新颖奇妙,在运用课上所学金融知识的同时,也充分展现出了想象力和创造力。

(2)配套金融活动"立信积分加油站"。在除旧迎新之际,组织了"迎新游园会"活动,学生在游园会时,可以使用自己平时参与德育活动所积攒的积分卡兑换游戏体验,但当积分卡不足时,学生可以选择去"立信积分加油站"为自己的积分卡"加油"。"加油"的方式很简单,就是在这里参与金融小常识的问答游戏,回答正确即可获得一定的积分。"立信积分加油站"活动将金融素养教育与快乐游戏相结合,在丰富学生课余生活的同时,让学生以一种充满乐趣的方式巩固了课上所学,让金融小常识成功渗透进学生的日常生活。

(3)金融 PBL 社团设计金融游戏棋。为了更好地提高青少年的财商素养,上海立信金融学院附属学校小学部利用拓展课开展金融项目化学习,成立金融 PBL 社团,与学生进一步探索日常生活中的金融奥秘。金融社团设计了一款符合学校特色、适合小学生的保险游戏棋,这款游戏棋内容依托保险体验馆设计而成。

(四)资源创新

在课程建设的过程中,坚持"区校联动、共建共享"的工作定位,坚持"特色立校、激发活力"的工作理念,坚持"搭建平台、项目牵引"的工作策略,确定了重点建设项目:

1. 青少年金融素养课建设项目

以"融创联盟"全学段共建课程为基础,着力打造学校重点特色金融课程"给孩子们的财商教育",开发读本共两册,满足小学、初中学段学生学习金融基础知识的需要。

2. 金融职业实践教育基地建设项目

立信附校构建了"中小学—大学—社会"3级职业实践育人平台。充分挖掘3个校区体验馆的教育功能,在各年级开展实践体验课程。依托校史馆、博物馆等文化场馆,开展学生金融体验活动。

此外,德育处主动加强与社会单位的联系,拓展校外实践基地建设,并组建联合工作团队,做好职业实践教育的各项保障措施。

3. 职业道德育人平台建设项目

上海立信会计金融学院附属学校组建了职业道德育人工作组,统筹课程衔接,探索循序渐进、螺旋式上升的教育体系。依托集体备课制度,加强德育教师与上海立信会计金融学院德育教师的交流协作。组织教师编纂诚信教育读本,引进立信"信用中国""财经中国"等系列课程,在各年级定期开展诚信文化宣教、实践活动。

4. 金融教育师资培养平台建设项目

努力为青年教师搭建"校内—国内—海外"3级培训进修平台,选派教师赴成都华西证券总部学习考察该公司投资者教育基地,考察天府四中金融特色教育馆;搭建中小学教师与大学教学共建共研平台,邀请上海立信会计金融学院的教师来校进行金融师资的培训。通过"请进来走出去"的方式,提高教师的金融素养和综合金融课程开发实施的能力。项目实施以来,培养了一支适应中小学金融文化教育的特色师资团队。

五、研究成效

(一)学生创造力提升

金融PBL社团设计金融游戏棋以完善学校保险体验馆活动内容,让学生在寓教于乐的过程中学习到金融知识,进一步提高学生的财商素养。游戏棋盘获得国家外观设计专利。

在"国信证券杯"投教作品大赛(青少年组)中,针对立信附校1—9年级学生,以提升青少年学生的财经素养、培养学生的创造力为目的,提倡合作、创新和对金融元素的正确理解和使用。征集的作品以"保护投资者合法权益"为主题,包含青少年财经素养活动设计,我身边的投资故事,资本市场热门产品"面面观",资本市场中的各种风险与对策,揭开上市公司的"蒙面纱"等内容。此次活动的设计,不仅给学生在金融领域崭露头角的尝试,而且给金融教研组开辟了学习的新途径,同时让金融综合课程对学生创造力培养的效果初见端倪。在辅导和组织学生参赛的过程中,金融教研组的教师多次给学生辅导沟通,帮助学生在改进作品和总结分析获奖作品的过程中,给自己创造了提升的空间。在公平公正的原则下,经过投教基地专家团队评审,共计产生入围作品45件,其中小学组30件,初中组15件;经过第二轮网评,最终有10件作品获得奖项,其中小学组6件,初中组4件。

(二)教师综合课程开发实施能力提高

通过综合课程的建设,金融综合课程教师的专业素养不断提升,目前学校已经形成了一支专业素养高,课程实施能力强的稳定的金融特色教育师资队伍。教师的课程理念发生了变化,进一步认识了国家课程与学校特色课程的关系。教师从制定课程目标入手,设计课程方案,整合各方资源,细化每堂课的教学方案,综合课程的开发与实施能力有了明显提高。

在上海立信会计金融学院常驻学校教师的协助下,上海立信会计金融学院附属学校与东昌中学等联盟学校形成常态化合作,线上、线下集体备课,分工负责,撰写教学设计,制作课件,每两周一次集体备课,平时互相听课,随时交流。在教育教学资源上共享,实现大中小联动。

依托上海立信会计金融学院,学校组建了课程实施核心团队,成立了跨学科、学段的金融特色课程教研组,通过参加市、区、校不同层面的培训,学习金融常识、研究金融综合课程教与学、参观考察华西证券投教基地等专题研讨的方式,促进了教师的发展。

学校骨干教师梯队建设合理,学校对教师分层培训,所有教研组都是区优秀教研组。目前学校教师有1个上海市研究课题,2个上海市青年教师研究课题;1个区级课题,4个区级项目;1个学校教育内涵项目。

(三)学校发展

学校发展性教育督导认为:学校重视发展的顶层设计,生态教育理念对成员的教育行为的影响日益深化,创建了良好的教育生态,生态课堂建设取得积极成效,学生综合素养培育质量不断提升,办学质量不断提高,是一所老百姓家门口的好学校。这些打下了金融综合课程研究共同体的厚实基础。

九年一贯制综合课程的建设为推进学生金融素养的培育及创造力的提高作了积极尝试。项目实施以来,学生对金融运作和意义有初步的感知和认识,各课程打通了金融与生活的联系。学生知风险、讲诚信、懂规则,有勇敢面对各种挑战、促进自己德智体美劳全面发展的能力,树立了正确的金融观。

项目实施以来,我们积累了综合课程建设的经验,也进一步推动了上海立信会计金融学院附属学校的课程建设工作,推动了教育教学改革,在实现走内涵式发展之路上迈出了可喜的步伐。

六、经验与反思

　　基于对"融·创"的基本理解,我们展开了以上的具体实践。时至今日,上海立信会计金融学院附属学校的融创综合课程建设初具雏形,但是还远远不够。学校课程建设虽然在形式上已经有了比较完整的框架,但内容上仍存在需要完善补充的部分,课程体系的科学性也有待更多实践来支撑。综合以上融创综合课程建设的经验和金融教育的发展趋势,未来的金融综合课程建设还需在以下方面不断努力:教学方式更加多样化,丰富金融活动种类,完善金融场馆建设,推动金融教育家校联动,提高教师自身金融素质。

优化课程实施方式　强化融合育人功能

李　杰

为贯彻党的二十大报告指出的"高质量发展是全面建设社会主义现代化国家的首要任务","教育、科技、人才是全面建设社会主义现代化国家的基础性、战略性支撑",强调"教育是国之大计、党之大计"的方向。上海立信会计金融学院附属学校为促进学生、教师、学校高质量发展,开展了以"优化课程实施方式,强化融合育人功能"为主题的实践探索。

一、管理充满生机

上海立信会计金融学院附属学校是浦东新区公办九年一贯制学校,现有两个学段,三个校区2873名学生,201名在编教职员工,这么大体量的学校要高质量发展,就要"规范",规范地落实党的教育方针,规范地执行课程标准,规范地依法治校。我们对学校的管理架构作了梳理,形成了"分层管理、部门负责、条块结合、立体调控"的机制,强调的是负责,激发的是管理生机,做到事事有人管,使各项规章制度得到了落实。

中共中央办公厅、国务院办公厅《关于进一步减轻义务教育阶段学生作业负担和校外培训负担的意见》发布后,学校抓住契机,进一步开展了讲师德、学规范、树典型等师德建设工作,采取如下措施:党政工齐抓共管,党支部教育引领,行政规范管理,工会文化渗透。制订专项计划,认真学习,明确师德规范,严格过程管理,试行"师德发展性评价"方法,制订"师德基础性指标"和"师德发展性指标",按照习近平总书记的"教师要有理想信念、有道德情操、有扎实知识、有仁爱之心"的要求,我校教师在行动上要爱己、爱校、爱生,以主动的、积极的、有效的教育行动影响学生。明确提出"不触底线、达到中线、追求上线"的分层要求。使每一位教师"只要有志向,就会有事业;只要有本事,就会有舞台",学校形成了一支数量适当、结构不断完善、专业能力较强的师资队伍,敬业爱岗、是非分明、顾全大局、人际和谐是学校师德状况的主流。几年来,学校绩效工资增资方案、完善工作量办法、学校师德考核方案、校内骨干教师评审办法、学校献血条例、教职工疗休养工作方案在教代会上均全票通过。2022年,学校再次获区绩效考核优秀一等,这是全校师生对校园文化认同的结果。

《教师的专业标准》中明确"师德为先",这是学生、教师、学校高质量发展的基础。"炮制虽繁必不敢省人工,品味虽贵必不敢减物力",这是我校在实施国家课程过程中,在规范的基础上有所创新,把学校办成有特色的家门口高质量发展的好学校的保证,所以我校对学校管理、师德建设作了严格的规范。

二、课程激发活力

1. 学习课程标准

为党育人、为国育才,就要坚持核心素养导向,凝练课程核心素养,体现育人为本。这就必须学习课程标准。

除市区规定的统一学习外,我们还请教研组内的骨干教师、高级教师、区学科教研员与教师们一起讨论、分享对新的课程标准的认识。在学校"新课标背景下的教师遇见与成长"的研讨活动中,教师们就"课堂教学实践的层面上如何实施高质量的教学"这一话题,在碰撞中思考,在思考中发展。

下面是语文教研组打造美感课堂的案例。

结合学习新课标,语文教研组在校级课题"打造美感课堂"的研究中,进一步明白:"语文课程是一门学习语言文字运用的综合性、实践性课程。义务教育阶段的语文课程,应使学生初步学会运用祖国语言文字进行交流沟通,吸收古今中外优秀文化,提高思想文化修养,促进自身精神成长。工具性与人文性的统一,是语文课程的基本特点。"语言是思想的外壳和载体,其背后包括审美的培养、文化的传承、思维的提升。语文教学,语言是基础,思维是核心。教研组的教师们在教学中做了如下尝试:

(1) 创建情境,促进理解。学生只有依靠自己才能赋予学习以意义。课堂的主要任务,不是完成教师预设的教学目标,而应关注学生的学习过程,随时对预设作出调整。我们要在课堂上创建有意义、多样化的情境,让学生在自主建构知识的同时,促进新思维结构的诞生。在学习《古代诗歌五首》中的《登幽州台歌》时,课堂上反复朗读,在结合教师补充的作者的生平经历和时代背景后,基本能理解作者怀才不遇的孤寂苦闷,也能读出一点悲怆的感觉,但是总觉得缺了点味道。以前,把这个遗憾归于学生没有类似的生活经历。今年教师们讨论后认为,作者的人生经历学生不能理解,但情感是相通的,那种孤独苦闷的感受,13岁的孩子应该也有过吧!真是一语点醒梦中人!是啊,十二三岁的少年,怎么会没有感受过孤独呢!于是,教师们有意引导学生去体会自己内心曾有过的孤独感受,再次朗读,果然味道就出来了。

我们应该遵循学生认知的基本规律,由浅入深,设计好一系列问题促进学生对文本主旨的探究和思考。备课时要问自己,学生会理解到什么程度,怎样的问题才能带领学生向前迈进。课堂改进重在观察学生课堂上的及时反馈。注重与学生的互动,学生专注的眼神,会心的微笑,师生之间的情感交流,对于教师来说都是课堂上的享受。

(2) 品味语言,滋养灵魂。课堂上咬文嚼字能提升学生对语言的敏感性和对祖国语言文字的深厚感情,使学生的审美意识、能力获得发展。汉语是中华民族的根。一个民族的语言积淀着一个民族的韧性、民族的精神,乃至民族的思维方式。教师就要善于引领学生品味语言,读出文字背后的深层含义,感受那些伟大灵魂传递给我们的磅礴能量,以此来滋养学生的灵魂,促进他们的精神成长。

针对陆游的《游山西村》,"山重水复疑无路,柳暗花明又一村"一句,表面上学生似乎都已经理解了字面意思,但做教师的应该明白,这句诗的价值不局限于此。"疑无路"到底有没有路?"山重水复"联想到什么?"柳暗花明"又可以指什么?学生开展讨论。联系诗人生平经历,大家发现这句诗可以指历经艰辛不放弃,坚持下去,最后有所收获。再联想到郑板桥的那首《竹石》:"咬定青山不放松,立根原在破岩中。千磨万击还坚劲,任尔东西南北风。"让学生齐声背诵这两首诗,学生亮晶晶的眼睛中是自信和坚定:遇上困难没什么可怕,坚持下去,一定会有转机!隐藏在字里行间的文化密码被捕捉到了。试设想一下,多年以后,当学生遇到困难,貌似无路可走的时候,如果灵光一现,脑海中能浮现出这些诗句,能想到语文课上的激烈讨论、声情并茂的朗诵,他应该会从中获得前行的力量,鼓足勇气坚持下去的吧!

2. 落实教学环节

"建设教育强国,基点在基础教育。基础教育搞得越扎实,教育强国步伐就越稳、后劲就越足"。

日常教学是教学质量的生命,日常教学要达到高质量首先要规范教学工作。我们的教师在课前两分钟到达班级,与学生有眼神交流、与学生进行思维碰撞。我们抓好复习、引入、授课、总结、作业这些基本环节,严格要求讲练考一致,这是尊重教育教学规律。

加大巡课的力度,主管教学的副校长、教导处成员、值班的行政人员每日都要巡课,发现问题及时解决。为提高课堂40分钟学习效率,学校积极组织有效推进听随堂课,课前10分钟通知教师,学校教师专业发展委员会相关成员和教研组、年级组没课的教师一起听评课,有力地保障了日常教学质量,对准备不充分、教学效果需改进的教师,学校会要求其改进教学,并再次检查,让课堂见效。

规范不是呆板,而是依法优化实施国家课程的基础。

我校是项目化学习实验校,我校规范地给学生提供体验式学习、项目化学习、游戏化学习、混合式学习等多元学习体验,让学习和解决问题变得有趣起来。这些学习不主张一项任务只有一种正确方法,一个问题只有一个正确答案,而是以真实生活问题为切入口,从而在这一过程中激发和培养学生的创造性思维。通过项目化学习,现在学生对"身边的货币""校园植物的功能"有了自己的认知,并了解了解决问题的方法。在2023年暑期上海市义务教育项目化学习三年行动计划结项暨上海市项目化学习案例库征集(第四批案例)活动中,我校获得1个二等奖、4个三等奖。

我校注重教育数字化支撑,我校是教育部"基于教学改革、融合信息技术的新型教与学"浦东实验区的"区域推进面向计算思维培养的人工智能与编程教育"和"区域推进大数据驱动的智能化教学实践"实验校。2023年上半年,我校正式参与信息化赋能相关工作,18位教师参与了学校工作坊,有计划地开展实践研究,教师们及时提炼项目成果并形成案例。有一位教师借助数字化平台在浦东新区中青年教师课堂教学评比中获得第一名。

3. 提高作业质量

落实中共中央办公厅、国务院办公厅印发的《关于进一步减轻义务教育阶段学生作业负担和校外培训负担的意见》,对于学校来说,关键点就是作业。

它是课堂的延续。

(1) 学校编制的生态作业实行动态修订机制。即为某一届学生编写的作业使用后,交给下一届使用,并修订和完善。日常使用中也不断修订和完善,期末学校组织教师,根据教学进度、依据学情,从作业与教学目标的一致性、结构的合理性、内容的科学性、作业量的适切性等方面进行研究并规范要求,满足学生个性发展的作业,有助于学生科学思想的形成、科学思维的提高,且不加重学生的学习负担,这是基于学校、学生,自主设计的体现学校特色的作业。以解决学校、学生所面临的问题为指向,经过教师的共同探讨所形成的校本化的作业——上海立信会计金融学院附属学校"生态作业"练习册,编写生态作业过程中,同校本化教师培训相结合,促进了教师对学科课程标准的研究,进一步明确"讲什么、怎么讲、为什么""考什么、怎么考、为什么",促进了教师的专业发展。

(2) 作业注重能力的培养。注重教育过程中知识向能力的转化及内化为人们的良好素质,由于能力与素质是比知识更重要、更稳定、更持久的要素,所以学校要求把学生综合素质的培养与提高作为教育教学的中心工作来抓,使知识、能力、素质和谐发展,提高学生的整体发展水平。

上海立信会计金融学院附属学校"生态作业"练习册的基本特征为:符合学科思想、符合学科思维,适合学生实际情况,体现分层要求,有选择,能满足不同层次学生的需求。

我们探索作业的"三合一",也就是课堂笔记、课堂评价、课后巩固与提高集合在一本"生态作业"上,提高了教学效率,达到"一册在手,全书在胸"的效果。

2023年9月,我校成为浦东新区12所大数据"智慧作业"试点学校之一,两位教师任教的初一年级数学、英语学科两个试点班参与试点教学,通过"智慧作业"系统,为教学赋能,了解学生对知识点的掌握情况,使辅导更有针对性,促进了教学高质量发展。

4. 关注创新能力

中共中央办公厅、国务院办公厅《关于深化教育体制机制改革的意见》明确提出,要注重培养支撑终身发展、适应时代要求的关键能力,即认知能力、合作能力、创新能力、职业能力。

学校教学的转型就要由原来训练"双基",进步到在育"双基"的基础上,培养学生的创造能力。

创造能力有三个焦点领域:认知特征、人格品质、个体经历;有四个维度:产生观点、深入考查观点、开放并勇于探索观点、自我理解与控制;核心是创造性思维能力,主要是产生多样化想法、产生创新想法、评价与改进想法。

世界五百强企业的平均寿命由60年缩减到18年,如此激烈的竞争离不开创新。日常教学中我们关注形成创造力的15个素养:①"探究与想象",包含好奇和质疑、探索和调查、挑战既有认知、允许不确定性、不惧困难、敢与众不同;②"合作与担当",包含分享成果、给出并接受反馈、恰当与他人合作;③"坚毅与申辩",包含批判性反思、逐渐养成技能、不断精进和提升、尝试各种可能性、建立关联、使用直觉。这15个素养是课堂教学不能忽略的,只是不同的素养在不同的教学单元所占的比重不同。

2022年7月和11月,上海市教委原副主任、上海开放大学校长贾炜在线上就"关注创造力"主题,对我校教师进行了两次辅导。我们进一步认识到,创造力的培育重点是学生的"学"和教师的"导",是双螺旋的上升结构。2022年9月,上海市教委综合学段教研员张玉华等在新优质学校创新试点项目随访中给了我们进一步的启示,我们在研究的基础上作了如下探索:在国家课程实施中,分为总体和特色两个要求。总体要求是落实"双减",提高课堂教学效率,解放学生的创造力。2022年8月30日,李百艳、章健文在我校进行的区校联办的"新课标引领下的学科素养培育"教师论坛上作了指导,各教研组在教育教学中,探索基于课程标准的教与学方式的转变,开展这种普适性的教与学的转变,是发挥课堂主阵地,培育学生创造力的有效探索。现在我们欣喜地看到,学生的想象、交流、表达、合作能力有了可喜的进步。

三、"五育"融合全息

浦东新区教育局与上海立信会计金融学院制定的《上海立信会计金融学院附属学校特色发展三年行动计划》提出"推动立信附校特色发展,探索中小学教育与大学教育联动机制,促进高等教育与中小学教育的有效衔接,将其建设成为浦东教育综合改革实验的样本"的建设目标,确立"区校联动、共建共享"的工作定位,"特色立校、激发活力"的工作理念,"搭建平台、项目牵引"的工作策略,逐步实现"质量稳步提升、办学富有特色、人民满意的优质学校"的发展目标。

"全息式五育融合"就是在开足开好国家课程的基础上,优化、丰富拓展课程,强化跨学科、跨学段融合,全学科、全过程、全方位育人,以求整体大于部分之和的综合育人效益。形成九年一贯制学校特色拓展课程,促进学生德智体美劳全面发展。

1. 打造特色课程

2023年11月1日,上海市教委基于上海立信会计金融学院附属学校在研发并实施"基于区域特色的学校综合课程创造力研究与实践"课题过程中的显著成绩,授予学校新一轮"'基于区域特色的学校综合课程创造力研究与实践'种子学校"荣誉。这是为保证学生五育全面发展,给予每个学生发掘独特潜能、发展个性特长的机会,对我们"创造课程"提出的更高要求。

学校秉承"整体规划、循序渐进、凸显特色"的原则,合理运用国家课程中所蕴含的教育素材,重视学科内知识的相互渗透和不同学科知识的相互渗透,加强课程学科知识的重新建构;注重态度、方法、精神的综合培养,形成了具有学校特色的校本课程:版画、财商、艺体,使学生能脚踏实地地仰望星空。这三门课程完整贯穿了小学和初中两个学段,教育目标明确,教学途径通畅,学习资源丰富,学生学习成果显著,均在市区两级举行过展示和交流,得到专家肯定。为实现一课多育、多课一育的目的,我校实现了三个"100%+1+X"的特色拓展课程。

学生"100%"学习——版画、财商、艺体(小学是艺术体操,中学是啦啦操);

保证"1"个个性化选择——中小学段都提供丰富的拓展课程,供学生根据自己的兴趣和特长进行选择;

提倡"X"个自主拓展——对于那些展现出特定才能或学有余力的学生,鼓励他们追求更高的技能水平和学术境界。

教学中版画的重点是美育,金融的重点是立德树人和创造力,艺体的重点是体育。

(1) 特色评价体系初步形成。一是创立多元化的评价方法,包括考试、作品展示、项目评估等,全面了解学生的学习成绩和综合素质;二是教育数字化支撑,提高评价的客观性和有效性,为学生提供个性化的学习建议;三是重视学生自我评价和反思,通过"立信积分制"培养他们的自主学习和自我管理能力。学校创新性地构建了"立信积分"评价体系,该体系从行规表现、学习参与、学习表现、取得收获、特别贡献等多个维度来评价学生。这一特色评价体系激励了学生积极参与五育活动,促进了他们的全面发展。

学生在教育部门组织的各级各类比赛中获奖面较之前有扩大,获奖等次有提高;学生行规获得家长、社区肯定。教师撰写的案例、论文在数量和质量上都有提升,参与教育教学竞赛的人数及获奖数量上有提高。

(2) 拓宽课程领域。一是在版画、金融、艺体课程中设计多样化的项目化学习活动,以丰富学生的学习体验;二是举办体育、艺术、文化等各类展示活动,培养学生的审美能力和健康体魄;三是依托、借助大学、社会等资源,鼓励学生参与社会实践和志愿服务,培养学生的社会责任感和团队协作能力;四是通过参加各类竞赛和展示展演,进一步拓展学生的学习领域,使其更好地融入社会,形成积极向上、健康快乐的人生观和价值观。

（3）不断优化拓展课目。学校跨三个街镇，是进才教育集团、浦兴学区、高行学区成员校。教育局、学校、立信会计金融学院三方制定了《三年行动计划》，各方资源的融通，为我校学生提供了丰富多彩的活动资源，也创造了一个蓬勃发展的学习环境。丰富的拓展课目是保障学生"1"的个性化选择。每学年中小学教导处需根据学生的学习反馈和参与人数比例，对拓展课程作重新调整，淘汰和新增比例按需配置。

（4）加强师资培训。一是培训研讨，每学期都有专家讲座、教师论坛，两周一次主题教研；二是组织教师结对，新老结对，名师辐射，形式多样，以老带新，培育新人；三是特色专题研讨，优化特色课程教研组，开展跨学科研究。与银行、保险公司合作，加强场馆等硬件建设。与大学、高中合作，实现大中小联动，在教育教学资源上共享，促进教师发展。

努力构建"五育"融合协同育人机制。通过家长会、家委会、学校开放日、公众号等多种途径与方式，密切家校社的关系；通过与大学的教育联动机制，使家校社的"五育"协同育人更科学化、常态化，更好地促进学校教育教学工作，促进学生全面发展。

2. 培育劳动观点

《上海市初中学生综合素质评价实施办法》在其"指导思想"和"初中学生综合素质评价内容"的多个维度中强调"实践"，学生的综合素质培养和提升落实在具体的"素质养成实践"之中，正所谓"实践出真知"。

用好"班级值日表"，班级中的每个学生都有自己的值日岗位，实现每人一岗、明确责任，在劳动实践中学生的责任意识、实践意识和能力都能得以培养和提升。由于"劳育实践"技能存在差异，采用"劳动互助合作小组"的形式，更能培养学生的合作意识、仁爱友善精神。

"不劳动，连棵花也养不活，这难道不是真理吗？"以班级温馨教室的布置活动为起点，明确班级中"绿色植物"的养护责任，形成循环值班养护的机制，这不仅是有效的劳动实践教育，也是责任教育，更是一种有效的生命教育，懂得对生命的尊重。在与生命接触的"劳育实践"中激发学生的学科探究兴趣，主动探究如何养护这类"绿色植物"的知识和方法。

我们的校本化"劳育实践"，结合我校的金融特色和校园义卖活动，学生自主劳动完成的手工作品参与义卖活动。在每年的义卖活动基础之上，加入学生自己的劳动成果出售元素，进行经济活动的体验，在学校金融特色校本化实践中作探究性实践。"劳动—生产价值—财务自由—消费"，这是一个完整的链条，劳动是其中的重要环节，规划闲暇时间、分配钱财、合理消费是劳动教育不可缺少的内容。

3. 渗透诚信意识

"信以立志，信以守身，信以处世，信以待人，毋忘立信，当必有诚"。我们的金融课程不是为了培养金融家，而是为了学生将来的生活幸福。时下的部分年轻人，缺乏金融素养，不会理财，出现了一批"月光族"，使生活捉襟见肘；更有部分学生背上了高利贷，不堪重负，付出了惨重的代价。归根结底就是因为这部分学生缺乏金融素养。金融是特殊的领域，诚信和法治是金融的基石,诚信和法治教育是立德树人不可或缺的重要途径。塞罕坝人几十年只做植树一件事,终使荒漠变绿洲,诚信教育需要不间断地渗透。

立足课堂"主"阵地,对学生开展诚信教育。

(1)通过校会、红领巾广播、班团队课,充分发挥班集体的智慧和力量,让个人在集体活动中受教育、受熏陶。

(2)自编小学生诚信读本,为班团队课提供有效素材。

(3)充分用好各年级道德与法治课中与诚信相关的教学内容,结合年级教育目标,做好学科渗透。

(4)在教材中所叙述的很多事例,包括名人故事,都非常接近学生的生活经验,是他们喜闻乐见的。我们要求教师应该充分利用这些素材,通过形式多样的方法,适时地对学生开展诚信教育。

社团活动,开展"诚信"系列活动。

(1)绘诚信,学生将所见所闻绘制于纸上,将"诚信"印刻在心间。

(2)说诚信,说说身边的诚信人、诚信事,讲讲自己对诚信的认识。

(3)演诚信,诚信心理剧演出一直是上海立信会计金融学院附属学校中学生的爱好之一。

(4)展诚信,诚信教育布展是学校校园文化的一大亮点。

在上海立信会计金融学院附属学校,诚信教育活动不仅多彩而且遵循学生的年龄特点。在小学生中开展"夸夸我诚实"系列化活动,通过讲身边的诚信故事、做一件诚实的事情、说一句诚实的话等,使学生认识到诚实才能让人更美丽。六、七年级学生着重在班级中开展辩论活动,对学生的错误思想和行为进行剖析,在辩中明理。八、九年级学生则以开展实践调查活动为主,通过社会事件分析、演讲比赛、团课教育等,进一步明确守信用是一个人的美德,在养成诚信习惯的同时也能兼具一份诚信担当。

我校是浦东新区"五育并举学段化推进"的实验校,路漫漫其修远兮,吾将上下而求索。我们今天探索教育高质量发展,希望能给学生完整的青少年时代,使学生的生活更幸福,社会更文明。

第一辑　五育并举　融合育人

浅谈新课标背景下课堂教与学方式的转变的实践

——以"二元一次方程及方程组"为例*

张泽平

随着"双新"落地,越来越多的教师尝试从讲授式教学开始转向更注重学生参与和主动学习的教学模式。

2022年4月21日,教育部颁布了《义务教育课程方案和课程标准(2022年版)》(以下简称"新课标"),开启了新一轮的教育教学改革。新课标的落地,需要教师从"教"向"育"转变,从教"知识"到探索"实践活动"模块,为学生搭建新的学习场域。需要教师拥有新理念、新思维和新视野。站在前沿看教育,站在教育看学生,站在学生立场,寻找新路径。

新课标的课程目标以学生发展为本,以核心素养为导向,章建跃博士指出,"培养思维是发展核心素养的关键"。进一步强调使学生获得数学基础知识、基本技能、基本思想和基本活动经验(四基)的发展,掌握运用数学知识与方法发现、提出、分析和解决问题的能力(四能)。教学目标上,强调从知识本位走向核心素养本位;学与教的关系上,强调从以教为主走向以学为主,建立学习中心课堂,实现以学为本;学习方式和路径上,从凸显"听讲"到强调学科实践,构建实践型育人方式;知识内容上,强调从知识点教学走向单元教学。

本文以沪教版六年级第二学期"二元一次方程及方程组"这节课为例,教师课前选择学生预习课本时所提出的典型的共性问题融入教学设计中,课上创设问题情境,用师生共建的问题链帮助学生理解二元一次方程及方程组相关的概念,并借助学生问题促进学生作主动探索和思考。

一、转变"教"的方式,实现"教师主导"

在课堂教学中,教与学是一体两面,本节课更加强调发挥教师主导作用。

首先依托课标、学情和教学内容确立课堂教学目标和学习目标。再根据教学目标设计

---

* 本文是曾文洁主持的2022年度上海市教育科学研究项目"基于初中数学课本设计问题导出单,培养学生问题提出能力的实践研究"(立项编号 C2022246)的研究成果之一。

问题与任务,即教学中把教学内容里的知识点变成易操作的教学材料,比如设计"问题导出单",即教师根据初中数学课本设计便于学生提出问题的文本载体,贯穿于课前、课中、课后使用。引导学生通过阅读教材在完成导出单的同时,提出这一过程中产生的疑惑或想法。

如:6.8"二元一次方程"问题导出单

(1) 类比"一元一次方程",请列举4个"二元一次方程",并归纳什么是"二元一次方程"。

(2) 类比"一元一次方程的解"的概念,请描述"二元一次方程的解"的概念,并判断下列各对数值哪些是方程 $2x+y=3$ 的解?

① $\begin{cases} x=0 \\ y=3 \end{cases}$ ② $\begin{cases} x=2 \\ y=-1 \end{cases}$ ③ $\begin{cases} x=-\dfrac{1}{2} \\ y=2 \end{cases}$

(3) 求二元一次方程 $5x+2y=15$ 的正整数解。

(4) 你对课本的本节课还有什么想法或疑惑?

前两个问题是想通过类比"一元一次方程"和"一元一次方程的解"的概念的学习,实现学生知识的正迁移,渗透类比的数学思想和学习方法。同时,第2个问题还让学生发现二元一次方程的解不止一个。第3个问题则引导学生学习用一个字母表示另一个字母,再求二元一次方程的特殊解。第4个问题则是让学生阅读书本后能有时间和空间提出自己的所思所获。

这份导学单收集到的问题,按问题涉及的知识点分类如下:

定义类	有 n 元一次方程吗?
	$xy=1$ 是否是二元一次方程?
	二元一次方程组要求每个方程都必须是二元一次方程吗?
	有三元一次、四元一次方程吗?
	$x+y+0 \cdot z=10$ 可以说是二元一次方程吗?
	二元一次方程组要求每个方程都必须是二元一次方程吗?
二元一次方程组的解集	二元一次方程有无数个解吗?
	有什么其他更简便的方法更快更准算出正确解?
	计算二元一次方程时如何快速找到其中一个未知数的取值?
	有什么方法能更方便地求二元一次方程的正数解?
	怎样很快确认二元一次方程的特定解的范围?
	二元一次方程有没有可能无解?有无解的二元一次方程吗?
	为什么二元一次方程的解都是整数,一元一次方程的解不一定是呢?
	二元一次方程可能无解(或无数个解)吗?
	在解二元一次方程时需要注意什么?

(续表)

对教材例题的思考	为什么要将原方程化成含 x 的式子表示 y？
	用一个未知数表示另一个未知数有什么用？
二元一次方程的特殊解	有方便的方法解二元一次方程的非负整数解吗？
	有更简洁的方法去求方程的特殊解吗？
	二元一次方程怎么方便解正整数解？
	还有没有更简便的方法求二元一次方程的特殊解？
	有什么方法能更方便地求二元一次方程的正解数？
未知数取值范围	如何判断 x,y 的取值范围？
二元一次方程组解的个数	二元一次方程组会无解吗？
	所有的二元一次方程组是不是都能化成一元一次方程？
	二元一次方程组有有限解吗？
	二元一次方程组可能无解吗？

在没有必需要提出问题的前提下，78 名学生中有 36 名学生提出问题，有的问题可能重复。虽然不算多，但比起刚接手这届学生，第一份问题导学单两个班级近 78 人能提出问题的只有 5 人，与刚开始相比，质量和数量都有质的飞跃。那时学生的想法是，只要通过阅读教材会做导学单上的题，就没有问题了。也就是说他们还没有问题意识，也就谈不上思考的深度。但随着课堂不断地引导和反复实践，现在提问的学生慢慢开始增加。

当学生开始有问题意识、质疑精神，开始有深度地思考问题，自然就能根据导学单提出自己的疑惑。问题数量的多少能体现学生参与度的高低，问题质量的高低则反映了学生思考的深度。

比如"$xy=1$ 算不算二元一次方程？"这个问题，则让教师在备课时发现教材编排时，学生还没有学项的次数这个概念，所以导致产生这样的疑惑。这就需要教师适当地补充相关知识点，而不能就教材教教材。备课时不仅备教材还要备学生。

二、转变"学"的方式，实现"以学为本"

面对这么多问题，如何取舍？笔者根据教学内容及其推进归类选择，其实教师在课堂上选择问题对学生提问也是一种导向。比如针对这节课的教学目标和单元教学目标，笔者选择部分问题归纳成 3 类：

1. 如概念类问题

学生问题①：$xy=1$ 算不算二元一次方程？

学生问题②：二元一次方程组要求每个方程都必须是二元一次方程吗？

这两个问题直指学生的易错点，当用学生问题来呈现这些知识点时，教学效果要比教师单纯地讲解更好。前一个问题提醒教师备课时需注意的点，后一个问题笔者在课上让学生用讨论的方式进行，讨论过程中允许学生出错，允许学生保留不同看法，允许学生向教师质疑、提意见。当双方争执不下时，笔者再引导学生阅读书上关于"二元一次方程组"的定义，勾出关键词，着重理解"在方程组中"的含义，引导学生能研究出来这个问题的答案，让学生倾听、质疑、交流，提升问题解决的能力。

2. 二元一次方程的解集问题

学生问题③：为什么二元一次方程的解都是整数，一元一次方程的解不一定是呢？

这个问题说明了学生在阅读教材时，对二元一次方程的解集和二元一次方程的特殊解混淆了。

学生问题④：二元一次方程为什么有无数解？

学生问题⑤：二元一次方程有没有可能无解？

这一类的问题则说明学生在对教材上的相关知识点开始质疑。这一类问题，鼓励学生课上发表自己的想法，学生能自己解决的教师不讲，学生能自己得出的结论，教师也不讲或少讲。课堂从"传递中心"走向"对话中心"。学习不仅是个人的努力，也是集体的合作，学生要在这一过程中学习尊重、学会对话、共成长同促进。

3. 二元一次方程的特殊解

学生问题⑥：二元一次方程怎么能更方便解正整数解？

这是这节课的重点和难点，呈现学生问题后，在解决这题时，大部分学生都觉得比较麻烦，所以这个问题引起很多同学的共鸣。采取先让学生思考，再展示导学单上的题目及学生的几种典型做法。

题目：求二元一次方程 $5x+2y=15$ 的非负整数解.

解法一　列举法

$\begin{cases} x=0 \\ y=\dfrac{15}{2} \end{cases}$ $\begin{cases} x=1 \\ y=5 \end{cases}$ $\begin{cases} x=2 \\ y=\dfrac{5}{2} \end{cases}$ $\begin{cases} x=3 \\ y=0 \end{cases}$ $\begin{cases} x=4 \\ y=-\dfrac{5}{2} \end{cases}$ ...

解法二　列表法

x	0	1	2	3	4	...
y	$\dfrac{15}{2}$	5	$\dfrac{5}{2}$	0	$-\dfrac{5}{2}$	...

解法三　用含 x 的式子表示 y　　　　解法四　用含 y 的式子表示 x

$$y=\frac{15-5x}{2} \qquad\qquad x=3-\frac{2}{5}y$$

关于解法三和四,课上让学生对比发现,解法四中只要 y 取 5 的倍数,即可保证 x 也是整数,这种方法最简单。进一步探索出解决这一类二元一次方程更便捷的方法,即观察未知数的系数和常数的特征,发现只要有未知数系数能被常数整除,那么用含另一个未知数的式子表示这个未知数,即写成一个整数和一个含分数系数的未知数的形式,只需要取分母的倍数即可。

从解决学生问题的过程中,传递给学生方法,让他们学会主动思考,而不是只追求答案。无论展示问题还是展示学生做法,都需要让学生感受到被认可与欣赏。问题解决过程中思路让学生讲,规律让学生找,探究让学生做,结论让学生想。

选择了学生问题,再将其自然地融入课堂教学中,将问题进行归类,形成问题组、问题串、问题链,以解决"问题"的方式推动教学,在落实教学内容的同时,促进问题解决能力的提升。

三、打破"教与学"的范围,实现"单元教学"

有的问题在本节课无法解决,比如:

学生问题⑦:为什么二元一次方程有无数个解,而二元一次方程组却只有有限个解呢?

学生问题⑧:二元一次方程组是不是也有无数个解或无解的情况?

从单元知识和知识板块间的关系来讲,这真是一个有深度的问题,也是现阶段比较难回答的一个问题。于是,笔者把这个问题的解决放在学完二元一次方程组的解法后,并针对这个问题,设计以下两个教学环节:

1. 首先让学生试讨论下列方程组解的情况:

(1) $\begin{cases} x+3y=10 \\ x+3y=7 \end{cases}$ (2) $\begin{cases} x+3y=10 \\ 2x+6y=20 \end{cases}$

学生为了解这道题,可能会尝试代入消元和加减消元,通过解决这题既能复习解二元一次方程组,又能去反思二元一次方程组的解的情况。最后总结出二元一次方程组无解、无数组解和只有一组解的方程特征。

2. 再出示思考题:已知方程组 $\begin{cases} x+y=7 \\ ax+2y=c \end{cases}$,试解定 a、c 的值,使方程组:

(1)有无数解;(2)无解;(3)有一个解。

通过这道思考题应用这个规律。当然也有学生解这题时,用代入消元法将方程化为含字母参数的方程解决。在探索过程中,提倡多元学习方式,通过"有问题、有互动、有思辨、有争论"，培养学习力、思维力、探究力、合作力、展示力。当然现阶段只能从"数"的角度进行分析。章建跃提出："根据学生的年龄特征和认知规律，适当采用螺旋式的方式，适当体现选择性，逐渐拓展和加深课程内容，适应学生的发展需求。"

3. 你能否归纳出二元一次方程组解的情况的一般表达式？

当学生从后续学习中学了一次函数后，还可以引导学生从"形"的角度分析，将二元一次方程看成一次函数，再通过一次函数的图象是一条直线，而两条直线的位置关系有平行、相交、重合，所对应的方程组的解则是无解、一组解和无数组解。到时让学生再认识方程组的解的情况，有利于学生认知的发展和知识的延伸，打通不同知识板块间的联系。学了一次函数后，从"形"的角度理解"数"，则更加直观。从大单元的角度解决知识碎片化、学生"只见树木不见森林"的问题。

走进新时代，课标在变，教材在变，评价在变，教学在变，课堂也在变。但我们需要关注课程改革的理念，让课程内容建构基本不变，即保持相对稳定的学科体系，体现数学学科特征。我们需要抓住重心，调结构、转方式、变关系，从"教"走向"学"，从"教"走向"育"，教育的育人功能是通过课堂承载，通过教师传递而实现。以上只是笔者在新课标背景下"教与学"关系变革的一点实践，相信随着不断探索和学习，一定能更多更好的推进育人方式的改革。

参考文献

［1］中华人民共和国教育部.义务教育数学课程标准(2022版)[M].北京:北京师范大学出版社,2022.

［2］章建跃.培养思维是发展核心素养的关键[J].中国数学教育.2023(3/4):3—4.

一张纸中的数学

——数学综合与实践活动的设计与组织[*]

沈 璞

初中数学综合与实践活动是一类以问题为载体,以学生自主参与为主的学习活动。通过活动引导学生综合运用已有的知识和经验,经历自主探索和合作交流,解决与生活经验密切联系的具有一定挑战性和综合性的问题,发展他们解决问题的能力。下面以"一张纸中的数学"为例,从课题的确定、教学的组织和学习的评价3个阶段来阐述数学综合与实践活动的设计与组织。

一、课题的确定

(一) 课题的设计原则

首先,课题要有实践性。选取的问题要从学生的生活中来,再应用到生活中去,这样才能激起学生探究与创新的兴趣。其次,课题要有综合性。要能够启发学生多维度地观察、解决问题,鼓励学生综合利用所学进行多角度的思考和创新。最后,课题要有自主性,问题设计应以学生现有水平为基本出发点,让学生真正实现自主探究,使每个学生获得不同的体验。

(二) 课题的类型

第一类是探究类,从具体的数学知识点切入,通过学生自主探究,了解已有知识间的关联,加深对有关知识的理解,发展提出数学问题以及深入分析问题的能力。另一类是实践类,面对身边的实际问题,建立数学模型,设计解决问题的数学方案,进行探究与实践。

(三) 课题选择的途径

课题选择有4种途径:教材中的数学活动和课题,教学中学生的疑问和思考,改编课本

---

[*] 本文是曾文洁主持的2022年度上海市教育科学研究项目"基于初中数学课本设计问题导出单,培养学生问题提出能力的实践研究"(立项编号C2022246)的研究成果之一。

例题、习题,围绕生活情境创设问题。

比如探究标准规格的纸张与 $\sqrt{2}$ 的关系。常用纸张规格如表1所示。

表1

A 型	宽×长/mm×mm	B 型	宽×长/mm×mm
A5	148×210	B5	182×257
A4	210×297	B4	257×364
A3	297×420	B3	364×515
A2	420×594	B2	515×728
A1	594×841	B1	728×1 030

(1) 使用计算器求出各 A 型纸张长与宽的比值,你有什么发现?各规格纸张的长与宽的比值有什么关系?

(2) 能否通过折纸说明长与宽的比值与 $\sqrt{2}$ 的关系?

(3) 测量教科书的长与宽,看看它们的长与宽的比值是否也有类似的关系?

从身边的一张纸出发,让学生在折纸中感受乐趣,通过折纸发现数学模型和结论,进而思考身边其他书籍纸张是否有类似的数学关系。通过度量、猜想、验证、合作、反思等一系列活动,让学生从实际生活中发现问题,将问题转换为数学模型,再运用已有的数学知识分析、解决问题,发展他们的推理能力,获得初步的实践经验,增强应用数学的自信。

二、教学的组织

确立好课题,将解决具体问题分为 3 个步骤:第一步,明确设计方案,基于学生的认知,通过情境创设提出问题,帮助学生认识所研究的内容,使学生进入问题的探索中,在独立思考的基础上设计解决问题的方案。第二步,分工协作解决问题,组内进行分工,小组成员根据各自的任务开展研究活动。第三步,小组交流总结提升,组员将分析研究得到的结论在小组内交流讨论,形成小组总结报告,汇报研究成果。

以"一张纸中的数学"数学综合与实践活动为例。

内容分析:一张 A4 纸、一份试卷、一本教科书,这些都是学生学习和生活常见的物品。如果能将这些物品作为数学研究的素材,从数学的角度重新认识身边的世界,这样的数学学习必定受到学生的喜爱。A4、A3 纸中蕴藏着哪些数学知识?怎样进行探究?这样的问题设计揭示了 A4 纸的数学本质,让学生体会知识从哪里来,应用到哪里去,引发学生自然地思考,主动地探究。

目标分析：估测、度量 A4 纸长与宽的比值，通过折叠、计算、证明进行验证；探索 A4 纸长与宽的比值，进而理解生活中纸张规格的意义。学生在观察、猜测、操作、验证、归纳、应用的探索过程中，以 A、B、K 型纸为载体，经历完整的学习过程，产生"怎样发现""如何研究"的方法论感悟，锻炼学生的思维能力，提升学生的核心素养。

教学过程：

（一）探索 A4 纸长与宽的比值

【教师】展示一张 A4 纸，提出问题：世界上各个国家 A4 纸的规格是统一的吗？A4 纸的规格有什么特别之处吗？A4 纸是长方形，其核心问题是长与宽之间的数量关系，从而引出"探索 A4 纸长与宽的比值"的思考。

环节一：目测估值

【学生】通过目测估算 A4 纸长与宽的比值，得到的答案不尽相同，也不够精确，引起学生对研究方式的反思。学生提出既然"看"不行，那就"量"和"算"。

【教师】利用刻度尺度量出 A4 纸的长与宽，计算比值，结果精确到 0.001。

环节二：度量计算

【学生】通过度量、计算，发现比值约等于 1.414，猜想 A4 纸长与宽比值可能为无理数 $\sqrt{2}$。

【教师】无理数 $\sqrt{2}$ 是一个精确值，要证明我们的猜想，度量的方法已无法准确验证，需另寻方法。

环节三：折纸说理

【学生】经过自主探究、合作交流，通过折纸作验证，各小组进行方法展示、说理。

（二）探索 A 型纸的奥秘

【学生】利用 A4 纸的研究经验，探究 A3 纸长与宽的数量关系。部分同学从度量长和宽着手，部分同学按照演示的折叠方式入手，依旧找到了 $\sqrt{2}$ 倍的关系，从而发现了 A3 纸与 A4 纸具有相同的规律——长与宽的比值均为 $\sqrt{2}$。

【教师】回顾 A3 纸的长 420 mm、宽 297 mm，发现这两个数据与 A4 纸的长、宽之间存在某种关联。如果将 A3 纸沿着长边的中垂线对折，折叠后的图形恰好与 A4 纸重合。A3 纸的长是 A4 纸宽的两倍，宽等于 A4 纸的长。引导学生利用这个数量关系通过计算得到长与宽的比值等于 $\sqrt{2}$。

设 A4 纸长与宽分别为 a、b，那么 A3 纸的长与宽则分别为 $2b$、a，因为长与宽比值不变，则有 $\dfrac{a}{b}=\dfrac{2b}{a}$，即 $a^2=2b^2$，因为 $a>0, b>0$，所以 $a=\sqrt{2}b$，即 A4、A3 纸长与宽比值均为 $\sqrt{2}$。

【教师】A3、A4 纸为什么设计成相同的长与宽比值？

【学生】通过讨论，发现保持 A3、A4 纸长与宽比值的一致性，就可以等比例地放大缩小，这样的设计可以为工作和生活提供很大的便利。

【教师】继续思考，比值为什么是 $\sqrt{2}$，而不是其他的比值？制定这个规格的初衷又是什么？为此我们还需要研究其他的 A 型纸。A3 纸的长与宽比值是 $\sqrt{2}$，对折后所得的 A4 纸长与宽比值也是 $\sqrt{2}$，根据 A 型纸长与宽比值的规律，你能不能设计制作 A5 纸？

【学生】A4 纸与 A5 纸依旧有两倍的关系，同理可以继续制作 A6 纸。

【教师】两张 A6 纸拼成一张 A5 纸，两张 A5 纸拼成一张 A4 纸，以此类推，还可以拼出哪些 A 型纸？

【学生】依次拼出 A3、A2、A1 纸，最终拼出 A0 纸。

【教师】事实上工厂生产打印纸就是从一张 A0 纸开始的，工人不断沿长边中线切割，依次得到 A1、A2、A3 等各类 A 型纸。工业设计的原则是为了最大程度地节约成本，这样的切割方式能最极限地利用纸张。A 型纸后缀的数字表示的就是切割的次数，A4 表示从 A0 切割 4 次得来，那么一张初始的 A0 纸到底有多大呢？

【学生】A0 纸的长是 A4 纸长的 4 倍，宽亦是如此，从而计算出 A0 纸的长、宽分别为 1 188 mm、840 mm。国际上对每一种 A 型纸都制定了统一的尺寸，A0 纸长、宽的国际标准尺寸为 1 189 mm、841 mm。

【教师】A0 纸的长与宽并不是一个方便记忆的数字，为什么设计这样特殊的长、宽值呢？首先计算两者比值约为 1.414，即 A0 纸长与宽的比值为 $\sqrt{2}$，方便极限切割。其次计算两者的乘积，$1189 \times 841 = 999\,949 (\text{mm}^2)$，A0 打印纸的面积是 $1\,\text{m}^2$，方便计量。

（三）探索 B 型纸、K 型纸

【教师】生活中常见的纸型除了 A 型纸，还有 B 型纸和 K 型纸，例如我们平常所用的试卷就是 K 型纸。

【学生】大胆猜想，K 型纸的长与宽比值也是 $\sqrt{2}$，并且马上动手操作实验，但发现结果与猜想不一致，于是再次引发了学生新的思考：K 型纸的长与宽比值不是 $\sqrt{2}$，那么它们之间又有怎样的关系？

由一张 A4 纸出发，研究 A4 纸长与宽的数量关系，探索 A 型纸设计的意义，带领学生阶梯式地探究认识 A 型纸。在此基础上，又提出了探索 B、K 型纸，运用掌握的研究经验，从认识 A 型纸又上升到认识各类常见纸张。学生获得了综合的发展，体验到了完整的实践过程。

三、学习的评价

数学作为一门考试科目,在学科评价的时候承担的一般都是甄别和选拔的功能,但是数学综合与实践活动的评价一定定位在激励和发展。一方面评价要反馈学生对相关数学知识的理解和掌握情况;另一方面评价要促进学生可持续地发展。尝试"表现性评价方式",观察学生在整个学习讨论活动过程中的表现,通过呈现学生完成任务的过程,如书写课题报告或者小论文的形式,来描述学生的学习情况。多肯定学生在这一过程中的进步和发展,关心学生在哪些方面获得了提高,让学生清楚地知道自己的不足和需要努力的地方。关于表现性的评价我们要关注,比如:参与活动的积极程度;是否认真地探索解决问题的方法;是否在具体的情境中发现和提出问题;是否从不同角度分析问题和解决问题;是否能清晰地表达自己解决问题的思路和过程;是否能解释清楚结果的合理性;是否能与同组同学合作解决问题;是否愿意和小组的其他成员合作交流彼此的想法,并分享活动的成果。

比如在探究 A4 打印纸长与宽比值的问题上,学生呈现了这样一些实验结果。

【小组1】如图1方式折叠,易知△ABC 为等腰直角三角形,设 $AB=1$,则 $AC=\sqrt{2}$,再取另一张 A4 纸,发现 A4 纸的长 DE 恰好与折痕 AC 重合,从而说明 A4 纸长与宽的比值为 $\sqrt{2}$。

【教师】这是一种简洁直观的方法,学生运用了已有的数形结合思想来解决的问题,它构造了等腰直角三角形产生 $\sqrt{2}$,虽然在证明长与宽比值是 $\sqrt{2}$ 的过程中遇到困难了,但该小组想到了用直观的对比验证,充分利用了现有的实验素材。

【小组2】如图2所示在左图折叠的基础上,已得出 $AC=\sqrt{2}$,只需再将∠BAC 按右图方式沿 AE 对折,可以发现 AC 恰好能与 AD 重合,从而说明 $AD=\sqrt{2}$。

【教师】操作过程中大部分同学都能够折叠出△ABC,但是缺乏将 AC 的长与 A4 纸的长相关联的意识,这组同学突破了这一难点,使得问题迎刃而解,学生关键能力的培养得到了体现。

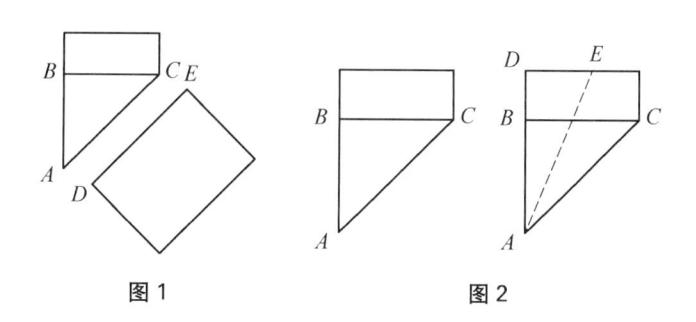

图1

图2

【小组3】如图3所示,分别将∠ADB、∠BCD进行对折,此时两条折痕交于点O,易得△COD是等腰直角三角形,设$CD=\sqrt{2}$,则$OC=1$,再将BC边沿EC翻折,发现边BC恰好与OC重合,说明$BC=1$,从而得出结论。

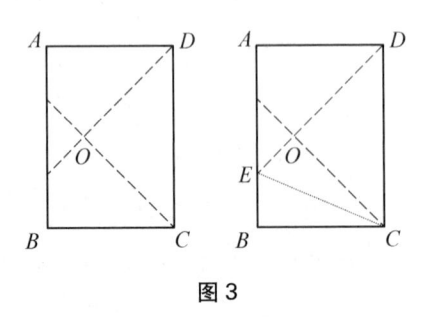

图3

【教师】从课堂情况看,大部分学生选择了设宽是1,尝试验证长是$\sqrt{2}$,但思维的碰撞使得这组同学产生了同样是构造等腰直角三角形,先设长是$\sqrt{2}$,再去验证宽是1的方法。这种逆向思考问题的方式,具有很强的创新性。在不同的探究方法的交流与分享中,学生感受到了方法的融会贯通,促进了学生思维品质的提高。

每个学生都是实践者,也是开拓者,相信随着数学综合与实践活动的深入,学生将越来越会用数学的眼光观察世界,用数学的思维思考世界,用数学的语言表达世界,我们都将成为数学学习的受益者。

论初中数学教学中如何实现"五育并举"

马　宁

新一轮课改提出,要把"德、智、体、美、劳"的教育目的切实贯彻到课堂上。在此背景下,全国中小学已经掀起了跨学科融合教学的热潮,这一教育变革正是体现了"五育并举"教育思想在今后课堂中的发展趋势。初中数学一直被认为是起到智育作用的学科,但为了实现综合素质教育,我们也可以将德育、体育、美育、劳育融合进数学课堂。本文将结合初中数学教学课堂实例,围绕如何在数学课堂中融合"五育"、如何找到"五育并举"的突破口进行探讨。

一、立德树人,融合德育

"大学之道,在明明德",注重品德修养自古就是中国人的传统。不论是近代以前的旧式教育,还是五四之后的新式教育,都不曾放松过德育,因为德才兼备为"上品"人才。也正因如此,今天我们依然强调立德树人的理念。初中数学教学中应该怎样做才能有效渗透德育呢?笔者认为方法有很多,比如,引入名人轶事,产生榜样效应;引入历史文化,树立文化自信;引入生活情境,培养正确情感态度。

以八年级"勾股定理"为例,在学这个知识的时候,为了营造课堂氛围、渗透德育精神,我们可以在新授知识前引入毕达哥拉斯的小故事。相传在某一天,毕达哥拉斯走在大街上,一户人家墙上贴的瓷砖引起了他的注意。只见墙上四方形瓷砖上的图案似乎带有某种规律,所以他就在此驻留,看了又看。随后的日子里,他每次来到这里都会驻足欣赏。随着时间推移,他发现了一个规律:等腰直角三角形的两条直角边的平方和同它的斜边长的平方是相等的。因为这个发现,毕达哥拉斯呼朋引伴、大肆庆祝了几天几夜。随后的一段日子里,他又进一步推导这个公式是否适合除了等腰直角三角形之外的其他直角三角形,最终得到肯定的结论。这个故事生动有趣,让学生对勾股定理产生了极大的兴趣。在讲完这个故事并学习了勾股定理的计算以后,当同学们还沉浸在这一伟大定理意犹未尽的探索中时,课堂的最后再进行一个翻转,介绍"商高定律",告诉同学们,最早提出"勾三股四弦五"这个数学现象的人是中国古代数学家商高,比西方早了约500年。通过这一翻转,同学们充分感受到中华文明源远流长,我们的数学文明曾遥遥领先于世界。这无疑给同学们树立了文化自信和民族自信。

在习题训练当中,我们也可以渗透德育。例如,在学完"相似三角形"之后,可以让学生分组配合,利用相似三角形的知识和测量影子长度来探求操场上国旗旗杆的高度。在整个活动中,全程以国旗旗杆为研究对象,不仅渗透爱国主义教育,也提供机会让学生们体会到探究能力在学习中的重要性。

二、茁壮成长,融合体育

伟人曾说过,身体是革命的本钱。如果身体健康不能得到保障,就很难专注于学习。学习的道路充满了荆棘,所以有"学海无涯苦作舟"的说法。对于学习者而言,有了良好的身体素质还不够,还需要有不屈不挠的韧劲。体育就具备既能强身健体,又能锤炼意志的作用。初中数学也可以融合体育,例如,当我们学过数学统计知识以后,可以把数学统计知识的应用练习与体育运动融合在一起。首先,准备好记录表和笔。其次,选定相应的项目进行每天的运动打卡,如跳绳、跑步等,让同学们相互配合着完成运动项目及个人成绩记录。随后,以记录表上的体育成绩为素材做好"统计初步"。这样一来,同学们既巩固复习了数学统计知识,又在繁忙的文化课学习中找到机会舒活筋骨、锻炼身体。

事实上,数学在体育运动领域有着很大的应用价值,应用范围十分广泛。比如,人们会用数学方法去分析人的体能指标和运动数据,找出体育运动成绩当中隐藏的一些规律,继而对运动员的项目选择、职业规划、饮食方案、训练计划和比赛策略作合理调整。此外,数学还能帮助人们对体育比赛的规则以及运动的速度、力量和轨迹等作量化分析,分析得到的结果对下一阶段的比赛判断、决策都具有参考价值。所以,初中数学也可以从这一方面去融合体育活动。比如,在运动会前,我们可以根据所学知识,结合本届同学以往运动会的成绩去计算如何选派同学进行报名,使人员配备和比赛战略达到最优。这样既能对学生实现多方面素质培养,又能向学生展现数学知识的应用价值。

三、以美育人,融合美育

初中阶段的学生虽然已经具备一定的逻辑思维能力,社会性发展程度也已经比较高了,可是思想观念依然有较大的可塑空间。换句话说,他们的思想观念很容易受到他人的干扰。美育,通俗来讲就是审美教学与美感教学的融合,旨在提高学生的美学素养,培养正确的审美取向。在当今时代,自媒体的兴起让中国社会的思想舆论环境变得更为复杂,拜金主义、低俗"审丑"现象屡屡发生,这些对青少年都是不正确的审美导向。所以,当代教育必须加强美育。在如此严峻形势下,初中数学也要肩负起美育的责任。

数学的美别具一格,美在精确、严谨、简洁。初中数学教材里有不少概念、定义,它们的文字描述就非常精确、凝练,多一个字则会显得啰唆、烦琐,少一个字则会让人产生歧义、影响精确度。我们以"分数"为例,数学书中对它是这样描述的:把单位"1"平均分成若干份,表示这样的一份或几份的数。分数的定义可以说字字凝练,尤其是"单位'1'""平均""或""一份""几份"这几个字词格外重要,少了哪一个都会表达不准,让分数概念变得不确定、不唯一。比如说缺少了"平均",分成的几份就很有可能有的一份多,有的一份少,那么数学中的"分数"知识对人类生活、生产就失去了意义。

数学的美独树一帜,美在数与形的协调美、对称美。比如,七年级"图形的运动"中的3种运动形式:平移、旋转、轴对称,无不呈现出图形的美。我们可以给学生展示我国传统窗花剪纸,正是利用了图形的这3种运动,才能使得剪出来的窗花更具观赏性。之后可以让学生学习剪一些简单的窗花,体会图形运动在传统民间艺术中的运用,这不仅达到了培养学生欣赏美、创造美的目的,还能起到激发学生民族自豪感的作用。再比如,九年级"二次函数"中有关于二次函数图像的学习内容,传统课堂上,教师会引导学生在平面直角坐标系中通过逐一描点去画出函数图像,但是由于纸张有限,学生在描点时也不能做到足够光滑,所以这样的方法并不能很好地展现出图像的美,而利用多媒体软件就能解决这些问题,通过观看多媒体软件,学生可以更好地欣赏到数与形之间的协调美以及图形的连续美。

四、以学促干,融合劳育

近年来国家要求抓好劳动教育,帮助学生把劳动精神培养起来。我们国家一直都以"劳动人民"去称呼人民群众,人民的幸福生活和几千年来积淀下来的璀璨文化都是通过劳动创造出来的。

数学是抽象学科,而劳动是具体的实践活动。将数学与劳动融合起来,可以让学生在实际操作中感受到数学的魅力,同时也能够提高学生的动手能力。在六年级"长方体"教学中,我们会遇到"用一条铁丝做长方体、用一根木棒做长方体"等题目,我们可以让学生分组,真的找来这些材料,根据棱长的计算结果去剪铁丝、锯木棒,体会手工与数学计算的融合。在六年级"比例"的教学中,一个引例描述的是做蛋糕的糖、奶油、可可粉的配比,在计算出三连比后,利用假期尝试着用这样的比例去做一个蛋糕,尝尝味道是否真的很好?哪一种调味料还可以作出调整呢?这样就形成了从理论到实践再到理论的一个过程。总之,数学融合劳动教育,就是一个用数学知识去指导劳动的过程。

如果把孩子比喻成禾苗,那么初中就是重要的"拔节抽穗期",在这个阶段必须吸足养分才能茁壮成长。"养分"不能单一,而是要丰富,即德智体美劳协同并进。初中数学课堂完全能够实行"五育并举",只要教师深入挖掘教材的每一处细节就能找到"五育"融合点,相信这一教育思想在培养学生数学核心素养上一定会取得显著的效果。

参考文献

[1] 徐程远.如何在初中数学教学中渗透德育教育[J].数学学习与研究,2022(16):104—106.

[2] 丁春霞.浅谈中学体育教学与数学知识的有效整合[J].成才之路,2010(32):77.

[3] 吴茂焕.初中数学渗透数学美的路径和方法[J].初中数学教与学,2021(16):3—6.

[4] 米秀英.核心素养下劳动教育在初中数学教学中的渗透实践[J].新课程,2021(33):50.

根植老上海"本土"资源，探索"情境式"主题活动的版画教学实践研究

陈 安

情境式主题版画教学作为一种创新的教育方法，旨在通过设定具体情景，激发学生的创造力和想象力，引导他们深入探索版画艺术。它让学生围绕主题进行版画创作，并在各种创作活动中提高对图像识读、美术表现、创意实践、审美判断和文化理解等艺术核心素养的理解。这样的教学方式能确保学生在参与和体验中达到学习的最佳效果。

一、根植于"情境式"主题活动的实践探索

本课程设计主要围绕家乡的老街区、老建筑、老物件、老工艺，描绘家乡的美景与故事，体验其特色风貌及风土人情。通过对"上海老城厢"这一题材的深入挖掘，组织课程内容、创设学习情境和设计课程活动，引导学生考察周围的传统艺术，体验地域风情和历史文化。同时，鼓励学生尝试创新地结合版画的材料和形式内容，以激发他们的创意思维和表达能力，增强他们对本地以及中华优秀艺术文化的热爱。

（一）丰富美育活动设计，深化学生学习体验

1. 以上海本地之"景"引出家乡之"情"

"无桥不成路，无桥不成村"。新场古镇的"桥"与生活息息相关，它给每个孩子的童年生活带来无限情趣。古镇正是小河多、小桥多，桥头、桥面、桥边、桥洞 4 个方面的造型美独具一格。在艺术课程资源的开发上在"桥"的造型、情怀角度去审美，更有利于丰富艺术教学内容，充分挖掘地方艺术资源，凸显地域特色。

在"故乡的桥"版画单元教学的整体课程架构中，围绕"考、赏、创、抒"这 4 个环节探究家乡生活，考察民俗故事；发现家乡美景，感受文化古韵；在创作中以情入景，表现家乡之美；在审美意境中传达文化，抒发故乡之情。充分挖掘本土"桥"文化题材和传统木版画的艺术表现形式，达到丰富学生艺术实践经历、拓宽教学创新途径、促进学生创新实践能力的目的。

2. 风情万种"刻"出上海"味道"

以"上海风情"为主题的课程设计和实践为例,创作采用了学生喜闻乐见的上海老街、旗袍样式等典型造型及图案元素,引导学生深入理解老上海的风情和旗袍文化的历史,涉及老弄堂的变迁、门头里的故事、美食、老物件,以及历史上重要时间节点的事件等内容。围绕老上海的生活情境式主题,以上海风情和旗袍文化为元素设计出老上海"味道"等系列课程,充分体现出版画创作的魅力,学生在感受作品成功喜悦的同时,也演绎了另一种境界的上海"腔调"。

(二)拓宽创新途径,丰富学生实践体验

1. 版画艺术教学法的创新

新课改中关于版画课程学习活动的设计强调了学习方向的指引、引导、探索、反思和评价,以促进对版画教学内容的理解。在教学实践中,通过独立学习式、合作探究式、信息技术整合式和激励式的方式,运用讲授法、比较法、创作法、展评法和归纳法等多样的教学方式。学生在学习过程中变得更加积极主动,真正形成了自主学习和探究的课堂氛围,这不仅增强了教学效果,也实现了学生美术学科核心素养的培养和发展。

2. 版画艺术表现技法的传承与创新

在版画教学中吸收民族传统艺术中的题材内容,融合民间传统艺术形式元素,学习运用民间传统艺术表现方法,结合多版种的技法学习,在木版画、纸版画、综合版画的创作中尝试传统与现代艺术表现形式的融合创新。例如:"门"的故事系列中运用的综合版画,家乡的"桥"系列课程中运用的木版画的实践;在其他课程系列中也会间插运用到纸版画、橡皮图章。多种形式增强了教学创作的指向性,促进了学生素养的最终达成。

(三)创设多元情境,激发"有情感"的创作表达

1. 结合古诗文的情景设计创作

为了提高学生对上海老城厢景物的美的感受和对情感的表现,引导学生体验文学作品中"诗中有画、画中有诗"的审美意境。在课堂上,教师结合古诗文的意境,让学生欣赏实地考察所收集的图片,丰富课堂艺术感受。课外,则鼓励学生寻找对应的古诗词,并将它们的意境融入自己的作品中,并在此过程中发掘个人的艺术灵感。

例1:七年级5班的柴志昊同学参考了马致远"枯藤老树昏鸦,小桥流水人家……"的意境,创作了《夕阳西下》。作品中桥与夕阳光影的和谐以及两岸夕阳的氛围,群鸭倒影等细节描绘出一幅意境深远的画面,令人惊叹,仿佛能感受到柴同学与诗人心灵之间的碰撞。

例2:七年级7班黄奕丹同学则是参考了卞之琳的《断章》"站在桥上看风景,看风景人在楼上看你……"的情境,创作了《你看你看》,其作品宛如一场心灵与隔空的相望。

学生通过现场的真实感受和优美的文学意境,有效地促进了他们对中国文化魅力的主动探索以及积极性的提升,这不仅提高了他们的艺术修养,也提升了他们的整体素质。

2. 结合"家乡故事"的情境设计创作

"小城故事多,充满喜和乐"。古镇亦是如此。在充满诗情画意的古镇中,也流传着浪漫感人的故事。例如,浦东土布馆、张叶弄、奚家厅等,无不真实地透露出古镇的独特气息。通过结合故事片段和古建筑,探寻古人的文人气息,极大地激发了学生内心深处的情感、遐想与思绪。夏商周同学的《忆江南》,巧妙地将庭院、桥梁和水景融为一体,节奏平和且端庄雅致,构成了一幅美丽的大户人家风景。王子怡同学钟爱奚家厅的宅院,享受其中的休闲氛围,聆听家族故事,体验古人的闲庭信步。其作品《江南庭院》风格独特,幽静而悠长。每个同学心中都怀有千丝万缕的情感,让他们在文化韵味浓厚的家乡古镇中徜徉。用他们自己的理解去描绘和表达一种绘画风格意境,这岂不美好。

3. 解码形式语言,丰富审美形式魅力

在木刻版画的学习过程中,教师与学生需共同探讨版画的基本要素——黑白灰与点线面,并将这些元素应用于创意设计中。为实现这一目标,我们必须通过针对性的学习,掌握娴熟的表现方法,加深学生对空间感的创意体验,进而对古镇进行创意表现。

基于此,笔者设计了"带着叶子去旅游"和"字母的微观世界"两个单元训练。通过教授点线面的密集与稀疏处理方法,并调整直线、曲线以在画面中形成次序感,学生能够体会到黑白灰的魅力;借鉴了达利大师的创作理念,展示大量不同的作品来引导学生学会分辨画面中色彩的轻重,理解大师对密集与稀疏处理的手法,从而实现认知上的飞跃。

(四)细化评价,完善多元课程开发的评价思考

为了促进学生"有创意的情境表达"的过程体验的评价,围绕教学中主题—欣赏—技法—构思—创作—展评等具体的美术实践活动,设计不同的评价量规,一方面全面评价学生的学习过程表现,另一方面则是重点考查学生的创意实践和创作探究能力。以"故乡的桥"这一评价量规为例,重视对学生在学习过程中像艺术家一样思考的持续评价;以"美丽的鞋垫"学习单的评价为例,侧重于学生的自我评估和对教师的教学评估;以"搭建艺术文化空间"为例,更是进一步给学生一个广阔的展示创意作品的空间。

例1. "故乡的桥"单元教学中的评价量规

本案评价量规旨在在"桥"的学习主题中融入家乡古镇的诗画情境、桥的故事等情境化学习内容,以营造"情景交融"的学习氛围,引发学生富有感情的创意表达。主要分为"考""赏""创""抒"4个阶段的评价量规设置。

在"考"的阶段,学生通过了解家乡古镇的优秀文化,并进行"寻找古镇文化足迹"的版画寻源考察活动,进一步感受和积累家乡古镇的本土文化,对小桥、流水、人家、长街、连廊、老

店等元素进行近距离的观察和体验,同时对所考察地的所见所闻作图文归类整理。

在"赏"的阶段,目的是引导同学们了解古桥建筑的概念、种类及用途。我们会从不同角度欣赏古桥建筑,并探索它们各自独特的风格特征和文化历史内涵。通过学习版画的语言,同学们将认识到木刻版画中点、线、面的关系,并理解版画技法中粗细、虚实、疏密的表现手法,从而学会用木刻版画的语言来表现自己心中的"桥"。

在"创"的阶段,我们将运用版画特有的阴阳刻技法以及传统的木刻刀法。学生可以通过景物中的线条来认识家乡桥的"性格魅力",根据自己的创作构思组织版画语言,亲身体验创作版画的乐趣。通过学习版画语言,同学们将认识木刻版画中黑、白、灰以及与点、线、面的关系,融合版画技法中粗细、虚实、疏密表现手法,从而学会用木刻版画语言表现自己心中的"桥"。

在"抒"的阶段,学生通过版画拓印体验到制作过程中的挫折、成功与快乐。他们学习了单色拓印、多色拓印以及套色拓印等肌理运用的技巧,最终体会到成功创作一幅版画作品的乐趣。通过这一过程,同学们不仅感受到版画艺术的独特魅力,还领略到家乡古镇的文化底蕴。

例 2. "走进民间美术——美丽的鞋垫"课堂学习单

本案评价量规在教学学习方面作了实践研究,除细化了环节设计,记录学生"有创意"的过程体验,并突出艺术的感性特点外,还通过创新的教学方式,充分挖掘学生作品中的文化元素,培养学生的审美素养。同时,我们记录学生的学习轨迹,开展针对"教"与"学"的改进研究,以促进学生深度体验老上海的艺术寓意、传统文化的生态美以及传统版画的创意之美。

例 3. 搭建艺术文化空间——让学习评价无言却胜于言

情境式主题开发的版画课程学习能够让抽象的概念变得具象化,让平淡的内容变得生动有趣,在课程建构中融合学生自主考察—探究—创作—交流的学习路径,通过目标引导、任务驱动引发学生主动探究、合作交流与创造分享等多种学习体验。为了更好地让学生感受创作体验带来的快乐,通过开辟学校走廊、橱窗等空间,开设展示版画作品的平台,形成走出课堂展现自我的新型评价方式,多样化的艺术文化展示空间给了学生一个无声胜有声的舞台。

源于生活、源于家乡、源于中华传统的题材是艺术学习取之不尽的内容。唤起对"上海老城厢"的情怀无疑会在学生心灵中留下深刻的印记,并增强文化传承意识。通过整合古镇资源与家乡文化的再发掘,以及情境式教学主题,设计并实施了融合民族传统特色的版画课程。这不仅为学生的课堂学习和美术拓展提供了丰富的创作灵感,还增进了他们对家乡学习资源的探究,同时在校园文化建设中营造了传承民族优秀传统文化的教育氛围。这充分体现了"构建版画艺术生态教学体系,传承民族艺术文化"的学校整体美育目标。

铸魂立根　育德润心

宫　雪

教育是国之大计、党之大计。要从党和国家事业发展全局的高度,坚守为党育人、为国育才,把立德树人融入思想道德教育、文化知识教育、社会实践教育各环节,贯穿基础教育、职业教育、高等教育各领域,体现到学科体系、教学体系、教材体系、管理体系建设备方面,培根铸魂、启智润心。

一、强意识　树自信

首先让我们一起回到 2021 年 9 月 25 日的晚上。历经度日如年的 1029 个日夜,孟晚舟终于回到了祖国的怀抱。一袭红衣的她哽咽地说:"祖国,我回来了!"在过去近 3 年的时间里,她的每一次出现,衣着得体、面带微笑、脚步从容。她的坚强无不展现出中国人的骨气和尊严。我相信每一个中国人,都会认同:"如果信念有颜色,那一定是中国红。"同时也更加坚信:任何企图阻挡中国发展的图谋,都将在 14 亿中国人阔步前行的进程中碰得粉碎!

同样是明星,周杰伦在国际领奖台上拒说英语,大声告诉全世界:汉语才是未来。也有流量明星在国外被问到国籍时支支吾吾,却不假思索地说自己是 Korean singer。

青年教师从踏上岗位的那一瞬间,就应该时刻以"为谁培养人、培养什么人、怎样培养人"来自省。坚持中国特色社会主义道路自信、理论自信、制度自信、文化自信,坚持党的基本路线不动摇,是不断把中国特色社会主义伟大事业推向前进的内在动力,也是全面建成社会主义现代化强国和实现中华民族伟大复兴中国梦的根本保障。教师只有坚持中国特色社会主义道路自信、理论自信、制度自信、文化自信,才能引导学生树立科学的世界观、人生观和价值观,从而引导学生把个人的前途命运自觉地融入建设中国特色社会主义的伟大事业中,培养出能够真正担起实现中华民族伟大复兴中国梦的共产主义接班人。

教师是教育工作的中坚力量。有高质量的教师,才会有高质量的教育。做好教师,就要执着于教书育人,有热爱教育的定力、淡泊名利的坚守,就要有理想信念、有道德情操、有扎实学识、有仁爱之心。

党的二十大报告强调,要办好人民满意的教育,全面贯彻党的教育方针,落实立德树人根本任务,培养德智体美劳全面发展的社会主义建设者和接班人,加快建设高质量教育体系,发展素质教育,促进教育公平。

二、明责任　勇担当

在党的二十大报告中,习近平总书记寄语新时代青年:广大青年要坚定不移听党话、跟党走,怀抱梦想又脚踏实地,敢想敢为又善作善成,立志做有理想、敢担当、能吃苦、肯奋斗的新时代好青年,让青春在全面建设社会主义现代化国家的火热实践中绽放绚丽之花。这为新时代新征程上青年工作指明了前进方向、提供了根本遵循。我们要把学习贯彻党的二十大精神与青年成长成才结合起来,以"坚持真理、坚守理想,践行初心、担当使命,不怕牺牲、英勇斗争,对党忠诚、不负人民"的伟大建党精神培育"有理想、敢担当、能吃苦、肯奋斗"的新时代好青年,推动新时代好青年在为祖国、为人民的奉献中彰显青春力量、实现个人价值,让青春之光照亮中华民族伟大复兴梦想的前进道路。我们必须传承红色基因、赓续红色血脉,弘扬伟大建党精神,以伟大建党精神培育新时代好青年,把新时代青年塑造成"复兴栋梁、强国先锋"。

作为班主任,我们对于学生的在校常规了解多少呢?对于屡教不改的孩子,你又会怎么做呢?作为任课教师,你认为有必要知晓学生在校的要求吗?对于违纪学生,你会自己解决还是交给班主任处理呢?你愿意跟家长亲自沟通吗?

在我看来,只有了解学生在校常规,才能够更有针对性地对学生进行教育和帮助,以明确的在校要求对学生行为提出有效的约束,避免空话套话。从心理学的角度来说,每个行为的背后都一定有故事,可能是他的好朋友突然不理他了,他非常珍惜他们的友谊;可能是他早上出门动作太慢又忘拿东西被妈妈骂了;也可能是他父母昨晚又在吵架闹离婚;还有可能是他家喜添二宝,全家都围着小宝转,他觉得自己被忽略了……

任课教师把课上难搞的学生扔给班主任,且不论"人人都是德育工作者",暂不说全员导师应落细落实,单说这一举动看上去任课教师是轻松了,但在学生心中的"地位"其实已经岌岌可危了。时间一久你会发现自己一句话说出去就石沉大海。班主任把"刺头"推给年级组长、拎到德育处,可以吗?班主任如果动不动就找其他教师来教育这个孩子,那么在孩子心里,班主任是没有权威、不值得信赖的,甚至是可以忽略不计的路人。对于班主任来说,这是极其可怕的事情,一旦孩子们不再信任你、不再信服你,那么班级管理将会混乱不堪,班风、学风都会受到影响,家校关系也会变得非常紧张。最直观的体现可能就是班级变脏了、公物损坏变多了、有同学陆续丢东西了、课堂纪律变差了、家长投诉应接不暇……

三、敦品行　铸未来

在《中小学德育工作指南》中，中小学德育总体目标为："培养学生爱党爱国爱人民，增强国家意识和社会责任意识，教育学生理解、认同和拥护国家政治制度，了解中华优秀传统文化和革命文化、社会主义先进文化，增强中国特色社会主义道路自信、理论自信、制度自信、文化自信，引导学生准确理解和把握社会主义核心价值观的深刻内涵和实践要求，养成良好政治素质、道德品质、法治意识和行为习惯，形成积极健康的人格和良好心理品质，促进学生核心素养提升和全面发展，为学生一生成长奠定坚实的思想基础。"

什么是德育？从宏观上说，是深入贯彻习近平总书记系列重要讲话精神和治国理政新理念新思想新战略，始终坚持育人为本、德育为先，大力培育和践行社会主义核心价值观，以培养学生良好思想品德和健全人格为根本，以促进学生形成良好行为习惯为重点，以落实《中小学生守则（2015年修订）》为抓手，坚持教育与生产劳动、社会实践相结合，坚持学校教育与家庭教育、社会教育相结合，为中国特色社会主义事业培养合格的建设者和可靠的接班人。

什么是德育？就学科而言，是语文、历史、地理等课中语言文字、传统文化、历史地理等丰富的思想道德教育因素，潜移默化地对学生进行世界观、人生观和价值观的引导；是数学、科学、物理、化学、生物等课上对学生科学精神、科学方法、科学态度、科学探究能力和逻辑思维能力的培养，促进学生树立勇于创新、求真求实的思想品质；是音乐、体育、美术、艺术等课对学生审美情趣、健康体魄、意志品质、人文素养和生活方式的培养；是外语课对学生国际视野、国际理解和综合人文素养的培养；更是综合实践活动课对学生生活技能、劳动习惯、动手实践和合作交流能力的培养。

四、拨浮云　润童心

1. 学情分析

小印同学，男，年幼时父母离异，母亲常年在外地，虽由父亲抚养，但父母双方均已组建新的家庭，从小与爷爷奶奶生活。父亲缺乏对孩子耐心的引导和教育，常常一言不合就动手，挂在嘴边的话是："我只养你到18岁，过了18岁生日之后，你就算饿死在外面或者被警察抓走，我都不会管，不要让别人给我打电话认领你。"

2. 事情经过

从初二起，小印同学沉迷网络，结识外校学生及无业人员后成绩一落千丈，开始频繁出现夜不归宿、旷课等情况，亲情牌、友情牌、师恩牌统统无效，对校纪校规更是不屑一顾，俨然一副"齐天大圣"的做派。班主任不厌其烦地联系家长,希望家长能够携手把孩子在青春的岔路口拉回来,最初家长说"既然是他的选择,就随他去,我工作很忙,以后这种小事不要再跟我联系,直接打110",后来就直接把班主任"拉黑"了。小印同学作为德育处的"VVIP",持续上演的"相爱相杀"模式在某天下午的一通电话后彻底改变。

那是深秋一天的下午,安静的办公室里突然响起一阵电话铃声,门卫在电话里急切地说:有个自称是附近便利店店长的青年,气势汹汹地要同校长面谈,还要打110,不知道如何是好。我一边请门卫师傅陪同店长进校一边前去迎接时,远处走来一个步伐匆忙、身材高大、满面怒容的男子。还没等我寒暄问好,他便拿出手机点开视频气愤地说:"这就是你们学校的学生!偷我店里的东西!把他们给我找出来,不然我就报警,让警察找你们校长!"

画面中两个男孩在同伴排队买单的时候旁若无人地将货架上的东西放进了自己的口袋,随后与同伴一起走出了便利店。面对强势而愤怒的店长,我倒了杯水请他坐下慢慢说。他言语中无不在斥责学校、指责教师,执意要求跟视频中的孩子面谈。由于视频画质模糊,我通过反复回看,确认了其中一名为小印同学。鉴于尚未了解事情始末和对未成年人的保护,我拒绝了店长与学生面谈的要求,在一番耐心解释之后请店长留下联系方式后先回去工作,承诺当天一定会给他答复。

之后我迅速找到小印了解情况:画面中另一男生鲍某为他校学生,二人家庭情况相似,他俩在网吧结识后来往亲密,但小印同学偷窃之事另有内情。于是,我第一时间联系小印爸爸,家长以"工作很忙"为由拒绝沟通,丢下一句"我没钱赔,直接让他们报警,让他别指望我去认领"就直接挂断了电话,再打过去已经关机。小印同学紧张而不安地望着我,眼泪倔强地在眼眶里打转。我深吸一口气,拍拍孩子的肩膀带着他一起走出校园。一路上他走得很慢也很安静,走到十字路口他突然停下来了,我没说话,只静静地看着他。他几次欲言又止,转身继续向前走,一路上走走停停,一段不足100米的路,我们走了快20分钟。

找到店长后,我先还原了事情经过并代表学校向店长表示歉意,代替家长将143.58元的货价金额如数交给了店长。小印同学则一改平时的懒散,再三地诚恳鞠躬道歉。店长非常感谢学校的重视,对学校高效圆满地解决问题表示欣喜,同时也对之前的不当言行婉转表达了歉意。走出便利店,天已经暗下来了,随处可见背着书包回家的学生。小印同学突然上前一步挡住了我的路,我抬头看到他闪烁着光芒的双眸,耳边响起变声期少年特有的低沉声音:"宫老师,我以后一定不会再让你陪我去道歉!"然后转身大步朝前走去,我愣了愣,快步跟上了那个耳朵通红的少年……

之后的日子里,任课教师纷纷表示:偶尔能收到小印同学交的作业了,上课轻松多了;同学们难以置信地说,他居然在教育身边不想读书的朋友珍惜校园时光,珍惜那些跟他们"死磕"的教师,别老打游戏。还有学生偷偷问我:"老师,小印说的'小妈'是您吗?他现在老把'小妈'挂在嘴边,还教育我们要乖一点……"

3. 案例反思

小印的转变让我清晰地意识到：身教胜于言教。于是，德育于我而言又多了一层意义，它是清晨的校园里多走一走，及时发现隐患；它也是上课时间走廊里看到学生多问一句，及时在学生身体不适时给予帮助或制止企图逃课的孩子；它还是跟个别孩子斗智斗勇却不急于给他们贴上标签，而是耐心地聆听他们的故事……

个别学生可以通过谈心、家访、周记留言互动等方式作教育和引导，全员导师制也是构建互信互通、良性师生关系非常好的一种方式。对于班级普遍存在的问题，教师可以利用晨会、午餐看饭、课后看护时间言简意赅地提醒。无论是哪种沟通教育，表达上都应该做到情感充沛、条理清晰，通过语气、语态、语调与学生共情。

五、听党话　跟党走

听党话、跟党走要求青年始终坚定正确的政治立场，深刻领悟"两个确立"的决定性意义，不断增强"四个意识"、坚定"四个自信"、做到"两个维护"，以昂扬精神砥砺前行。回溯历史，从新民主主义革命时期广大青年克服重重困难奔赴延安，到社会主义革命和建设时期"把青春献给祖国"，到改革开放和社会主义现代化建设新时期"到祖国和人民最需要的地方去"，再到中国特色社会主义新时代"清澈的爱，只为中国"，一代代中国青年在党的旗帜引领下，以党的意志为意志、以党的使命为使命，将青春和汗水奉献于党的事业，绘就了中国革命事业的壮丽画卷。事实证明，听党话、跟党走既是对中国青年的政治要求，也是广大青年实现人生价值的必由之路。

青年是新时代的生力军和创造者。时代向青年提出了新的要求，历史向青年赋予了更多重任。展望未来，让我们以青春之我、奋斗之我，拼搏赶超、奋发有为，在推动实现教育高质量发展的新征程中，贡献青春力量，书写青春华章！

参考文献

［1］习近平.高举中国特色社会主义伟大旗帜为全面建设社会主义现代化国家而团结奋斗:在中国共产党第二十次全国代表大会上的报告[N].人民日报,2022-10-16(1).

［2］中华人民共和国教育部.中小学德育工作指南:教基〔2017〕8号[Z].2017-08-17.

［3］崔兴毅,胡媛媛.坚定青年听党话、跟党走的政治信念.光明日报,2023-08-28(6).

基于当代爱国诗歌教学传承红色基因
——以《乡愁》为例

鲁 敏

习近平总书记在关于教育的论述中提到：要求基层学校"深入开展社会主义核心价值观教育，抓好学生德育工作，把弘扬革命传统、传承红色基因深刻融入到学校教育中来"。

初中阶段的青少年学生正处于树立三观的关键时期，语文教材在实现学生道德素养熏陶、教育上有着其他学科无法比拟的优势。语文学习既是文学学习，本质上讲也是思政学习。作为重要的教育载体，语文教学对于帮助学生树立远大的理想抱负有着积极的推动作用。

《义务教育语文课程标准（2022年版）》（以下简称"新课程标准"）亮点之一是优化了课程内容结构。语文教材在基于核心素养发展要求的基础上，增强了内容与育人目标的联系。比如在"发展型学习任务群"的"文学阅读与创意表达"中，九年级所在的学段任务定为"阅读表现人与社会、人与他人的古今优秀诗歌、散文、小说、戏剧等文学作品，学习欣赏、品味作品的语言、形象等，交流审美感受，体会作品的情感和思想内涵；尝试写诗歌、小小说等。"

经过初中三年统编教材的系统学习，九年级学生已经基本储备了一定的语文知识，具备了一定的语文能力，掌握了适当的学习策略，养成了一定的学习习惯；同时，通过咀嚼、涵泳语言文字来激发阅读兴趣、提升审美能力，通过学习主流文化来形成正确的价值观、人生观，是这个年级学生应进一步具备的能力。

台湾地区诗人余光中的《乡愁》是九年级上册第一单元的第四课。在这首诗中，诗人将无形的思乡愁绪转化为具体可感的邮票、船票、坟墓、海峡。读这首诗，能感到诗人余光中心灵深处一个执着的主导情感——对祖国大陆和中华民族历史文化的认同感。我们可以带领学生在鉴赏诗歌的基础上，形成正确的价值观和人生观，激发他们浓浓的爱国之情和民族自豪感。

一、适时导入融情于课前

在教学导入片段，课堂上可以尝试带领学生，回顾历代一些爱国知识分子在诗词歌赋抒发的家国之思。正是诗人们将难以排遣的思乡之愁诉诸笔端,我们才得以欣赏到那一首首凄婉哀伤的诗歌,感受着诗人那绵绵的思念、那柔美的哀伤。余光中的这首诗正是传承了民族的历史文化。

基于情境的导入,学生对这首诗的标题就有了一定的认识。接下来的环节,教师可以作示范配乐朗诵,将自己对《乡愁》这首诗的理解融入自我的情感中,通过自己的朗诵帮助学生迅速进入诗歌的学习情境之中。

在闻一多先生看来,诗歌的音乐美是最首要的。余光中的这首诗歌音节排列组合有规律,音节与韵脚和谐,在视觉上匀称有节、在听觉上格式有韵。因此诗歌的韵律和诗歌的节奏构成了极佳的音乐美,适合教师在课堂上作示范朗诵。

选择恰当的配乐,教师在舒缓的伴奏下轻声朗诵,先为学生的学习营造了良好的开场氛围,让学生渐渐感受诗歌的音乐之美。在朗诵的过程中,笔者注意到学生的表现,还是为他们的表现要连连点赞,因为从学生的表情中已经读出了他们正在渐次进入课堂。随后点名提问了几名学生,也从答案中知道了他们开始与诗人产生共情。适时的导入初步达成了课堂教学的预期效果。

二、择机讨论感悟于课初

诗歌的绘画美强调诗歌语言的美丽和色彩,通过使用富有色彩感的词语和物象,使诗歌具有视觉上的美感,如同绘画一般。《乡愁》是彰显诗歌绘画之美的上乘之作。

整首诗在形式上用4小节将"乡愁"分为4个阶段,而这些阶段在时间上是前后顺承的。诗人像个说书的人,用充满乡音的口吻,给我们讲述了属于他自己每个特定人生阶段的独特乡愁。只要离开家,人永远都会有乡愁。乡愁也可以寄托在任何代表思乡的事物上。那么,为什么诗人余光中在这首诗中在不同阶段将乡愁寄托在这些特定的意象上。我们可以通过让学生展开小组讨论,迅速找寻诗人选取的几幅具有代表性的画面,思考诗人选取这些画面背后的原因和意义。

在小组合作交流中,学生通过讨论明白了诗歌语言背后的浓浓乡愁。诗人的每个人生阶段都有一段无奈:少小离家,与母亲书信往来,乡愁寄托在小小的邮票上;成年后,为生活奔波,与爱人聚聚离离,船票成了寄托乡愁的媒介;到后来,一方矮矮的坟墓,将诗人与母亲永远分开;最后,世间还有一种离情比死别更令人断肠,那就是一湾浅浅海峡让诗人与祖国大陆隔开,个人的故乡之思上升到了家国之思。学生在小组讨论中不断明确乡愁的真实内涵,也在理解乡愁内涵中与诗人的情感进一步产生共鸣。

整首诗歌辞藻选择鲜明,每一句诗都形成了一个独立的画面,诗歌的视觉形象和直观性给了学生极佳的阅读体验。

三、选词揣摩鉴赏于课中

当然,在诗歌中,抽象的乡愁在具象化的同时还使用了若干量词。如果只对学生灌输知识,学生是无法感受并理解诗人语言背后的用意的。在这一教学阶段,我找寻了南宋女词人李清照在《武陵春》中关于愁的表述:"只恐双溪舴艋舟,载不动,许多愁。"让学生通过对比鉴赏,感受诗人在这些量词背后的用意。

几个小小的量词,难道就意味着诗人的乡愁很淡吗?经过前面几个教学环节的情感铺垫,学生很快可以明白教师的假设是行不通的。课堂再次进入激烈的讨论中。在交流鉴赏中,学生也深刻意识到:邮票虽小,牵系绵长母子情;船票虽窄,负载重重夫妻情;坟墓虽矮,载不下巨大的悲痛;海峡虽浅,阻碍了无尽的乡思。诗人落笔虽小,却诗情饱满。"一枚""一张""一方""一湾"4组数量词和"小小的""窄窄的""矮矮的""浅浅的"4个形容词都以一种看似轻描淡写的方式,把乡愁浓缩于4个面积小、程度轻的对象之上,恰恰反衬出诗人内心深处浓烈的思乡情感。而诗人这样的表现手法正是正语反说,诗歌意境正是在这样看似较小的对象上营造了浓郁的感情氛围。至此,一节课的教学任务即完成了大半。

诗歌的建筑美正是强调"有节的匀称,有句的均齐"。通过一系列量词的使用,余光中在这首诗的内容和格式上都拥有了美。

四、发问深思升华于课中

如果仅仅是分析了诗歌语言形式,这远不是学习一节爱国诗歌能够完成的教学价值和教学意义。余光中的这首诗歌不仅在形式上契合诗歌"三美"的特性,更是在情感上传达出浓浓的思乡之情、爱国之情。那么。这节课的最后教学环节又如何才能传达出诗人的写作目的呢?

在接下来的教学环节,笔者抛出了一个学生很容易回答出来的问题:诗人最想要表达的情感是哪一种?看似容易的问题背后,是对九年级学生的另一层期许:爱国基因如何在潜移默化中传承和发扬。

在学生异口同声提到诗歌最后一小节之时,我适时呈现出了诗人的个人简介以及这首诗歌的创作背景。余光中说过:"烧我成灰,我的唐魂汉魄仍然萦绕那片厚土。"在他离开祖国大陆20余年的1972年,那时,正逢海峡两岸交好无望、双方民众都处于极度绝望之中,他在厦门街的旧居里感情所至,一挥而就,仅用了20分钟便写出了这首饱含深情的诗——《乡愁》。至此,学生的学习有了更进一步的认识:语言永远是为情感服务的。他们也就更好地理解了诗人心灵深处最执着的主导情感——对祖国大陆和中华民族历史文化的认同感。无论是内容的传承上还是思想深处的"中国意识",诗人骨子里深受中国古典文学的熏陶一直都在。学生从这首现代诗歌中不仅感受到了古典诗词的格律美和音韵美,也从中感受到了诗人强烈的爱国之情。

诗人余光中生前曾经在电视上公开朗诵过自己的这首诗。在这节课的最后一个环节,我为学生呈现了余老的朗诵视频,因为有了前面一步步的情感铺设。在这一刻,学生们都沉浸其中,感受诗人在言语中传达的独特"乡愁",情感进一步共鸣。我的这节课最后一个目标可以完成了:深化主旨,升华学科素养。如今,我们的祖国强大了,中华儿女正在为中华民族伟大复兴砥砺前行,台湾却还没有与祖国统一,作为一名中学生,让他们谈谈此时此刻自己内心有怎样的感慨。在不约而同的回答中,笔者感受到了九年级学生身上那股强烈的爱国热情。是啊,"羁鸟恋旧林,池鱼思故渊"。每一位游子热爱自己的故乡,同时中华儿女,"落叶总要归根"!相信,通过两岸同胞的共同努力,"这头""那头"终究会成为"一头"!到那时,我们一定会听到台湾那深情的呐喊:"母亲,我回来啦!"我们师生在一阵高涨的爱国氛围中结束了这节课。

五、即时反思氤氲于课后

教师的语言会感染学生,教师恰如其分的情感也会影响学生。语文课上,教师通过讲授、语言熏陶、文道统一、适时展示写作背景、学科德育自然延伸等技巧方法,让学生不仅学习了一首经典的现代诗作,也让他们生发了强烈的爱国热情,有了强烈的民族自豪感。学生也能够在这样的学习中习得"感受文学语言和形象的独特魅力,获得个性化的审美体验"。同时,教师在深刻理解核心素养内涵的基础上,全面把握语文教学的育人价值,突出文以载道、以文化人。把立德树人作为语文教学的根本任务,清晰、明确地体现教学目标的育人立意,学科德育的教学目的也即在这样的过程中"春风化雨""润物无声"……

初中语文教材是爱国主义教育的很好载体。基于初中语文教材,在一系列爱国作品中帮助学生传承红色基因、进行爱国主义教育,是当下语文教学中很重要的一环。当然,这依然需要我们立足不同文学形式,运用恰当的方式,先文本赏析,再在潜移默化中帮助学生完成红色基因的传承。

立足课堂,在青少年时期帮助学生形成正确的世界观、人生观、价值观,将红色基因渗透到中学语文教学之中,是语文教学改革的必然方向和要求,也是坚定学生的爱国、爱党、爱社会主义价值观的重要路径。对于一名初中语文教师来说,诗歌教学只是初探,语文教材中还有更多爱国篇目值得我们去挖掘、去思考、去研读,更好地引导学生在语文课堂教学中实现红色基因的传承与发扬。

探究新时代背景下初中语文教学与劳动教育的融合路径

葛圣妮

在新时代背景下,初中语文教学与劳动教育的融合已经成为教育改革的重要方向之一。特别是在新课改的背景下,两者的融合更加凸显其重要性。初中阶段的语文教学具备相对较强的实践性与基础性,因此从中渗透劳动教育可以更有效地发挥学科价值,也能更有针对性地引导学生核心素养的养成。初中阶段是学生成长的关键时期,语文教学作为其中的重要组成部分,对于培养学生的语言文字运用能力、文化素养和综合能力具有不可替代的作用。劳动教育作为素质教育的重要组成部分,对于培养学生的实践能力和创新精神也是至关重要的,不仅可以提高学生的文化素养和综合能力,还能够促进学生的全面发展。

一、初中语文教学融合劳动教育的价值

(一)符合教育社会性的目的要求

马克思指出,人是社会关系、实践的、活动的和劳动的总和。在新时代劳动教育方面,我国规定:"在人才培养全过程中纳入劳动教育,将劳动教育渗透到社会、学校、家庭等各方面,以此来帮助青少年树立正确劳动观,而这样的措施对培养新生代热爱劳动的群体有着很大帮助。"语文是一门具有较强思想性、实践性、综合性的学科,其教学内容可以作为重要的劳动教育素材,将劳动教育融入语文教学中,不仅有利于引导学生养成良好劳动观,长远看还有利于学生更好地承担起建设社会主义的责任感。

(二)符合教育教学的本质要求

《义务教育劳动课程标准(2022年版)》(以下简称"新课标")中指出:"义务教育劳动课程的实施要以服务性、生产性劳动为基础,在遵循培养学生核心素质的原则下,建立以任务群为基础的内容结构。指引学生树立起认真负责、吃苦耐劳的品质与精神。"语文课程是学生掌握母语并顺利沟通的关键课程,也是将书本知识与现实生活紧密联系的课程,有助于学生精神品质和文化素养的提升。新课标中也提出,语文核心素养是学生在积极的语言实践中积累、构建并在真实的语言情境中表现出来的。

（三）符合新时代学生全面发展的培养要求

在初中教育中，语文学科不仅有情境性与实践性，而且与劳动教育有着密切联系，在树立劳动观念和帮助学生理解马克思主义劳动观上更是明显，因此整合劳动教育与语文教育具有较强的可行性，同时也具备相对较高的现实意义。从客观角度来看，如果劳动教育是以语文课堂为载体来进行，那么既能有效引导学生稳步发展自身劳动能力和劳动意识，又可以帮助学生进一步完善自身综合素养与劳动素养，从而使我国的现代教育工作目标得以有效实现。

二、劳动教育融入语文教学的内容

（一）认知劳动观念

在初中语文课程中融入劳动教育，不仅迎合了国家与教育部的政策方针，而且遵循了"育人、育德"的教育理念，对实现我国"百年人才"发展目标有所帮助，同时也有助于引导学生身心健康发展和培养学生德智体美劳全面发展。在语文活动、写作教学等语文课程中，教师可以适当地渗透与劳动相关内容，引导学生养成良好劳动品质和劳动合作意识，更具有为社会与国家奉献的决心。

（二）实践劳动知识

在融合初中语文与劳动教育时，教师要时刻遵循新课改教学要求和国家新课改政策，从多角度、多方面出发来营造适宜场景，这样一来，既可以丰富学生的劳动实践知识，又可以帮助学生更深入地了解劳动实践，从而加深学生语文素养与劳动素养的相互融合。教师可以在社会实践等活动中融入劳动实践知识来帮助学生养成良好的动手能力，一方面使学生的劳动技能得到提升，另一方面也能在日常生活中为学生引入正确的文化思想观念和劳动理念。

（三）培育劳动精神

根据语文课程教学目标，将人文素养、科学素养等与劳动教育有机结合起来，同时引导学生关注当今时代的实时变化，这样不仅可以培养学生养成奉献、创新等劳动精神，还可以帮助学生养成为国家和社会发展无私奉献的辛勤奋斗精神。

教师要从学校实际发展情况出发，结合学生劳动兴趣和体能，以及学校已有的教学、文化等资源，在遵循因材施教原则的基础上，将新的劳动活动方式和教育理念融入初中语文课程中。如此一来，能帮助学生树立起与日常生活有关的劳动实践理想，又为其自身日后发展成有担当、有责任、有理想的新时代人才奠定坚实基础。

三、劳动教育融入语文教学中的策略

（一）在阅读教学中融合劳动教育

在语文教学中，阅读是一个不可或缺的环节，不仅能帮助学生提高语言表达能力，而且还能培养他们的情感和价值观。因此，教师在进行阅读教学时，应当注重将劳动教育融入其中，以实现"文道统一"的教学目标。为了有效地将劳动教育融入阅读教学中，教师首先需要深入挖掘文本内容，找出其中的劳动教育因素。这些因素可能包括作者在文章中表达的对劳动的热爱、赞美或者是对劳动者形象的塑造等。通过引导学生对这些因素的深入理解和感受，教师可以激发学生对劳动的敬畏之情和热爱之情，从而培养他们良好的劳动观念和积极的劳动态度。例如，在《植树的牧羊人》这篇文章中，作者描述了牧羊人独自一人，凭借着勤劳的双手和坚强的毅力，在荒芜的土地上植树造林的故事。教师在讲解这篇文章时，可以引导学生深入感受牧羊人的勤劳、坚韧和毅力，以及他通过自己的努力改变自然环境的伟大壮举。这样不仅可以帮助学生理解文本内容，提高阅读理解能力，还可以通过牧羊人的形象感染学生，激发他们对劳动的热爱和敬畏之情。

（二）通过多样化教学场景渗透劳动意识

劳动学习与劳动教育属于长期实践的任务工程，所以培养学生形成正确的劳动观念需要一定时间，在短时间内难以取得理想效果，不适合刻板引导和教学。因此，想要在初中语文课堂中合理融入劳动教育，则需要教师在潜移默化中合理渗透，教师自身也要形成劳动意识。如教师可以选择在植树节要求学生提前查询关于树的诗歌与文章等相关资料，同时由生命科学教师对树木生长规律做讲解。在学生学习关于种植树木的相关术语后，开展与种植劳动相关的教学活动，以此来有效调动学生参与积极性，使更多学生可以积极主动地参与劳动活动。不仅如此，教师在校内外合作中也可以结合语文教材中的教学活动，在校内举办致敬"模范工作者""采访新闻"等项目活动，同时合理扩大教育的课余时间，为渗透各种劳动教育奠定基础。学生在讨论关于教育的相关活动中，可以正确了解相关工作者做出的贡献，提高对劳动的了解。而在条件允许的情况下，教师可以借助劳动活动或项目来引导学生发展相关能力，并要求学生与家长分享自己在劳动体验中的成就感，从某种程度上看，这一行为也有利于学生成长。

通常情况下，若要在实践教学中完美融合劳动教育和中学语文，保证教学效果，则需要教师加强对学生的关注，及时了解他们的需求。在开展语文与劳动教育前，教师要分析学生的劳动喜好与情感，根据分析结果在初中语文课堂中融入先进的教学方法与理念，逐渐在学生脑海中渗透科学理论知识与劳动观念,以便学生接纳和吸收。教师还可以结合实际需求创建情境教学模式,借助影视化或音频教学设备播放关于劳动的影视片段或题材,学生在观看中可以更好地了解劳动的重要性与价值。

(三)在写作教学中渗透劳动教育

教师可以开展关于劳动的情境对话、演讲比赛与辩论赛等,通过这种方式来提高学生对劳动的了解。例如教师在统编版语文七年级上册第一单元"热爱生活,热爱写作"的写作主题中,可以引导学生讨论"爸爸回家后做的事""妈妈每天忙碌什么?"等话题,也可以选择其他生活实践中的一些写作素材,使学生明白写作与生活实践的关系,以便学生可以细心观察和认真思考,明白通过劳动可以得到更美好的生活。教师在以写作主题为依据讨论关于劳动的内容后,还可以要求学生用文字记录讨论后的感受,如要求学生根据自己思考和观察的结果来撰写文章。

不仅如此,教师要结合写作教学要求合理渗透劳动教育,如引导学生开展社区劳动、家务劳动等,结合自身实际来写作。此过程不仅有利于提高劳动教育效果,而且也有利于提升和强化学生写作能力。例如,教师可以在端午节要求学生参与包粽子活动,利用实践劳动强化学生动手能力,同时这对更深入感受传统文化也有着一定帮助。

(四)重视语文教学与劳动教育评价

教师想要在教学实践中科学融合劳动教育和中学语文教育,一方面要有效落实相关教学工作,另一方面则要作事后反思和评价。通常情况下,教师可以从下述两方面入手来实施教学评价策略:一是教师要支持和鼓励学生应用评分制度定期互评和自评,采用这种方式既能获得更精准的评价,又可以取得更好的教学效果。二是教师教学工作完成后,可以采用相同评分标准点评学生劳动成果与课堂表现,确保可以及时掌握学生课堂表现与学习情况,了解到学生劳动意识是否得到提高,是否真正因此形成了正确的劳动观念,是否调动了学生的劳动兴趣。不仅如此,教师还可以合理应用教学评价策略,及时了解学生的进步和存在的不足,不断提升和强化学生劳动素养与劳动技巧,并通过归纳总结劳动教育和中学语文教学经验,优化和完善教学策略,从而有效提高教学实践效果。

四、总结

在新课标理念下,将劳动教育合理融入语文学科不仅体现了跨学科学习,而且也有利于提升学生语文素养,引导青少年学生形成正确的劳动观念与劳动意识,以及健全的人格。为了保证劳动教育顺利融入初中语文课程,要结合实际教学情况合理选择教学方法,以便在创新学习语文课程和提升学生语文素养的同时,实现培养学生劳动素养和科学素养的目的。总之,在时代快速发展的环境下,出现了很多新型教学理论,因此,我国培养青少年人才的工作也会向新的历史阶段发展。

参考文献

[1] 李思睿."劳动教育+"模式下初中语文阅读教学实践研究[J].当代教研论丛,2023,9(5):79—82.

[2] 徐佳燕.初中语文教学渗透劳动教育研究[D].舟山:浙江海洋大学,2022.

[3] 仇淑梅.初中语文教学中渗透劳动教育的方法[J].家长,2022(11):138—140.

[4] 张芮.初中语文教学渗透劳动教育[J].智力,2022(3):37—39.

[5] 宋敏.初中语文教学中渗透劳动教育的策略研究[D].长沙:湖南师范大学,2021.

小学习作教学中运用支架式教学的策略研究
——以小学三年级上学期习作教学为例

梁晓鸽

习作,是提升语文核心素养的重要途径。三年级是看图写话转向常规习作的转折点,是迈向习作表达的第一步,教师要帮助学生走好这第一步,当好学生习作道路上的引路人。在习作教学中采用支架式教学,给习作过程提供有效支架,能帮助学生提升写作技能,爱上自主习作。

一、习作教学中面临的困境

(一)学生的习作之困
一、二年级的看图写话,图片已经给出了习作内容,学生只需用恰当丰富的语言表达出图意即可。而进入三年级,习作内容一下如大海一般广阔,如三年级上学期"那次玩得真高兴""续写故事""我来编童话"等,可写内容非常之多。学生面对这样的习作,一下子就蒙了,不知道写什么了。课堂上,教师会对选材进行指导,对学生给出建议,让学生知道写什么。即使如此,学生还面临怎么写好的难题。合理的结构、生动的语言,都让学生认为习作比登山还难,一下笔写作就头疼,久而久之,对习作的兴趣也就完全丧失,变成了应付作业。

(二)教师的教学之困
三年级上学期的习作教学,对教师来说也是个难题。看着学生交上来的毫无章法的作文,真是急在心里。为了能让学生交上一篇像样的作文,教师在课上直接要求学生围绕一个或几个主题写,让学生按照自己给的提纲写,这样子的教学会收到一篇像样的作文,但是整个班级千篇一律、毫无特色个性。有的教师为了让作文体现每个人的个性,仅是稍作指导,让学生明白写什么即可,剩下的全让学生自由发挥。这确实尊重了个性,但对于三年级刚开始习作的学生来说,也是比较难写出一篇好作文的。教师的习作教学就在事无巨细和体现特色之间徘徊,怎么教都有利有弊。什么时候点到即止,什么时候展开详细写,对教师来说是个困境。

二、习作教学中运用支架式教学的可行性

为突破习作教学中的困境,教师不能采用传统的讲授式教学,这难以激发学生的习作兴趣,而是要创新习作教学模式。支架式教学模式非常适合习作教学,也有助于改变习作教学的困境。

(一)支架式教学的理论基础有助于理解学生学习习作的过程

支架式教学的理论基础是建构主义思想和维果茨基"最近发展区"理论。建构主义认为,学习是基于已有认知建构理解的过程,注重学习者的主动性。而"最近发展区"是指学生已有的认知水平和经过指导可能达到的水平之间的差异。学生习作的过程,是基于自己已有的经验通过习作表达出来的过程。学生在写作时,是根据已有的认知水平来进行表达,但经过教师的指导,学生的习作表达会更完善,这与支架式教学的理论基础不谋而合。支架式教学非常适合习作教学。

(二)有效的支架,能提升学生自主习作的能力

支架式教学的关键在于提供有效支架。刚进入三年级的学生独立写作是非常困难的,离不开教师的指导。如果教师灌输给学生怎么写作,效果并不好。但如果教师给学生提供有效的学习支架,激发学生自主习作的兴趣,学生借助支架,不仅完成了习作,也提升了自主习作的能力。因此在习作教学中,给学生提供有效的支架是非常必要的。

三、习作教学中运用支架式教学的策略

(一)善用支架式教学五环节

何克抗教授提出了支架式教学主要包括 5 个环节:搭脚手架、进入情境、独立探索、协作学习、效果评价。根据笔者习作教学的经验,这 5 个环节相辅相成,只有确保每一环节的有效性,才能让支架式教学有效。

1. 支架搭建要有效

脚手架,是建筑界术语,是工人施工时搭建的支架,对工人有帮助、辅助的作用。习作教学中,支架是帮助学生习作的工具。工具有效,才能起到帮助作用。比如,三年级上学期习作"那次玩得真高兴",教师提供的支架可以是以起因、经过、结果为三段的图表式提纲,提示学生起因中写清楚时间、地点、人物,经过中写清楚怎么玩的过程,结果中写游戏结果以及心情。这样清晰的支架,学生完全可以自主习作。除了提纲图表式支架,教师在教学时,也可

以选几种大家熟知的游戏,带领学生玩一玩,更加感受深刻,便于下笔。

2. 情境设置要真实

习作教学中搭建好支架后,学生已经明白写什么了,教师将学生引入情境,为接下来独立探索作铺垫。情境不能脱离学生的生活,要让学生真实置身其中。比如习作"猜猜他是谁"教学,教师可请班级学生上台,其他学生观察他的外貌,然后用恰当的词句进行描述,进而指导人物的外貌描写。习作"这儿真美"的教学中,教师引导学生观察自己身边真实的美景,继而引导学生了解景色描写可采用的方法。真实发生在学生身边的情境,才能让学生感受深刻、有话可写。

3. 独立探索要尊重

独立习作是提高习作水平的第一步,刚进入三年级的学生独立习作时都有严重的畏难情绪,迟迟不敢下笔。而教师要鼓励学生勇敢下笔,完整表达出自己的经历故事即可。无论学生最后呈现出怎样的习作作品,教师都要给予尊重,并鼓励学生在此基础上修改提高。教师可采用只要有进步就奖励的方法,让学生独立探索习作,从而提高每个学生的习作能力。

4. 协作学习要方法

刚进入三年级,语文每周就减少了两个课时,时间少,任务重。教师为了节省时间,在习作教学中很少让学生协作学习,因为协作学习非常耗费时间,再加上学生习作水平差异非常大,协作学习不一定对每个人都有帮助。但在学生独立创作之后,利用同伴的力量对彼此的习作进行修改,无疑是快速提高的一种方法。在协作学习时要注意分组,每个组都要有能够帮助别人的学生。有些无法协作学习的学生,教师要亲自指导,不能放在小组协作学习中。另外,针对小组协作学习中可能出现的问题,教师也要指导,比如出现矛盾时该怎么办,该如何商量解决问题等。

5. 效果评价要多元

习作教学的评价往往是学生交上一篇作文,教师批改,通过之后,再誊写,教师再利用评语作出评价,学生最后看一遍教师的评语,整个过程就算结束了。整个习作评价过程只有教师,学生处于被评价的地位。这样的评价无法起到激励作用,评价主体除了教师之外,也应该发挥同伴的作用,尤其是写作较优秀的学生。同伴的评价更容易让学生接受。在评价标准方面也要多元,但对于三年级刚写作的学生来说,太高的评价标准只会挫伤学生的积极性,因此三年级上学期的习作评价标准围绕结构合理、语句通顺、故事完整三方面即可。进入三年级下学期,评价标准可有所提升,要求语言生动等。评价主体、标准多元并不断变化,才能指引学生在习作道路上越走越远。

(二)巧用支架类型

支架式教学成功的关键是搭好支架,支架选取得当,才能为学生助力。关于支架的类型,很多研究学者提出了自己的见解。比如珍妮弗(Jennifer)提出了两种类型的支架:"宏观支架",即语言教学的整体支架;"微观支架",作为更广泛的脚手架的一部分,由师生互动、教师建议、提问和回答,反馈等组成。哈莫尼奥德(Harmniond)则将支架分为 4 类:概念支架、程序支架、策略支架和元认知支架,其中元认知支架是最高级的支架。国内学者认为,习作支架按照外在形式划分,可以分为例文支架、图表支架、提示支架、向导支架、建议支架、解释支架等;按照习作过程划分,可以分为动机支架、任务分析支架、构思支架、结构支架、修改支架等;按照功能标准划分,可以分为任务支架、程序支架、概念支架、问题支架、策略支架、元认知支架等。如此多的支架,到底如何选择才能更有效呢?笔者结合自身的教学经验,认为习作支架的选择应该考虑以下 3 个方面。

1. 整体与局部,由表及里选取支架

一篇习作,第一步就是要谋篇布局。如同盖房子一样,先搭好整体房架,再进行内部装修。作文的整体就是作文的选材和结构框架,选材上,非常适合建议支架、任务分析支架;结构框架上,非常适合图表支架、思维导图支架。局部,也就是作文的写作重点部分,可以选取问题支架、策略支架。比如习作"猜猜他是谁",重点是写出这个人的特点,教师可以给学生问题支架:他在哪一方面让你印象深刻？策略支架:写他的性格、爱好特点,可抓住典型事例突出描写。由表及里地给学生提供习作支架,一篇文章的雏形就出现在学生的脑海里。

2. 不同写作主题,选用不同支架

三年级上学期的习作内容有 8 篇,按照内容可分为写人、写事、写景,按照要求可分为开放型和限定型写作。比如"续写故事""我来编童话""我们眼中的缤纷世界""我有一个想法",属于开放型习作,没有较多要求,仅让学生根据自身的生活经验,发挥想象进行写作;"猜猜他是谁""那次玩得真高兴""这儿真美""写日记"属于限定型写作,这些习作明确要求写一个人物、开心的事、一个地方的美景、一天的事。不同类型的习作,可用不同的支架。开放型习作,适合选取建议、策略、程序支架,教师给出适当建议、策略、写作程序支架,让学生根据已有支架,尽情发挥。限定型习作难度有所降低,支架的选取重在对结构和写作重点方面给予指导。

3. 勿舍近求远,用好课文例文支架

有一种支架,适用于所有的习作教学,那就是例文支架。不管什么类型的习作要求,教师都可以给学生提供一些例文,辅助写作。很多教师提供例文时,总是找遍网络、翻遍作文书,找一篇适合学生学习的例文。其实,教材中的课文就是最好的例文,尤其是习作单元的课文,就是让学生从习作的角度学习。因此,提供例文支架时,教师可以继续利用学过的课文,不需舍近求远,从习作的角度再次剖析这些文章,而不仅仅是从阅读的角度,这样既拓宽了学习视野,也提升了习作技能。

四、总结与反思

支架式教学在习作教学中的应用,确实能激发学生的习作兴趣,提高学生习作的能力。但教学有法,教无定法。支架式教学的实施方法多样,因学情不同,并无固定方法。支架式教学的策略建议,均是根据笔者自身的习作教学经验而来,有浓重的个人色彩,每位教师可根据自身的教学以及学生的学情深入探索,拓展支架式教学的内涵与方法,做好学生习作道路上的引路人。

参考文献

[1] 何克抗.建构主义的教学模式、教学方法与教学设计[J].北京师范大学学报(社会科学版),1997(5):76.

[2] 马利云.写作教学支架的设计与运用[J].写作,2017,595(7):27—30.

[3] 杨祎琳.运用支架式教学理念优化小学语文习作单元教学[J].文科爱好者,2023(18):249.

劳动教育在小学语文实践活动课程中的实施路径研究

孙颖佳

目前,劳动教育与语文实践正深度融合,但仍存在内容、形式单一等问题,主要受限于传统观念、资源不均和师资力量不足。实践中,通过创新设计富含劳动元素的语文活动、倡导体验式教学及构建多元评价体系,有效推进劳动教育校本课程开发,结合地域特色,开展如农耕文化体验、剪纸艺术创作等活动,实现语文知识与劳动技能的融合;同时课堂内外联动,借助"小小工匠进校园"等项目深化劳动内涵理解。此外,建立家校社"三位一体"的协同模式,联动社区资源,推动家庭劳动教育,确保劳动教育全方位融入小学语文实践活动,可有力促进学生语言能力、创新能力及人文素养的全面提升。

随着国家对劳动教育重视度提升,素质教育需求增长,小学语文实践活动课程面临如何有效融入劳动教育的挑战。实践中存在内容形式单一、资源制约及实施策略不足等问题。本研究旨在探索劳动教育与小学语文实践活动深度融合的实施路径,以期通过创新设计、多元评价和家校社联动等方式,全面提升学生的语文素养与劳动实践能力。

一、劳动教育在小学语文实践活动课程中的现状分析

随着国家对劳动教育重视程度的不断提升,以及素质教育理念的深入人心,越来越多的一线教师开始积极探索如何将劳动教育的精神内涵与小学语文实践活动相结合,力求打破学科边界,实现跨学科学习与实践的有机融合。具体表现为,在设计和实施语文实践活动时,注重引导学生通过参与真实的劳动情境,体验劳动过程,领悟劳动价值,从而提升学生的语言运用能力、创新能力及社会责任感,使劳动教育不再仅限于技能层面的培养,而是逐步渗透到学生的品格塑造和全面发展之中,构建起一个以劳动为载体,涵盖语文知识学习与人文素养培育的新型教学模式。

二、劳动教育在小学语文实践活动课程中的实施策略

(一)课程设计:将劳动教育理念融入语文实践活动主题

在小学语文实践活动课程中有效实施劳动教育,首要策略在于精心设计课程内容,将劳

动教育理念深度融入语文实践活动主题。教师需依据国家劳动教育指导纲要和语文课程标准,紧密结合语文学习目标与劳动教育要求,选取富有生活气息、富含劳动元素的实践主题。如"农耕文化体验""手工制作与写作结合"等,使学生在探究文字魅力的同时,通过亲身参与和实际操作,感知劳动的意义与价值。在活动设计过程中,应注重情境创设的真实性和生动性,鼓励学生在解决实际问题的过程中锻炼动手能力、创新思维和团队协作精神,同时提升语言表达和书面交流技能。此外,通过持续优化课程结构和教学流程,确保劳动教育与语文知识学习相互促进、相得益彰,最终实现以劳动为纽带,培养学生全面发展人文素养和实践能力的教学目标。

(二)教学方法:创新以劳动实践为载体的语文教学模式

在小学语文实践活动课程中落实劳动教育,关键教学策略是创新以劳动实践为载体的语文教学模式。教师应积极转变传统的单向灌输式教学方法,倡导体验式、探究式和项目化的教学模式,将劳动实践与语言文字学习紧密结合。如通过组织学生参与校园种植活动,引导他们在观察、记录植物生长过程的同时,学会用生动的语言进行描绘和表达;或者结合生活实际,设计"小小工匠""我是小厨师"等主题任务,让学生在动手制作的过程中,理解并运用相关词语和句型结构,锻炼口头和书面表达能力。

此外,还可以利用社区资源开展丰富多彩的校外实践活动,如参观农耕文化基地、走进工厂了解生产流程等,让学生在真实情境中感受劳动艰辛,体验劳动成果,从而激发他们对劳动的尊重和热爱,提高他们的社会责任感。

(三)评价体系:建立兼顾语文与劳动素养的多元评价机制

在小学语文实践活动课程中推行劳动教育,构建兼顾语文素养与劳动素养的多元评价机制至关重要。评价体系应打破单纯以学业成绩为唯一指标的传统模式,充分考虑学生在参与劳动实践活动中展现出的语言运用能力、表达能力和解决问题的实际操作能力。教师需设计出既能反映语文知识掌握程度又能体现劳动态度、技能掌握和创新思维等多方面综合素质的评价工具。

具体来说,可以将学生的劳动过程记录、口头汇报、观察日记、活动总结报告等纳入评价范畴,考查其对劳动活动的细致描述、深入思考以及有效沟通的能力;同时,通过同伴互评、自我评价及教师综合评定相结合的方式,鼓励学生作自我反思和改进,增强团队协作意识,并培养他们对劳动价值的认知和尊重。

此外,还可设立针对劳动成果展示、项目完成质量以及面对困难时所展现的坚韧精神等方面的评分标准,确保评价体系既关注结果也重视过程,既突出语文能力又强化劳动实践素质,从而促进学生的全面发展和令其终身受益的品质培养。

三、劳动教育在小学语文实践活动课程中的实践探索

（一）校本课程开发：结合地域特色设计劳动教育实践活动

在小学语文实践活动课程中，可立足于本地丰富的农耕文化资源与特色手工艺传统，精心设计一系列劳动教育实践活动。如以"乡土寻根"为主题，开发校本课程，组织学生参与实地的水稻种植体验和民间剪纸艺术创作活动。

在水稻种植实践中，带领学生走进附近的农田，通过实地考察、聆听农民伯伯讲解，让学生亲身参与播种、插秧、施肥、除草直至收割的全过程，引导他们记录并描述这些过程中的所见所闻所感，进而将生动鲜活的劳动场景转化为文字，提升学生的观察力与写作能力。当问及学生1对此次实践的感受时，他表示："我以前只知道米饭是从超市买来的，现在才知道一碗米饭背后凝聚着这么多辛勤的劳动，我会更加珍惜粮食。"而学生2在体验过程中向教师提问："老师，我们能否尝试用诗歌或故事的形式来表达这次种植经历呢？"这一问题充分体现了学生在劳动实践中激发起的文学创作灵感。

在民间剪纸艺术活动中，邀请剪纸非遗传承人进校园指导教学，学生在动手剪裁的过程中，不仅锻炼了手眼协调能力和耐心细致的工匠精神，还深入了解了本土文化的深厚底蕴。在完成作品后，学生通过口头表述和书面报告形式分享了自己的创作思路和学习心得，有效实现了语文知识与劳动技能的深度融合。

（二）课堂内外联动：通过课外活动深化课内劳动教育内涵

在小学语文实践活动课程中，尝试通过课堂内外联动的方式，将课外活动与课内劳动教育紧密结合，以深化学生对劳动内涵的理解。

在"小小工匠进校园"的一次木工制作活动中，教师提议结合教材中的相关课文内容，让学生亲手设计并制作一个木制书签，以此来体验从选材、设计到制作的全过程，从而深刻理解劳动的艰辛与创新的价值。面对教师的提议，学生1兴奋地表示："我一直想亲手做点什么，这次能用木头做书签，既能锻炼动手能力，还能更好地理解和记住课文知识。"而学生2则提出了疑问："老师，我们可以把制作过程写成作文吗？我觉得这样能把劳动和写作结合起来，更加有趣。"这个提问恰好体现了活动对于提升学生语文实践应用能力的积极影响。

（三）家校社共育：构建三位一体的劳动教育协同推进模式

在小学语文实践活动课程中，积极践行劳动教育的深度整合和创新推进，构建起"家校社"三位一体的协同劳动教育模式。

以"春天的脚步"这一单元主题为例，我们积极践行劳动教育的深度整合与创新推进，教

师通过课文《找春天》引导学生感受春天的美好,还设计了一系列与劳动教育相结合的时间活动。通过设计"校园绿化小卫士"等实践活动,学生在校园内亲手种植花草,观察植物的生长变化;撰写观察日记,将书本上的知识转化为生动的实践体验,体验劳动的乐趣与意义。同时,这一模式也构建起"家校社"三位一体的协同劳动教育模式,将劳动教育延伸至家庭,通过"家庭小菜园"亲子作业,家长不仅成为孩子的劳动伙伴,还通过共读相关书籍、分享劳动心得,加深了亲子关系,也让孩子们在家庭中培养了劳动习惯和责任感;进一步拓展至社会,组织学生参与"春日环保行"等志愿服务活动,学生们走出校园,走进社区,参与垃圾分类宣传、植树造林等公益劳动,增强学生的社会责任感。这种协同模式不仅实现了资源的共享与教育的互补,还显著提升了劳动教育的效果,让学生在实践中学习、在劳动中成长,全面促进了学生综合素质的提升。

在对劳动教育在小学语文实践活动课程中的现状分析与实践探索中,不难看出,有效实施劳动教育的关键在于教学策略的创新融合与多元评价体系的构建。通过将劳动教育理念深度融入课程设计,开发具有生活情境和地域特色的实践活动,教师能够打破学科边界,实现跨学科学习与实践的有效结合。评价体系亦需兼顾语文素养与劳动实践能力的培养,形成多元化、过程性的评价机制。实践证明,这样全方位地实施劳动教育不仅有助于提升学生的语言运用能力与创新能力,更能塑造他们的良好品格和社会责任感,为学生的全面发展奠定坚实基础。未来,应在持续优化教学方法、丰富教育资源的基础上,进一步加强师资培训,完善政策支持,确保劳动教育在小学语文实践活动课程中得以更加系统、深入的实施。

参考文献

[1] 余美美.劳动教育在小学语文教学中的渗透路径[J].亚太教育,2023(1):97—100.

[2] 卢静,赵彦宏.小学语文课程中的劳动教育资源开发[J].科教文汇,2022(22):126—128.

[3] 施光宏,朱娉娉.基于学习任务群的学科融合教学策略研究:以小学语文教学融合劳动教育为例[J].语文建设,2022(20):22—26.

[4] 干华起.在小学语文教学中渗透劳动教育[J].河南教育(教师教育),2022(8):49.

[5] 纪海龙,刘知晓.劳动教育在小学语文教学中的有机渗透[J].语文建设,2021(10):69—72.

[6] 周雪平,毛小群.小学语文学科主题式劳动教育探索[J].中国教育学刊,2021(5):108.

[7] 魏本亚,王相.语文学科劳动教育的实践路向[J].语文建设,2020(23):4—7.

新课标下初中英语阅读德育渗透的探究

杨嘉俊

《义务教育英语课程标准(2022年版)》于2022年3月正式印发,与2011年版相比,2022年版《课程标准》强调了课程育人导向,课程理念突出了英语课程的育人价值:以习近平新时代中国特色社会主义思想为指导,全面贯彻党的教育方针,落实立德树人根本任务,以培养有理想、有本领、有担当的时代新人为出发点和落脚点。这明确了德育在初中英语教育教学工作中的重要性与必要性。

一、初中英语阅读中渗透德育的意义

习近平总书记在全国教育大会上指出:"要把立德树人融入思想道德教育、文化知识教育、社会实践教育各环节。"作为一线英语教师,除了关注学生的语言知识、技能以及学习策略的掌握,我们还应关注他们对于情感态度和文化意识的综合运用和整体发展。工具性和人文性的兼顾能促进学生的终身发展,是英语课程的特色,也正是落实英语学科德育的关键点。初中阶段正是学生形成世界观、人生观、价值观的时候,他们有着自己的想法。教师更应该在这个阶段,打开学生视野,教会他们明辨是非,建立良好的三观,提高他们的政治思想觉悟。单纯的班会课或思政教育有时候反而会令他们抗拒,而通过创设情景等各种教学方式,将德育教学融入英语阅读,学生们对德育教学的认可度能够有效地提高,教师也能够潜移默化、不断地进行有效的德育教学。

二、研读教材、深挖德育教学着力点

将德育渗透在平时的教学中,教师首先要明确德育内容在教材中的位置。沪教版牛津英语教材中就有许多能够进行德育渗透的课文,他们的主题大致可分为"人与自我""人与自然""人与社会"之间的关系。在教授"人与自我"相关语篇时,教师能够引导学生对自我有一个更深刻的了解,探寻自己的性格特点、兴趣爱好,初步明确自己需要为之而努力的理想。如6AU2中诗歌阅读"Good Friends",预备年级在学了这首诗歌后能够描述自己理想型的朋友,并且在聆听他人发言时了解同班同学,发现相似的爱好,结交更好的朋友,设定共同目标并为之努力奋斗。在学习"人与自然"的语篇时,学生在对自然有了进一步了解的同时,他们的环境保护意识也得到了强化。如 6BU9 中语篇阅读"The oceans, rain and water",介绍了海洋中的生物,及人类能够从海洋中得到什么。学生通过学习明白了海洋对于人类的重要性,同时明白了人类在享受自然给与我们馈赠的同时,更加应该保护环境、珍惜自然资源。"人与社会"相关语篇能够引导学生用辩证的眼光看待社会的发展,以及更好地为社会发展作出自己的贡献。如 8AU4"Numbers"语篇阅读,介绍了数字及计算器的发展历史,教师在引导学生了解这些基础知识的同时,更应该引导学生辩证地看待现代发明的利与弊。在英语课堂中融入德育,能够引导学生更好地了解自我,培养学生对于自然的尊重、对于环境的保护意识,以及提高学生待人处世的品质,使他们成为更有责任感、社会更需要的人才。

三、初中英语阅读教学中德育渗透的探究

教师在进行教学活动的过程中,除了关注知识技能目标外,还要紧扣德育教学的内容与目标,灵活选取合适的教学方式,为学生营造良好的教育心理氛围,积极鼓励学生形成积极、正面的情感体验与道德认知,确保他们在提高文化水平的同时,他们的道德水平也同步得以提升。

从表 1 可以看出,沪教版牛津英语初中教材中包含着文化教育、行规教育、环境意识教育等大量能够进行德育渗透的载体。教师要有一双发现的眼睛、细心深挖课本中的德育载体、精心琢磨及设计教学计划,将德育的内容悄无声息地融入英语学科教学,使英语学科除了有普通教学价值外,更能发挥出其的育人价值。

表 1 沪教版牛津英语初中教材中部分单元德育指向

单元及课文名	德育指向
6BU3 Qu Yuan and the Dragon Boat Festival	文化意识
7BU5 Model students	良好的学习、生活习惯
8BU5 Blind man and eyes in fire drama	规则意识
9BU1 The green consumer	环境保护意识

(一)加强学生的文化意识

在英语学习的过程中,学生们通过课文接触中国传统文化以及不同国家的文化,这不仅提高了他们的英语基础水平和语言应用技巧,还帮助他们理解了中西文化的区别。这样的课程设置旨在拓宽学生的国际视野,同时通过中华优秀传统文化的浸润来增强他们的爱国

情怀。

例如在 6BU3 Reading：Qu Yuan and the Dragon Boat Festival 一课中，教师在新授课文内容前，可以作适当的背景介绍；并创设情景让学生成为屈原，在这个情景之下，学生能够更好地感受屈原对祖国忠贞不屈的情感、理解端午节中屈原的爱国之情。在读后环节，教师可以先邀请学生介绍其他中国传统节日及其背后的故事等。同时，还可以由此引导学生说出一些西方类似的节日并进行中西对比，如圣诞节类似于中国的春节，都是家人团聚的节日。教师在此过程中，还可以拓展中西方的饮食文化。中国人在春节吃春卷，西方国家在圣诞节时吃火鸡，引导学生思考饮食文化不同的原因。在分享的过程中，学生不仅深化了对中国悠久饮食文化的理解，还增进了对中西方文化的差异的认识，从而他们的国际视野也得到了进一步的拓宽，使他们在今后的生活中能以更加开放的心态面对多元的文化。

（二）培养学生良好的习惯养成

良好的习惯，对于学生的生活来说至关重要。初中阶段的学生，更加应该针对初中的生活作一个习惯上的改变，不论是学习习惯还是生活习惯。所以，教师应该在备课时就考虑将如何培养学生良好的生活及学习习惯这一教学内容列入教学计划的重点，充分挖掘、利用多样化的教学资源，在日常教学中融入习惯养成的德育目标。

例如，7BU5 Reading：How to be a healthy child? 的德育目标是教会学生能够养成好习惯并能够逐渐摆脱坏习惯。在 6AU10 Healthy eating 中，学生已经学过了健康金字塔；所以教师可以从此方面入手，引导学生说出与食品相关的坏习惯，及如何改善。而后，教师引导学生思考，生活中除了饮食方面自己还有什么好习惯和坏习惯，过渡到自己生活中的习惯，写下来并与同学讨论，然后写出相应的解决办法。由此，学生们在小组互助的过程中，不仅能够学着改善自己的不良习惯，也能从同伴的不良习惯中学习到相应的解决办法，做到"有则改之，无则加勉"。

（三）培养学生的价值观及社会公德意识

《义务教育英语课程标准（2022 年版）》中要求英语学科教育要能够帮助学生适应社会。在英语课堂实践中，教师可以此为据，在教学的过程中教会学生理解社会基本的规则及法律法规。这样，学生不仅能够学会用英语表达，还能在踏入社会之处，更加顺利地适应。

例如，6AU7 Rules around us 介绍公共场所各种规则及标志。对于德育目标，教师可设定为学生们能够树立公共场所的规则及标志意识。在新授完一些单词、词组及句型后，教师可以作情景模拟，在不同的情景中学生作角色扮演，一部分打破规则，一部分维护规则。在此过程中，不仅学生们相关的英语知识得到了提高，他们的规则意识也得到了进一步的加强。

初中阶段不仅是学生外貌上成长的重要时期，更是形成价值观的重要时期。此阶段中，学生对于知识技能的学习固然至关重要，然而学生价值观的形成也不容小觑，教师在授课时，应孜孜不倦地纠正学生错误的认知与观念，以确保他们成长的方向正确。又如，在 8BU5 Blind man and eyes in fire drama 一课的新授过程中，在读后环节，教师通过问答引出本文的德育目标。

T：Why did John want Charlie to be with him? S：Because Charlie is his eyes. /They are family members.（目标一：动物保护意识。）

T：Why didn't the clerk accept Charlie to enter? And and fireman refused to rescue Charlie? S：Because they were obeying rules.（目标二：规则意识）

T：But why did they break the rules to let Charlie in and save Charlie? 学生小组讨论，最后教师引导至目标三：尊重生命。

经过这一系列的问答，学生的思辨能力在得到了锻炼的同时，公德意识及价值观得到了很大的改进。

结束语

总而言之，在基于落实立德树人的根本任务以及新课标要求的培养学生核心素养，初中英语阅读教学的课堂不仅要向学生传递英语的语言知识，更应该让他们在发现问题、解决问题的过程中，形成积极正确的世界观、人生观、价值观。教师也需要利用语言学科在表达沟通上的优势，将语言知识和德育内涵相融合，多角度观察社会问题，形成开放性的观点，提升胸怀、层次、眼界和品格。在整个初中的阅读教学过程中，教师的德育渗透应该有计划、有目的，潜移默化地实施德育教学，真正实现智育、德育双教学目的。

参考文献

[1] 赵尚华.《义务教育英语课程标准（2022 年版）解读》[J]. 全球教育展望，2022(6)：35.

[2] 顾筱璞，孙忠. 学科德育探微. 英语学科德育案例集[M]. 上海：上海教育出版社，2015：4.

[3] 杨妮茜. 在初中英语阅读教学中融入德育的途径[J]. 英语教师，2019(8)：106—109.

初中地理教学中教与学的方式变革

夏姬春

一、背景分析

地理学是一门研究地球环境以及人类活动与地球环境相互关系的科学,它具有综合性和区域性的特点,同时也涵盖了自然科学和社会科学的元素。地理学在现代科学体系中占据着重要的地位,对于解决当前的人口、资源、环境和发展问题,维护生态安全,以及建设美丽的中国都起着至关重要的作用。教育的目标是培养学生的综合素质,让他们能够在未来的生活和工作中更好地适应社会。然而,传统的教育模式往往偏重知识的传授,而忽视了学生实际应用能力的发展。为了改变这种状况,教育界开始倡导项目化学习,这种学习方式强调学生的自主学习和实践能力,与小组合作相结合,更能激发学生的兴趣和创新。除此之外,大量的课外作业占据了学生参加课外活动、运动以及娱乐的时间,并且还会给学生带来极大的心理压力,甚至让学生不能够作正常的情感交流。因此,作业的设计与布置要合理,避免给学生带来过大的压力。

二、当前地理教学存在的问题

当前的地理教学环境面临包括教材、教学、作业在内的一系列挑战。首先,教材内容往往过于侧重传统的知识点传授,而忽视了实际应用和学生的兴趣。这种单一的教材内容不仅使得地理学科变得枯燥无味、缺乏吸引力,也限制了学生的思维和想象力。他们难以将所学知识应用于实际问题的解决中,从而缺乏对地理学科的深入理解和探索。其次,教学方法陈旧,缺乏创新性。许多教师仍然沿用过去那种以教师为主导的讲授方式,缺乏互动和学生的参与。这种教学方法忽视了学生在学习过程中的主体地位,限制了他们的主动性和创造性。学生在这样的教学方式中不能够自主地接受学习的知识,这也就导致了他们不能锻炼出独立思考和解决问题的能力。这不仅限制了他们的全面发展,也可能阻碍了他们对地理学科的深入理解和探索。再次,在传统地理教学中,作业往往以书面形式为主,缺乏多样性和创新性。这种单一的作业形式容易使学生感到枯燥乏味,缺乏对地理学科的深入理解和探索。

这些问题的存在,使得教育体系无法满足社会对人才的需求。在当今快速发展的社会环境中,对人才的需求已经不仅局限于传统的知识储备,更看重的是其实践能力、创新思维和综合素质。因此,教学改革势在必行,需要在教育理念、教材内容、教学方法等多个方面进行全面的优化和革新。

三、地理教学的改革

为了解决这些问题,需要对地理教学方法手段以及课后作业内容进行改革。首先,对教材内容进行多元化设计,增加实际应用和学生的兴趣元素。通过引入生活中的实例,让学生了解地理知识在日常生活中的应用;也可以引入地理实验和考察,让学生亲身参与地理现象的观察和探究;成果引入创新性的教学方法,如项目化学习、探究式学习等。这些方法以学生为中心,以问题解决为导向,强调学生的主动性和实践性的发展。通过让学生参与真实的项目,他们可以将所学的知识应用于实际问题的解决中,这样可以提高他们的实践能力、团队合作能力以及创新能力。这种实践性的学习方式不仅可以让学生更好地理解理论知识,还可以让他们在实践中获得更多的经验和技能。同时,参与真实的项目还可以帮助学生发展团队合作能力,让他们学会与他人协作,共同完成任务。在这个过程中,学生还需要发挥创新能力,思考如何用不同的方式来解决问题,从而培养他们的创新思维和创新能力。同时,这样的教学方法也可以增强学生的参与感和主动性,让他们成为学习过程的主体,从而更好地理解和掌握地理知识。设计合理且有趣的作业内容,合理分配书面作业和操作性作业的比例,让学生通过完成作业学到更多的内容。通过采取这些措施来增加地理学科的趣味性和实用性,激发学生对地理学习的热情和兴趣。

四、地理教学改革实践

教学改革的目标应该是创造一个更加开放、互动和创新的学习环境,鼓励学生自主学习、实践和创新,以培养他们的综合素质,满足社会对人才的需求。这需要在教材内容上增加更多的实际应用和现代元素,以增强学生的实践能力和创新思维。同时,也需要在教学方式上进行改革,引入更多的互动和参与元素,让学生能够主动参与到学习中,增强他们的学习积极性和自主性。因此,地理教学需要作全面的教学改革。这不仅有利于提升学生的学习效果,也有利于满足社会对人才的需求,推动社会的发展。

（一）项目化学习

项目化学习是一种以学生为中心，以问题解决为导向的教学方法。它强调学生的主动性和实践性的发展，让学生参与真实的项目，使学生能够将所学知识应用于解决实际问题。在地理教学改革过程中，笔者将每个学年的学习内容设计成具体的项目，学生以小组合作的形式完成。比如，学生可以创办一个旅行社，介绍一个区域或地区的特色和旅游资源，通过这样的项目，学生可以更好地理解和掌握地理知识。同时，学生需要搜集相关资料、设计旅游路线、联系旅游景点等，这不仅锻炼了学生的实践能力，还提高了他们的团队合作能力和创新能力。通过项目化学习，学生不仅掌握了地理知识，还提高了自己的综合素质，这对于他们未来的职业发展和人生发展都非常重要。

在地理教学的自主学习环节采用项目化学习手段。具体而言，在每学年的自主学习中，将学生分成不同的小组，通过创办旅行社的形式介绍一个区域或地区。在这样的项目学习过程中，可实现以下目标：第一，增强自主学习能力，学生需要通过调查、收集资料、分析数据等自主学习的过程，来了解该区域的地理环境、文化特色、旅游资源等信息。第二，提高团队合作能力，学生需要组成小组，分工合作，共同完成旅行社的创办，在这个过程中，学生需要学会如何与他人协作、如何发挥各自的优势，提高团队合作能力。第三，培养创新思维能力，学生需要思考如何创新地介绍该区域、如何设计吸引人的旅游路线、如何营销推广等，这可以培养学生的创新思维能力，激发他们的创造力和想象力。第四，提升解决问题能力，在创办旅行社的过程中，学生会遇到各种问题，如资金不足、资源短缺、竞争激烈等，学生需要学会分析问题、寻找解决方案，提高解决问题能力。第五，加强实践能力，通过实际操作，学生可以更深入地了解该区域的地理环境、旅游资源等实际情况，提高实践能力。

综合以上论述，我们可以看出，项目化学习能够有效地提高学生的自主学习能力、团队合作能力、创新思维能力、解决问题能力和实践能力，有助于培养他们的综合素质。

（二）作业减量增质

《关于进一步减轻义务教育阶段学生作业负担和校外培训负担的意见》是由中共中央办公厅和国务院办公厅共同印发的一份重要文件，其主要目的在于提升学校育人水平，持续规范校外培训，有效减轻学生在义务教育阶段过于沉重的作业负担和校外培训负担。在此基础上，笔者对地理教学中的作业内容进行优化，将作业分为构建山河、塑造山河两个板块。力求让学生通过作业的练习，能在地图及其他地理工具、不同媒体及生活体验中获取、组织、分析、表达地理信息；了解我国因地制宜发展经济的重大举措，感受可持续发展的人地协调观；填绘我国区域地图、专题地图及相关地理图表。

作业在学生的学习过程中具有重要作用，能够帮助他们巩固课堂所学知识、深化对概念和原理的理解,提高自学能力和独立思考能力。同时,作业也是教师了解学生学习情况的重要途径,使教师能够及时调整教学策略并给予针对性的辅导。因此,笔者对作业内容进行了如下改进:

首先,在书面作业方面,设计了一些具有思考性和创造性的题目,例如让学生设计一个旅游计划,需要考虑到旅游目的地的地理特征、人文历史、旅游资源等因素。这样的题目可以引导学生作深入的思考和探究,激发他们的创造力和想象力。此外,还设计了一些具有实际应用性的题目,例如让学生调查一个地区的土地利用情况,并撰写调查报告。这样的题目能让学生将所学知识应用于实际问题的解决中,增强他们的实践能力和解决问题的能力。笔者还准备了一些需要学生参与实践的作业内容,如实地考察、观察地理现象、进行实验等。这些操作性作业能让学生更加直观地了解地理知识,增强他们的实践能力和探究精神。例如,让学生参与一个地理实验,测量当地的气候、地形、土壤等特征,并进行分析和总结。这样的实验性作业能让学生亲身体验地理知识的魅力,增强他们的学习兴趣和热情。

这些改进措施,可以有效地改变传统教育模式存在的问题,更好地培养学生的综合素质。这种教学方法不仅能够提高学生的知识水平,还能够培养学生的实践能力、团队合作能力和创新能力。此外,这些措施还能激发学生学习地理的兴趣和主动性,让他们更加深入地了解和掌握地理知识,更加热爱祖国的大好河山。通过科学合理的作业,学生不仅能够更好地复习课堂上学到的知识,也有机会了解我们所在的环境,从而加深对家乡和祖国山河的认识,激发对家乡、祖国的热爱。

五、总结

通过改进地理教学方法、手段和课后作业内容,有效地解决了传统教育模式中存在的问题,并更好地培养了学生的综合素质。这种教学方法不仅提高了学生的知识水平,还加强了他们的实践能力、团队合作能力和创新能力。成果表明,项目化学习联合作业的方式取得了显著的进步。这进一步证实,应该在未来的地理教学中进一步推广这种教学方法,提升学生地理课程的综合素质,推动教育的发展,为社会培养更多优秀的人才。

参考文献

[1] 刘豆豆.浅谈新课标背景下如何提高初中地理教学效率[J].天天爱科学(教学研究),2023(8):60—62.

[2] 陈凤春.浅析提高初中地理课堂教学效率的策略[J].天天爱科学(教学研究),2023(8):72—74.

［3］康丽珍.基于新课标的初中地理教学策略探讨[J].学苑教育,2023(22):79—81.

［4］陈晶晶.整合学科知识　拓展教学思维:初中地理跨学科教学课堂构建策略探究[J].中学政史地(教学指导),2023(7):23—24.

［5］陈菽.初中地理实践活动设计研究[J].教育界,2023(19):41—43.

第二辑　课题引领　学科教学

核心素养导向下的初中古诗词教学策略研究

陈 婷

随着教育改革的不断深入,注重学生核心素养的培养已成为教育界的共识。初中阶段是学生个人成长的关键期,古诗词教学不仅能够提升学生语言运用方面的素养,还能培养他们在文化、思维、审美等方面的素养。因此,探索有效的古诗词教学策略,对于落实语文核心素养教育具有重要意义。

一、初中古诗词教学现状及问题分析

当前初中古诗词教学中存在一些问题:如教学内容单一、教学方法陈旧、缺乏科学的评价体系、忽略创作能力的培养等。这些问题对学生的学习兴趣和教育效果产生了不良影响。

(一)教学内容单一

古诗词教学中,教师过多地关注诗词的字面意思和写作技巧,忽视了诗词背后的历史文化背景和诗人的情感世界。这种单一的教学内容不仅使古诗词变得枯燥乏味,也限制了学生的深入理解和欣赏能力。

(二)教学方法陈旧

传统的古诗词教学方法往往采用"灌输式"的教学方式,教师一味地讲解,学生被动地接受。这种方式不仅不能激发学生的学习兴趣,也无法培养学生的自主学习能力和创新思维。

(三)缺乏科学的评价体系

当前对古诗词教学的评价还停留在简单的背诵和默写层面,而忽视了学生对诗词的理解和欣赏能力的评价。这种评价方式无法真实反映学生的学习成果,也无法推动古诗词教学的改进和发展。

(四) 忽略创作能力的培养

古诗词教学中,过于注重对诗句格律和韵律的教学,忽略了对学生创作能力的培养。这使得学生往往只关注于填韵、对仗等形式要素,而忽略了情感表达和意境营造的重要性。

二、语文核心素养概述

《义务教育语文课程标准(2022年版)解读》中明确指出了语文核心素养的重要性和必要性。语文核心素养是指在积极的语文实践活动中积累、建构,并在真实的语言运用情境中表现出来的综合能力,涵盖文化自信、语言运用、思维能力与审美创造四大方面。在这个过程中,学生逐渐形成了一系列关键能力、必备品格和正确价值观。

(一) 文化自信

从文化自信的角度来看,语文教育的核心之一是让学生认同并热爱中华文化,增强对中华文化生命力的信心。具体而言,文化自信包括认同中华文化的核心思想理念和人文精神,通过对经典文本的诵读和体验,培养学生的文化认同感和文化积淀。

(二) 语言运用

语言运用能力也是语文核心素养的重要组成部分。这不仅指文字的正确和规范使用,更包括在具体语境中有效沟通和表达的能力。学生需要在丰富的语言实践中,主动积累、梳理和整合语言知识,形成良好的语感,并能在实际情境中灵活应用。

(三) 思维能力

思维能力的发展也是语文核心素养的关键部分。语文教育不仅要培养学生的直觉思维、形象思维、逻辑思维、辩证思维和创造思维,还需提升其思维品质,如思维的深刻性、敏捷性、灵活性、批判性和独创性。通过阅读和写作活动,学生能够提高自己的认知能力和创新思维。

(四) 审美创造

审美创造能力的培育是语文核心素养的另一个重要方面。通过感受、理解、欣赏和评价语言文字及作品,学生不仅能获得审美经验,还能逐步掌握表现美、创造美的方法。

语文核心素养的培养是一个系统工程,需要从义务教育阶段开始逐步推进,以适应未来的社会要求,解决实际问题,最终形成适应未来社会的综合素质。

三、初中古诗词教学策略探究

（一）寓教于乐的课堂互动策略

这一策略旨在通过设计互动性强的学习活动，如诗歌朗诵、角色扮演、创意写作、在线测验与游戏等，激发学生对古诗词的学习兴趣。

1. 诗歌朗诵：组织学生开展古诗词朗诵活动，鼓励他们用心体会诗歌的韵律和情感，并通过声音的抑扬顿挫来表达。

2. 角色扮演：让学生扮演古诗词中的角色，通过表演来体验诗人的情感和诗中的情境。如教师可组织学生举办"古诗词剧场"活动，学生分组选择喜欢的诗句，改编成小剧本进行表演。这不仅让学生在参与中学习古诗词，还锻炼了他们的表达和合作能力。

3. 创意写作：结合古诗文内容，让学生尝试创作自己的诗词或补全未完成的诗句，激发他们的创造力和语言表达能力。

4. 在线测验与游戏：设计有关古诗词的在线测验或互动游戏，如诗词知识竞赛、韵脚配对游戏等，以轻松的方式检验学生的学习成果。

（二）跨学科融合教学策略

这一策略旨在将古诗词与其他学科内容相结合，如历史、美术、音乐等，进行跨学科学习。

1. 与美术结合：根据古诗词的内容绘制插图或制作手工艺品，如扇面绘画、书签制作等，通过美术创作来加深对诗词的理解。

2. 与音乐结合：选取与古诗词情感相契合的音乐作品，让学生在音乐背景下朗诵或欣赏诗词，增强诗歌的情感表达力。

3. 与历史结合：讲解古诗词所处的历史时期和社会背景，通过历史故事和人物逸事来增进学生对诗词背后文化的认识。如在讲授唐代诗人王绩的《野望》时，语文老师与历史老师协同教学，先由历史老师介绍唐朝的历史背景，再由语文老师分析诗词内容，最后由美术老师指导学生绘制唐诗意境画，通过跨学科的教学方式，帮助学生全面理解古诗词。

（三）批判性思维培养策略

这一策略旨在通过引导学生提出问题、分析论证、评估信息、推理判断和反思修正等，培养学生的批判性思维能力，提高他们分析和解决问题的能力，促进学生批判性思维的发展。

1. 提问引导：教师可以设计一些开放性的问题，鼓励学生对古诗词的内容、形式、文化背景等方面提出疑问，激发他们的好奇心和探究欲望。在学生回答过程中，教师可通过连续提问的方式,引导学生深入思考,不断挖掘诗句背后的深层含义和诗人的创作意图。

2. 文本分析:指导学生分析古诗词的结构、意象、修辞等要素,培养他们从文学角度来解读和鉴赏的能力。选取不同诗人或不同时期的古诗词作品,让学生对比分析它们的异同点,训练学生辨识细微差别和深层次联系的能力。鼓励学生就古诗词中的某一观点或主题提出自己的看法,并给出理由支持自己的观点。

3. 案例分析:结合具体的历史事件或诗人生平,分析古诗词的创作背景,帮助学生理解文学作品与社会现实的关联。引入其他文化背景下的类似文学作品,让学生进行跨文化比较,拓宽视野,增强理解和评价不同文化作品的能力。

(四)文化认同与价值观教育策略

这一策略旨在通过古诗词教学强化学生对中华文化的认同感和民族自豪感,培育学生良好的道德情操和价值观念。

1. 与哲学融合:引导学生探讨古诗词中所蕴含的哲学思想,如道家的自然观、儒家的道德观等,培养学生的思辨能力。分析古诗词中的价值观念,如忠孝节义、淡泊明志等,让学生思考这些传统美德在当代社会的意义和价值。

2. 与艺术融合:鼓励学生根据古诗词的意境和情感,进行绘画、书法、手工制作等美术创作,以视觉艺术的形式表达对诗词的理解。选择与古诗词情感相契合的音乐作品,让学生在音乐背景下朗诵或欣赏诗词,增强诗歌的情感表达力。

3. 与自然科学融合:结合古诗词中描绘的自然景象,组织学生进行实地观察或科学实验,如观察植物生长、天文现象等,培养学生的科学探究精神。通过古诗词中的山水田园诗句,引导学生关注生态环境保护,探讨人与自然和谐共生的理念。

4. 与社会科学融合:分析古诗词所反映的社会文化现象,如节日习俗、民间信仰等,让学生了解传统文化在历史长河中的发展和变迁。引导学生思考古诗词中的主题和情感在现代社会中的体现,如探讨现代人如何理解和践行"仁爱""忠诚"等传统美德;如在学习岳飞的《满江红》时,语文老师结合历史故事,讲述岳飞的爱国精神,引导学生讨论其在现代社会的意义。学生通过古诗词的学习,加深对中国传统文化的理解和尊重。

(五)创新与实践策略

这一策略旨在深化学生对古诗词的理解和应用,它不仅强调对传统诗词的学习,还鼓励学生基于古诗词进行创作和实践。如自写诗词、拍摄以古诗词为主题的微电影等。

1. 自写诗词:一是选择喜欢的古代诗人,研究其诗风和常用意象,尝试模仿该诗人的风格,创作一首具有类似主题或形式的诗。例如,可以模仿诗人李白的风格,试着写一首描绘自然景观或表达豪放情怀的诗。二是将古诗词中的常见意象或主题,如月、花、季节更替等,用来描述现代生活的场景或个人经历。例如,可以尝试用传统的春怨题材来表达都市生活中的孤独感。三是结合古诗词与其他艺术形式,将诗词与现代音乐、绘画或舞蹈结合,创作出全新的艺术作品。例如,为诗词创作一段舞蹈,或者用现代音乐风格为作品谱曲。

2. 拍摄以古诗词为主题的微电影:选择具有强烈故事性的古诗词,将其改编成现代或古代背景的短片剧本。确保故事情节忠实于原诗的主题和情感,同时加入一些现代元素或视觉效果,使其更具吸引力。设计场景和服饰,使之既符合古诗词的时代背景,又能吸引现代观众。可以使用计算机生成图像(CGI)技术来重现古代景观或历史事件,增强视觉效果。通过演员的表演和电影语言(如镜头运用、色彩调度等)来传达古诗词中的情感和主题。例如,可以使用慢动作镜头来强调某一情感的爆发,或者使用暗淡的色彩来营造悲伤的氛围。

总之,通过上述策略的实施,学生不仅可以更深入地理解古诗词的内涵和美学价值,还能将传统文化与现代生活相结合,激发自己的创造力和想象力,从而有效促进学生核心素养的发展,为他们的全面成长奠定坚实的基础。

参考文献

[1] 郑国民,李宇明. 义务教育语文课程标准(2022年版)解读[M]. 北京:高等教育出版社,2022.

[2] 郑国民,关惠文,任刚. 基于学生核心素养的语文学科能力研究[M]. 北京:北京师范大学出版社,2017.

[3] 黄厚江. 语文课堂核心素养的播种[M]. 上海:华东师范大学出版社,2023.

关注学习经历　提升思维品质

马晓萦

《义务教育语文课程标准(2022年版)》明确提出:"语文课程是一门学习国家通用语言文字运用的综合性、实践性课程。语文课程应引导学生热爱国家通用语言文字,在真实的语言运用情境中,通过积极的语言实践,积累语言经验,体会语言文字的特点和运用规律,培养语言文字运用能力;同时,发展思维能力,提升思维品质,形成自觉的审美意识,培养高雅的审美情趣,……全面提升核心素养。"

那么,目前真实的语文课堂是怎样的呢?如何在语文课堂上"体会语言文字的特点和运用规律,培养语言文字运用能力;同时,发展思维能力,提升思维品质"? 先来看看以下两个令笔者印象深刻的教学片段。

片段一:学习七年级上册第六单元*郭沫若《天上的街市》一课。教师由闻一多先生提出的新格律诗"三美"主张导入,出示本节课学习目标——从音乐美、绘画美、建筑美这三个角度来学习郭沫若的这首诗歌《天上的街市》。

片段二:学习《爱莲说》一课。疏通全文的词句之后,教师告诉学生,这篇文章运用了借物喻人、托物言志的手法,请大家说说,作者是如何托物言志的?

这两个教学片段的共同点在于,两位教师都采用了做数学证明题的思路来设计课堂教学,即先告知学生结论,让学生带着既定认知去文中寻找依据。课堂活动的目的是验证教师给出的定论。这样一来,学生的思维被设置了框架,课堂学习是被动的。学习原理指出:"学生组织知识的方式会影响其学习方式和知识运用。"以上这种先告知定论,再寻找依据来证明定论的教学设计显然无益于学生的思维发展,这样的学习经历是无法提升学生思维品质的。

基于以上认识,笔者认为初中语文课堂应关注学习经历,提升学生的思维品质。具体可从以下几方面着手:

---

* 本文所提及的语文课文内容,均以人民教育出版社义务教育教科书(五·四学制)语文各学期的版本为准。其他学科的内容也均基于上海市中小学通用教材进行叙述。

一、教学设计遵循认知规律

学习经历即获得知识能力的过程。课堂上,教师是先出示已有的结论,让学生带着公式按图索骥去查找比对;还是遵循学生的认知规律,反复朗读,在有了一定的理解后自己探究摸索出规律?学习现代诗歌,是先告诉学生闻一多的"三美"主张,让学生去印证现代诗的音乐美、绘画美、建筑美;还是先读懂这首诗,感受诗歌语言的美,再归纳出这首诗体现出的"三美"?前一种设计,学生的学习是被动的,思维是被固定的;后一种设计回归自然,符合由具体到抽象的认知规律。

关注学习经历即关注知识能力获得的过程。语文课程致力于全体学生核心素养的形成与发展,教学设计应是学生阅读内容的呈现和阅读过程的呈现。设计教学时教师应把学生放在心上,学习从学生角度重新认识课文,将教学参考资料先放下,把自己对课文的所有认知归零,以一个初学者的身份去研读课文,问问自己:如果我是学生,读一遍,我会获取哪些信息?文中哪些句子我不理解?作者写这篇文章想要告诉我什么?备课时,教师经常要问自己:我的学生会理解到什么程度?怎样的问题才能带领学生向前迈进?结合学生的年龄特点和知识储备,教师要设计系列问题带领学生由表及里、由现象到本质,读懂文字背后的深层含义,从而把握课文的主旨。最后,再由一篇到一类,归纳出学习这一类体裁文章的通用方法。这样才能真正做到授之以渔。

二、课堂提问促进思维发展

"思维能力是指学生在语文学习过程中的联想想象、分析比较、归纳判断等认知表现,主要包括直觉思维、形象思维、逻辑思维、辩证思维和创造思维。思维具有一定的敏捷性、灵活性、深刻性、独创性、批判性。有好奇心、求知欲,崇尚真知,勇于探索创新,养成积极思考的习惯。"(《义务教育语文课程标准(2022年版)》)

语文课堂中,教师有质量的提问,能直接刺激学生思维进入最佳状态。为了激发学生思考,教师常常提问。然而,有的问题空泛浅白,如"对不对""是不是"之类。表面上,学生和教师积极互动,课堂热热闹闹。但是热闹的同时,总有一些学生从头到尾一言不发,仿佛是个局外人。课堂表面看似热闹,实则学生的回答张嘴就来,根本无需思考。有的问题过于艰深,让人不知从何说起,大部分学生简直无法回答,只有几个优秀生能娓娓道来,这时候课堂仿佛成了几个人的课堂,其他学生都"隐形"了。课堂提问琐碎,问题和问题之间缺乏逻辑联系,学生的思维能力没有得到训练。

对学生来说,课堂上探究文本的过程也是思维训练的过程。面向全体学生,教师可以设计文本学习的核心问题及若干下位问题,课堂提问形成一条问题链,循序渐进,让不同层次的学生都有所触动,有所收获。

如《纪念白求恩》这篇课文,笔者设置了核心问题:作者为什么要写这篇文章纪念白求恩?围绕核心问题设计了4个下位问题:1.作者笔下的白求恩是个怎样的人?2.除了写白求恩,作者为什么还要写其他人?3.白求恩的几种精神能不能调换顺序?为什么?4.结合课文说说白求恩精神对于现在的中学生来说还有价值吗。4个下位问题层层深入,激发学生思考探究。第一个问题文中可以找到相应答案,是大部分学生都能回答的;第二个问题学生稍加分析就能明白,写其他人是为了与白求恩医生对比,突出白求恩医生的崇高精神;第三个问题需要学生分析比较后再归纳判断,这样的顺序是符合作者对白求恩由浅入深的了解过程的;第四个问题要求学生将眼光投向社会,联系实际,从自身谈启发,不管学生的见解深浅,都是一种带有创造性的思维。最后回归核心问题,经过前三个问题的探讨,此时,作者的写作思路已经明晰,作者写作此文是为了赞颂白求恩精神,同时也号召大家学习白求恩精神。课堂上,学生在解答系列问题的过程中,学习透过现象看本质,理清作者的写作思路,学生的思维能力得到训练。

同时,对学生的回答教师应给予及时的肯定和鼓励。课堂教学要创造一种良好的环境氛围,让学生感到"言者无过""发现为乐",就能最大限度地激发学生的思维活动。

三、语言品味提升思维品质

语言的背后是情感和思维。课堂中教师应组织学生反复阅读文本。语言抓得准,学生就能体会到作者的创作思维、语言风格和借此要表达的思想情感,形成真实的语文体验。如《竹节人》这节课,笔者引领学生关注文中富有表现力的词,读深读透。学生在演读中感悟文字的魅力。如"攒""探"这两个动词,笔者请几位学生当场演一演这几个动作。表演时,学生你一言我一语指导演员的动作。"攒"是几个脑袋从不同方向聚集在一起,"探"是人坐在座位上,屁股不离开凳子,腰部以上尽力往前伸。表演后,几乎所有学生都能领会到这两个动词用得极其准确传神,同时,也感受到作者对竹节人的深深喜爱和对无忧无虑童年生活的无限怀念之情。品味语言文字的过程中,学生真切感受到文字的魅力。

"语言运用是指学生在丰富的语言实践中,通过主动的积累、梳理和整合,初步具有良好语感。"(《义务教育语文课程标准(2022年版)》)阅读教学要关注语言运用,教师要让学生从语言的表达中读出点与字面不同的内容,让学生体会这些语言形式的选择是唯一的,是最能表达作者要表达出来的意思的。有意识地引导学生思考,就这篇课文来说,可以把哪些语言形式(现象)罗列在一起,以此激发学生思维向深层发展。如学习《十六年前的回忆》这篇课文。李星华饱含深情地回忆父亲在法庭上被审问的一幕。面对怒气冲冲的法官,"他脸上的表情非常安定,非常沉着。他的心被一种伟大的力量占据着。这个力量就是他平日对我们讲的——他对于革命事业的信心。"教师应启发学生思考：作者为什么要连用两个"非常"？这种"力量"伟大在哪里？经过一番讨论,学生得出结论：这两个"非常"强调了李大钊面对敌人审问时镇定自若、视死如归的态度,可以看出李大钊对革命事业坚定的信念,同时这句话也饱含了女儿对父亲深深的理解敬佩之情。"这种力量"的伟大之处在于它能让人舍弃自己的生命,舍弃自己的家庭,为了共产主义的实现而奉献一切。这也正是像李大钊一样的革命先辈们前仆后继为了民族的解放而舍生忘死的精神支柱。经过这样的琢磨,一个信念无比坚定的革命英雄形象仿佛就在眼前。在咬文嚼字的过程中,学生的思维品质得到提升,他们情不自禁地被感动、被震撼、被激荡,对革命先烈的崇敬之情油然而生,对人生和学习也有了新的思考。

综上所述,指向核心素养的语文教学,教师应关注课堂教学设计,尤其要重视课堂提问设计,提问要激发学生思维碰撞,促进学生积极思考。教师还要积极引导学生品味语言文字,体会文字的魅力,以此为基础提升学生的思维能力。

当然,语文学习不局限于课内,教师还可以通过形式多样的创意作业培养学生的创造性思维。关注学生个性特点,爱护学生的创造才能。这样,才有利于发展学生的创造性思维。

基于"语感素养"养成，确定教学内容

汪 启

《义务教育语文课程标准（2022年版）》提出的"语文核心素养"包含4个方面：文化自信、语言运用、思维能力和审美创造。基于学生"核心素养"养成的语文教学的核心任务又是什么？语言、思维、审美、还是文化？

温儒敏教授提出"以一带三"的建议："一"是指语言运用，"三"是指思维能力、审美创造、文化自信。语文教学须以"语言运用"为本，通过语言运用的教学实践，把其他三个方面"带"进来，彼此融为一体，学生的语文核心素养在不断的语言实践中得到提升。《义务教育语文课程标准（2022年版）》指出："语言运用是指学生在丰富的语言实践中，通过主动地积累、梳理和整合，初步具有良好语感；具有正确、规范运用语言文字的意识和能力，能在具体情境中有效交流沟通。"没有丰富的语言实践，没有语言文字的积累、梳理和整合，语言运用素养无法形成，语文核心素养就没有了根基，思维、审美、文化也没有了基于语言素养的生发和提升。语言运用能力的培养是语文学习的核心，而语言的感受能力养成是语言能力提升的条件。所谓语感就是对语言的感觉。王尚文曾经明确提出"语文教学的主要任务是培养语感"，语言感受能力的培养是语文教学的必要教学任务和核心教学内容。

正如兰保民老师所言："语感不是凭空而来的，而是靠这样一篇一篇文章地阅读，一节一节课地教学，日积月累，逐渐形成的。"由此，笔者基于散文阅读教学实践，开展"基于'语感素养'养成，确定教学内容"的实践研究，具体如下：

一、基于诵读直露心扉语言的实践提升语言的敏感度，促进语感的养成

诵读是我国古代语文教学的主要方式之一，是读者与文本对话的一种重要形式。诵读是建立在一定的语言认知和理解基础上，通过多感官并用去反复读，达到熟读成诵的程度，在诵读过程中将文本语言内化为对文本语句的深入感悟，是学生语感积累和养成的重要路径。正如张中行说过："你不读，或读而不熟，有了意思，可用的表达框架茫茫然，拿起笔就难以得心应手。反之，多读，熟了，笔未着纸，可用的多种表达方式早已蜂拥而至，你自然可以

随手拈来,不费思索而顺理成章。"笔者由此认为,诵读在很大程度上会提高我们对语言文字的敏感度,促进语感的养成。

如朱自清《春》中"盼望着,盼望着,东风来了,春天的脚步近了"。两个"盼望着"构成叠句,强化了直抒胸臆的效果,字里行间直接而自然地流露出作者对春天急切期待的感情。《春》中"小草偷偷地从土里钻出来,嫩嫩的,绿绿的"。情感倾向明确,"嫩嫩的,绿绿的"具有极强的褒义色彩,春天的勃勃生机在文字中流淌。鲁迅先生的《从百草园到三味书屋》一文中"我家的后面有一个很大的园,相传叫作百草园。……但那时却是我的乐园"。这个园子是我的乐园,一个"乐"字直接表现了作者对百草园的无限情趣的真情流露。

语文教材中含情之语言俯拾皆是,几乎可谓处处皆"情语"。正如于漪老师在《语文谈艺录》中提及的"语言是思想的直接现实,思想是通过语言表达的"。文本的情感同样也是通过语言来表达的,诵读文本中含情的语言有利于学生语感能力的培养,在诵读中积累语言的感受经历和经验,同时教师可以明确这类文本的教学内容,散文阅读教学中不可缺失诵读含情语言的语言实践。

二、基于文本情境察语悟情,提升语感

李海林也就语感提出:"语感是对语言与语境关系的感受,是对言语行为意义的感知,是对语表意义和隐含意义的关系的感知,是对言语对象的一种直觉同化。"叶圣陶先生在讲到语感训练时曾说:"不了解一个字、一个词的意义和情味,单靠查字典是不够的,必须引导学生推敲、揣摩、细细品味。"笔者结合以上两位的观点,认为叶老所言的"推敲、揣摩、细细品味"必定是基于"情境"的语言实践,在"慢慢读、细细品"中进入文本情境,从而在"察语悟情"的实践中提升语感。

《老王》是杨绛先生的一篇散文,是一篇文学作品,是作者内心情感的自然流淌、自言自语式的情感表达,更是作者杨绛的一种自我反省和叩问。如文末所言:"几年过去了,我渐渐明白:那是一个幸运的人对一个不幸者的愧怍。"而要理解文本中的"幸运的人""不幸者""愧怍",没有文本背景作为阅读支架是何其难啊!因此,笔者认为教学中应和学生一起关注"我们一家和老王"共存的时代大环境——"文化大革命"。同时,关注我和老王作为生命个体的物质生活和精神生活处境。如果教学过程中忽视文中"文化大革命"等相关语言所提及的文本写实性的生活背景和情景。老王的生活处境实难深入去把握,在文本所提及的特定"情境"下理解老王的境况就好理解了,老王不仅物质生活是贫瘠的,他的精神处境也是十分可怜的。在一个"集体为先"的时代中,老王是个"单干户"、"是一个失群落伍"之人,是无亲无故、无依无靠之人。同样,没有了那个特定的历史"情境",老王所付出的"好香油和大鸡蛋"也就不那么有分量和情义了。那是个物资匮乏的"苦难"时代。作为知名高级知识分子的杨

绛同样也生活在那个时代之中,杨绛的生活并不如意,其社会地位和生活质量大不如前,可以说是一落千丈,是世人回避的对象。在关注了大的时代背景和人物具体的生活情境之下,细品文中"那是一个幸运的人对一个不幸者的愧怍"。我是何其"幸运的人",老王是何其"不幸者",我因何而"愧怍",渐渐在背景和情境的介入、梳理下凸显出来。简而言之,阅读《老王》这篇散文不能回避"文化大革命"背景和"文化大革命"中杨绛的遭遇及处境,同样也不能回避老王的处境。语文实践在真实的语言情境中开展才是真实的"语文实践",学生在文本所建构的情境中能够读出作者对老王的"愧怍"以及"愧怍"的真正内涵。

学生的语言感受能力需要在具体的文本情景中沉浸、咀嚼,在语言文字建构的情境中走几个来回,把握语言文字的内涵。深入文本的情境之中,在文本具体的情境之中察语悟情,提升语言的感受能力。

三、基于语言形式的品析实践提升语感

王荣生教授在《语文课程与教学内容》一书中有言:"语言形式则是形成意义的手段。语言意义不是凭空产生的,它的形成依赖于我们对语言形式的选择和组配,必须有一定的词语经一定语法规则的组合,语言意义才能被构建出来。"笔者认为语言形式是语言意义的载体和表达形式,关注语言形式能很好地深入理解文本的情思意蕴,在规范的语言现象中提升语言感受能力。

如《竹节人》中斗竹节人的环节中,"一……就……"的句式贯穿始终。例如:"在下面一拉紧……竹节们就站成了一个壮士模样""将鞋线一松一紧……竹节人就手舞之、身摆之……""系上一根冰棒棍儿,就成了……孙悟空""钩针装在竹节人手上,就成了窦尔敦的虎头双钩"。"一……就……"句式符合儿童的表达习惯,这样单一的句式反复出现,不但不显乏味,反倒是将孩童装饰竹节人的匠心、急于凸显斗竹节人的痴迷和神气表现得淋漓尽致了。

如朱自清《春》中"盼望着,盼望着,东风来了,春天的脚步近了"。两个"盼望着"的词语重叠加强语气,还运用了拟人的手法生动形象地写出了春充满生机和活力,其中字里行间直接而自然地流露出作者对春天急切期待的感情。

王荣生教授在《语文课程与教学内容》一书中有言:文学作品阅读,则要"品其言才能会其意"。简而言之,文学作品的阅读需要察言会意。品味语言是解读的核心,而关注并解读文本语言的语言形式则是品味的路径之一,通过对文本中语言形式的解读和语言实践有利于学生语言感受能力的养成。

语言的感受能力直接关联着语言运用,没有语感的养成,学生是无法从具体的语言文字和文本中品读"语言意义"的。语感只能在语文的土壤中才能得以生发,语感的养成离不开

真实的语言运用,毕竟"语言运用"是语文教学的核心和根本。

正如叶圣陶先生所言:"文字语言的训练,我认为最紧要的是语感训练。"吕叔湘先生也曾说过:"语文教学的首要任务是培养学生各方面的语感能力。"语感的养成是培养语言运用素养的必然需求,语感的养成是语文教学内容的必要元素,语文课程作为一门学习国家通用语言文字运用的综合性、实践性课程,其教学内容不可缺失"语感养成"的实践,应基于"语感素养"养成,确定教学内容。

参考文献

［1］王尚文.语感论[M].上海:上海教育科学出版社,1999:400—437.
［2］兰保民.把课堂打开[J].七彩语文(中学语文论坛),2018(3):3—8.
［3］马敏.诵读与语文阅读教学中语感的培养[D].济南:山东师范大学,2003:13.
［4］李海林.言语教学论[M].上海:上海教育出版社,2006:76.

初中低学段写作策略探析
——以统编教材六、七年级(五·四学制)记叙类写作单元为例

文振华

一、初中低学段写作策略的研究背景

（一）从教材角度来看

《义务教育语文课程标准(2022年版)》课程目标(总目标)中对第三学段(五、六年级)写作的习惯与能力的相关表述为"懂得写作是为了自我表达和与人交流。养成留心观察周围事物的习惯，有意识地丰富自己的见闻，珍视个人的独特感受，积累习作素材""能写简单的记实作文和想象作文，内容具体，感情真实。能根据内容表达的需要分段表述，学写读书笔记，学写常见的应用文"。

从教材编排来看，六年级为了体现与小学的衔接，一般以写作任务为抓手，适当给予技巧点拨，以培养学生的写作兴趣。七年级重点培养学生良好的写作习惯和一般的写作能力(如"学会观察生活""思路要清晰""文从字顺")，在此基础上初步培养写人记事的能力。对使用统编教材(五·四学制)的学生来说，六年级是初小衔接阶段，七年级正式步入初中学习，这两年是学生写作习惯与兴趣培养的关键阶段。

（二）从学生角度来看

在多年的教学实践中，笔者发现低学段学生写作存在以下问题：首先，写作习惯差，缺乏真情实感和表达深度。学生缺乏观察和发现的眼光，部分学生写作习惯套用曾经写过的作文，生搬硬套，甚至文不对题；假、大、空的毛病仍然存在；写作态度马虎，随意在网上下载一篇作文，应付了事，一些语言华丽精致的文字背后内容空洞。

其次，写作内容单薄，素材陈旧，缺乏个性和新意。初中低年级学生主要练习写人记事的记叙文，部分学生单件事叙述缺乏起因、经过、结果的详细叙述，对表现主旨的内容缺乏细致的描写；多件事叙述缺乏多角度选取材料表现主旨的思维广度。

（三）从教师角度来看

首先，写作形式相对单一，写作兴趣有待进一步激发；其次，受应试作文的限制，写作教

学缺乏对学生创作意识的培养,学生为分数而写,缺乏自我内在的表达,慢慢地在写作中丧失"自我";再次,由于写作教学缺乏系统完备的教材体系,也没有一系列行之有效的教学方法,所以学生写作过程缺乏针对性的指导;最后,写作评价的方式单一,不能帮助学生反思、修改、总结写作经验方面的不足和教师教学的改进。

二、初中低学段写作教学的策略

（一）创设真实的写作语境,培养叙写生活的习惯

1. 引导关注生活情景,帮助学生积累素材

写作源于生活,生活才是写作素材的不竭源泉,而生活如同一幅绚丽的画卷,每一个瞬间都蕴含着独特的美丽。人们认为作家不用去苦心寻求写作灵感,灵感就会找上门来,这主要是因为作家时时保持对生活的敏感且时时心系写作。如果我们的学生还没具备这种素养,自然发现不了生活中的美。因此,在写作教学中,教师应该引导学生观察生活,感知生活中的细微之美,鼓励学生有感而发,学生的写作兴趣才能被逐渐培养起来。

如在六年级上册第一单元"热爱生活,热爱写作"中,我和同学们开学第一天制定的写作任务是"向你的家人或朋友描述初中认识的一个好朋友"。为此,学生需选择一名新同学进行两周的观察,然后将自己的所见所闻记录在观察单中,为单元大作文《我的新同学》积累生活素材。又如为学生布置活动体验类寒假作业,用文字、图片或视频,记录家乡春节习俗,为六年级下册第一单元的"家乡的风俗"积累写作素材。在七年级上册第一单元"学会观察生活"中,学习了朱自清的《春》、老舍的《济南的冬天》等经典写景散文后,带领学生赏校园景色,嗅嗅花香,触摸花的质感,用手比画花的大小,写作《校园秋色》时就能够得心应手。

教师还要指导学生多角度观察生活,及时记下生活中的点滴美好或感受强烈的事件,让学生在文字中回味令他们心潮澎湃的瞬间,在文字中释放情感,体验写作乐趣,还能促进学生心灵的成长。如引导学生及时记录社会实践、校运会、艺术节等丰富多彩的校园活动,六年级下册第二单元"让真情自然流露"的写作任务《一件令我____的事》自然就有丰富的内容可写。

2. 营造写作活动情境,激发学生写作兴趣

美国儿童读写研究者珍妮弗·赛拉瓦洛也说"将个人的热情和兴趣融入写作是进行独立写作、自主写作以及终身写作的关键一步"。足见激发学生写作兴趣对培养学生写作素养,进而提高写作能力的重要意义。尤其对写作基础薄弱的低年级学生而言,激发学生写作兴趣,才能帮助学生更高效地完成写作任务。由于初中低学段学生还处于天性爱动、爱玩的阶段,因此将游戏活动引入课堂,可以活跃教学氛围,增强教学的趣味性,并在游戏中观察他人,能够激发学生的写作兴趣。笔者曾在作文课中尝试营造拍学号、掷飞镖等游戏活动情

景,在游戏活动轻松愉悦的氛围中,学生们能够更加自由地表达内心的感受,写出有真情实感的文章。

3. 组织讨论写作素材,指导学生提炼主旨

在指导学生叙写平凡的生活事例时,能够在作文中表达出丰富思想或强烈情感的同学是凤毛麟角,大部分学生只是记流水账(当然,对初中低年级的学生来说能记流水账也应该鼓励,总算有写作内容)。因此,教师还应指导学生从生活素材中提炼一定的思想和主旨,不仅训练学生思维的广度与深度,提升思维品质,而且让学生发现平常的生活小事蕴含着如此丰富的主旨,激发学生的写作兴趣。

例如,指导学生记叙 2023 年元旦游艺活动后,大部分同学能有较详细的过程叙述,且从字里行间流露出激动兴奋、快乐幸福的强烈情感。我问同学们:这次活动还引发你怎样的思考?你获得哪些经验或启示?同学们在认真思考后,给出了不同的结论:耐心才能行稳致远;注重学习过程而非结果(哲理);游戏如人生,都需要诚信对待(因为个别同学为了得到游戏券而弄虚作假);大胆去尝试;对失败不要气馁,要坚持不懈;团结合作才能共赢;开辟新思路才能成功;等等。

(二)提供读写结合的支架,指导学生的写作过程

学生在生活中收集了丰富的写作素材,如何对素材进行加工,仍然让大多数学生头痛不已。对初中低年级学生而言,写一篇 500—800 字的完整大作文,是一项复杂的活动,好比造一座房子,有了砖瓦水泥等建筑材料,才能搭建房子的结构,最后还要进行装饰,这是一项技术活。写文章是技术,也是艺术,写作这门"术",涉及选材、结构、语言、个性情感等复杂的活动。教师的过程性指导就显得异常重要,对基础并不好的学生来说,最实用的指导是提供一定的写作支架,帮助学生完成写作任务。

"支架"原指建筑行业中使用的脚手架,用来帮助工人完成伸手不能及的工作。写作支架的功能是针对学生在谋篇布局中碰到的各种问题,给予及时的帮助。六、七年级教材中的写作单元,已提供了多种形式的写作支架。但对教师而言,还要根据学情和具体的写作任务,提供更加实用的写作支架,如范文支架、结构支架等等。我们更要通过读写结合,将阅读课习得的写作方法,迁移到单元写作。笔者在指导教材各单元的写作中,曾利用读写结合的策略为学生提供了如下的写作支架:

1. 文章结构支架

文章结构支架是指按一定的写作要求、训练重点,给学生写作提供一定的结构模板,即文章如何开头、过渡、结尾,还可以是材料与材料之间的逻辑关系梳理,也可提供材料与材料的过渡衔接语句。

例如六年级上册第一单元"我的新同学",笔者先提供同龄人的范文,分析范文结构,提

供如下写作结构支架:(通过外貌或有个性的言行)引出人物—交代人物基本信息—叙事勾勒人物个性或品质——两句话评价这名新同学。

2. 写作方法支架

在写作教学中,我们常常训练学生运用一定的写作方法为写作任务服务。借助一定的写作方法达成目标,方法本身就是支架。

例如:六年级上册第二单元"历史的回声"的写作知识主要是通过精读篇目《开国大典》《狼牙山五壮士》的学习,掌握"点面结合"的描写方法。笔者布置国庆假期的写作任务:运用点面结合的描写方法,描写一场杭州亚运比赛或外出游玩的场景。

该写作任务引导学生关注生活和社会热点,同时进行写作知识的迁移,这对提高学生的写作技能有一定的帮助。

3. 局部内容支架

平时的写作教学,笔者常常进行一定的专项写作知识训练,有片段写作,也有大作文部分结构内容作专门训练。

如六年级上册第四单元写作任务是自己编一个故事,题目自拟,可以用课文提供的范例,也可以随意编故事,甚至穿越时空,但要求将环境描写运用到自己编的故事中。这次写作给学生一次自由创造的机会,但又不是完全放手而没有写作知识的训练与支撑,通过这一次环境描写的专项训练,学生对环境描写的方法、角度及作用有了自己的认识和体验,对阅读也有一定的帮助。

(三)注重激励的习作评价,帮助学生积累经验

《义务教育语文课程标准(2022年版)》在过程性评价方面,要求教师"通过多主体、多角度的评价反馈,帮助学生处理好语文学习和个人成长的关系,发掘自身潜力,学会自我反思和自我管理"。对学生写作而言,"教师进行写作评价时不仅要对习作进行修改,还要指导学生对写作过程进行反思,逐渐形成并积累一定的写作经验"。

为达成以上目标,笔者曾尝试以下方法:

1. 教师评价,注重肯定激励

教师批阅学生作文,一定要保护初中低学段学生的写作兴趣与积极性,让学生觉得写作是"我手写我心",写作是一件辛苦而有趣的事。教师不妨用饱满的热情、关切的眼光,醒目地标出文章描写精彩的语句,包括准确的动词、形容词和富有特色的句式,并大加赞赏,甚至还为学生写上大段赏析文字。只要学生有进步,就不要吝啬给"优"的等第。在作文讲评时,也一定要让学生文质并茂的文字能在班级同学面前展示,可在班级朗读,也可以打印出来张贴在教室后面的学习园地。即使作文中有不足,教师也要给学生以肯定与鼓励,如"我希望你还可以……""如果对人物的肖像、动作描写更细致些,内容就更……""……你觉得呢"等

评语流出对学生的肯定与希望。这样学生就能觉得写作得到了教师和同伴的肯定,定会乐于写作。

2. 学生互评,注重借鉴反思

作文批改时,教师应发挥学生主体作用,使学生都能参与到评改中来,可以采用小组自评、互批的方式。一般把4—6名不同写作水平的同学分成一个小组,围成圆桌而坐,教师根据每次作文的写作任务和要求,首先提供一个评价量规,再组织小组互评。同学根据评价量规从作者的角度说说自己文章的选材、构思、写作意图等方面的达成度,再让同学以读者的身份为组内其他同学写评语和评等第。由于互相评阅习作让每个学生都承担着作者、读者的双重角色,增加了评阅过程的互动性。在指导学生写评语时,尽可能从读者立场运用解释性语句加以肯定或提出希望。例如,"作为读者,我想知道……""你想写给谁看,表达什么写作意图"或"这段人物描写写出……,把我带入情景中,真好""结尾如果改成……,更能给读者思考的空间"。互评后,小组推荐他们喜欢的文章在班中交流展示。这种小组互批的方式,能让同学们互相学习借鉴,从中吸取经验、获得启迪、有所提高。笔者的实践表明,由学生自主互评作文,将使学生逐渐养成爱动笔的良好习惯,对激发他们的写作积极性非常有利,日积月累,自然能增强写作兴趣。

3. 文章修改,注重强化总结

在对学生作文进行教师评价与学生互评后,教师还要帮助学生强化一定的写作意识,总结一定的写作经验。

首先,指导学生对文章进行局部或整体材料、结构的修改,并提供评价量规,比较修改前后作文的表达效果,讨论这一次写作任务带给同学们的思考,并加以总结。可以让学生作如下思考:这次作文的优点有哪些?什么方面还存在缺点与不足,今后如何改进?其次,每个学期结束后,让同学们将本学期的满意之作整理成册,形成作文集,且为文集取名。例如选取"冬日私语""走过的日子"等文集名称,并为文集撰写目录、卷首语、卷后语,分析写作素材、内容、构思的优劣得失,总结写作经验。最后,教师为学生的作品集进行展示、评奖。通过这些活动,教师带领学生一起玩赏文字,学生的写作兴趣更浓,写作意识更强,也积累总结了一定的写作经验。

三、结束语

综上所述,在初中低学段开展写作教学时,需要在积累素材、构思、写作、评价的各个环节,注重培养学生观察、思考、记录的良好写作习惯,注重写作过程的指导和写作结果的评价激励,才能在写作教学中不断提高学生的写作水平,写出有真情实感的文章,并培养写作意识,让写作真正成为学生表达生活感受与思考,促进心灵成长的途径。

参考文献

［1］中华人民共和国教育部.义务教育语文课程标准(2022年版)[M].北京:北京师范大学出版社,2022.

［2］珍妮弗·赛拉瓦洛.美国学生写作技能训练[M].北京:北京科学技术出版社,2019.

［3］日小明.初中写作教学中的实践困境与对策建议[J].上海师资培训,2023(2):40.

聚焦核心素养 传承红色文化
——初中语文大单元教学(以八年级上册第二单元为例)

曹靖文

在新课改背景下,要满足新时代教育的目标,传统的教育模式已经难以满足教学要求。教师不仅要关注学生的理论知识学习,也要重视学生核心素养培育,只有这样才能满足新时代教育的目标,立德树人。大单元教学设计基于学科核心素养,立足于课堂整体教学理念和思维,构建系统化、整体化的教学内容,注重学生真实情景下的学习。本文以统编版初中语文教材八年级上册第二单元为例,探讨如何将教材中的自然单元转化为能促进学科素养发展的学习单元,这是大单元教学设计要解决的主要问题,重点发掘立德树人中的红色传统文化教育价值,加强对学生的思想政治引领。

一、提炼主题,明确大单元教学目标

统编版初中语文教材采用"人文主题"和"语文要素"两条线索相结合的方式组织和编排单元内容,本就呈现良好的教学内容结构化特征。因此,大单元教学要求教师从学科核心素养的角度出发,仔细研读每一篇课文,对教学内容和教学过程等进行更为整体化和系统化的设计与实施。其中,第一步就是要提炼大单元学习的主题。

统编版初中语文八年级上册第二单元从内容主题来看,都与"生活记忆""重要的他人"有关。《藤野先生》是一篇回忆性散文,是鲁迅先生在追忆自己人生道路上的难忘经历,歌颂了藤野先生的高尚品德;《回忆我的母亲》是朱德总司令在母亲逝世后写下的一篇回忆性散文,回忆了母亲的勤劳一生,字里行间透露出对母亲无限敬爱的深情;《列夫·托尔斯泰》是作家茨威格为展现敬仰之人的品格和精神所作,展现出托尔斯泰深邃而卓越的精神世界;《美丽的颜色》亦是居里夫人次女为展现其精神品质所作,体现出居里夫人坚韧、乐观、淡泊的人格魅力。

根据《义务教育语文课程标准(2022年版)》中所指出的义务教育语文课程培养的核心素养,是文化自信和语言运用、思维能力、审美创造的综合体现,结合本单元主题,可以把大单元教学目标明确为:

1. 文化自信

通过了解回忆性散文、传记呈现的各式各样的人生经历,从课文人物的生平事迹中汲取精神营养,增强学生对中华文化的认同感,并对人类文明优秀成果有初步了解,开阔文化视野。

2. 语言运用

通过研读回忆性散文和传记,感受其内容真实、事件典型、注重细节等特点以及语言文字的丰富内涵。

3. 思维能力

通过对4篇课文的分析比较和归纳梳理,掌握阅读方法并学习课文刻画人物的方法,激发学生探索创新的意识,养成积极思考的习惯。

4. 审美创造

通过对单元课文内容及写法的感受、理解、欣赏,获得较为丰富的审美经验,具备健康的审美意识和正确的审美观念。比如,鲁迅先生的爱国之情,朱德总司令忠于民族和人民、忠于党的决心,托尔斯泰深刻、敏锐的洞察力和自省意识,居里夫人面对艰辛的科学研究所展现出的坚毅乐观的人格魅力。

二、结合主题,创设大单元教学情境

核心素养,是学生在积极的语文实践活动中积累、建构并在真实的语言情境中表现出来的。结合单元主题内涵创设教学情境,能让学生在大单元情境中更好地理解文章,有助于提升语文核心素养。

(一)教学准备环节

在教学准备环节中,教师应当注重情境教学设计,创设单元情境,不仅能够激发学生的学习兴趣,也能帮助学生在学习课程知识的同时形成语文核心素养。如《藤野先生》一文,是鲁迅先生于1926年底所作,回忆自己早年在日本留学的生活。由于北洋军阀反动政府的迫害,鲁迅离开北京,到厦门大学任教。在课程预习环节,教师可以让学生搜集有关北洋军阀等相关社会背景资料,了解那个年代中国人民面临的艰难险阻,学生便更能体会作者弃医从文的心路历程和忧国忧民的深切感情。

(二)课程教学环节

在课程教学环节,教师也可以设计能够将单元中的每一篇课文串联起来的情境主题,让学生对知识的学习更加系统化。八年级上册第二单元以人物为主题,就可以让学生尝试做一个小编辑，为每一课所提到的主要人物整理出一份500字左右的介绍，在完成大单元学习之后，共同汇编成一本人物介绍手册，并为自己的手册取一个名字。学生在写人物介绍的过程中，应抓住特征，突出人物性格特点和精神品质，且语言精练，表达准确。这样一来，学生不仅对人物的出生时间、出生地点、工作、外貌特征等基本概况有所了解，也能选择典型的特点以及事例来展现人物形象。

（三）作业设计环节

在课程结束后，教师应当从学生的总体学习情况入手，以核心素养为导向，主动进行语文大单元作业的设计，创造良好的教学氛围。核心素养要求教师根据单元材料的特性，对单元作业作系统化研究。在深入解读和归纳教材单元整体内容的基础上，作大单元作业的设计，确保单元作业的设计层次和系统概念，也要有多元的评价系统。

1. 设计单元作业的类型

单元作业实质上就是围绕某一专题或学科关键能力开展的学习任务。为确保单元作业设计的层次性和系统性，既要巩固基础性课程内容，又要兼顾发展性和拓展性学习内容。因此，单元作业应当包含基础性作业、发展性作业和拓展性作业。

（1）基础性作业。在设计以单元为中心的基础性作业时，应尽量避免单一重复，要结合学生实际的学习情况和认知规律，提升作业质量与效率。当然，对于语文单元作业，传统识字写字、古诗词背诵等文学常识积累性质的基础作业仍然不可被忽视，但应当灵活调整其表现形式，促进学生语文知识的积累与整理，为语言运用打下坚实基础。比如，让学生抄写八年级下册第二单元每篇课文后面"读读写写"的词语和拼音，就可以培养学生正确、规范运用语言文字的特点和运用规律，词语积累是学生在具体语言情境中有效交流的重要前提，这一基础性作业体现的是学生语言运用能力的培养。

（2）发展性作业。发展性作业是对教学过程的延伸，需要立足课堂教学内容，在知识基础上进行提高，让学生进一步掌握语文技能和方法。教师可以以个性化的形式来丰富作业内容，这样可以让学生主动参与到作业活动中来，达到提高学习自主性的目的。比如，《美丽的颜色》第二课时的发展性作业可以设定为设计一张"人物星光卡"，在完成这一作业的过程中，不仅让学生结合逻辑思维、辩证思维和创造思维将课堂所学知识作实践运用，对课文人物形象有更深的体会，这一作业形式在培养语言运用能力的基础上也能激发学生的好奇心和求知欲，锻炼学生的思维能力。

（3）拓展性作业。拓展性作业是在发展性作业基础上进行拓展的作业，具有开放性的特征。教师不仅要把作业设计纳入教材的内容单元，也要帮助学生积累更多与课本知识相关的材料，作有效的拓展和实际的充实，开阔学生的文学视野和思维模式，提高学生的文化素养和解决问题的能力。比如，《列夫·托尔斯泰》一课，可以根据学情，推荐学生阅读《托尔斯泰》全文或罗曼·罗兰《名人传》中的《托尔斯泰传》，比较不同作家笔下人物形象的异同；也可以指导学生阅读托尔斯泰的小说，亲近这位伟大作家的作品，进一步了解人物形象。

2. 建立多元的作业评价体系

（1）评价主体多元化。单一的作业评价主体会限制教师与学生、学生与学生之间的互动交流，削弱了学生对作业评价的关注度，使其处于被动学习的状态。为了改变这一现象，以核心素养为基础，应当建立多元化的作业评价主体——学生自主查验、师生互相批改、小组讨论批改等形式，都可以增强学生学习的主动性，促进师生、生生之间的共同交流，提高学生对作业评价的关注度和反思能力。

（2）评价形式多元化。教师应当尝试多种评价方法，尽量多采用形成性评价。这样的评价形式需要教师发挥引导作用，在评价标准、评价内容以及评价语言等方面为学生作好示范与指导，可以让作业要求和标准的指向性更明确，让学生知道怎样的作业是优秀作业，有哪些需要关注的注意事项，避免评价的随意性和盲目性。评价方法也有多种——评语式、展示式等，都能激发学生积极地完成作业任务。

（3）评价标准多元化。过于绝对化的评价标准，不仅不够灵活，还会让部分学生产生畏难情绪。因此，在设计单元作业的评价指标时，应当根据不同的作业类型和学生的实际水平，分层并灵活调整评价标准，更加精准地检验学生不同作业的学习效果。

以语文核心素养为基础的单元作业设计，注重培养学生语言建构与运用、思维发展与提升、审美鉴赏与创造以及文化传承与理解这4个方面的能力。思维能力决定着审美能力的提高和文化自信的增强，而这3个方面的提升，都应该以语言的建构和运用为基础。

故以八年级上册第二单元作业设计为例，作业要求是：

活动一：根据提纲，选择第二单元中你最感兴趣的一个人物，完成一篇人物传记，题目自拟，不少于600字。

注意点：1. 根据人物精神内核抓取典型，完成传记提纲写作。

2. 在真实的基础上展开大胆想象，学会撷取细节点染。

活动二：根据评价量表进行自评、组评、师评，形成优秀作品集，并张贴在教室的展示角。评价量表制定如下。

表1　传记写作评价量表

	评分细则	自评	组评	师评
传记内容方面	人物形象鲜明，符合传记文体的基本特点	☆☆☆☆☆	☆☆☆☆☆	☆☆☆☆☆
	选材典型且真实	☆☆☆☆☆	☆☆☆☆☆	☆☆☆☆☆
	运用修辞手法和肖像描写等方法，具有文学性	☆☆☆☆☆	☆☆☆☆☆	☆☆☆☆☆
	有议论抒情性的句子，有明显的情感倾向性	☆☆☆☆☆	☆☆☆☆☆	☆☆☆☆☆

(续表)

	评分细则	自评	组评	师评
	有明显的语言风格	☆☆☆☆☆	☆☆☆☆☆	☆☆☆☆☆
传记结构方面	事件描述详略得当	☆☆☆☆☆	☆☆☆☆☆	☆☆☆☆☆
	能按照一定顺序安排写作(时间顺序或逻辑顺序)	☆☆☆☆☆	☆☆☆☆☆	☆☆☆☆☆
	文章结构完整,有头有尾	☆☆☆☆☆	☆☆☆☆☆	☆☆☆☆☆
	行文流畅、过渡自然	☆☆☆☆☆	☆☆☆☆☆	☆☆☆☆☆

参考文献

[1] 刘志远.指向核心素养的初中语文大单元教学策略探究[J].考试周刊,2023(26):56—59.

[2] 李英杰.基于核心素养的初中语文大单元教学策略[J].天津教育,2022(6):159—161.

[3] 李翠平.核心素养视角下初中语文作业设计策略探究[J].教育界,2020(32):46—47.

核心素养下"以学为基"教学理念的探索

张书圆

一、"以学为基"教学理念的内涵

语文课程是一门学习国家通用语言文字运用的综合性、实践性课程。"以学为基"教学理念,在笔者看来就是教学全过程围绕"学"进行,在核心素养培养要求的牵引下,建立与之适应的教育目标、教学内容、教学手段、教学形式,让"学"成为"教"的基石,作为"教"的先导,彻底归正教育本源。

"以学为基"教学理念,其核心在于"两个聚焦",即聚焦学生、聚焦学习,以"学生"作为主体,以"学习"作为主要活动。在这种教学理念中,学生的参与和发展、学习的效果是评价"以学为基"的重要维度。

二、构建"以学为基"教学理念的重要意义

在"双减"教育政策和新课改背景下,"以学为基"教学理念顺应了新课程标准的教学需要以及学生核心素养的培养需要,是对传统教学理念的升级重塑和纠偏正向。教师引导学生在"听"中内化知识,在"动"中思考,在"悟"中反思,实现了认知的飞跃和学习的真正发生,从而让学生真正学会学习。

(一) 有助于促进"双减"政策和新课改有效落实

"以学为基"教学理念并非一味忽视"教"这一环节,而是改变了"教"的定位,将其作为学生学习的引导和辅助;同时,优化了"教"的实施,让教学服从于学习、教师服务于学生,采取引导、辅助、启发等形式优化教学,将会有效扭转教师的教学理念,将教学关注点从学习成绩向学习能力转变,提高他们独立学习、深入思考、学会鉴赏、主动运用语文知识的能力,自主展开学习研究。

（二）有助于学生核心素养提升

"以学为基"教学理念突出学生这一教学主体,在课堂上,推动教师转变角色定位,由"唱主角"向"当向导"转变,由"满堂灌"向"搭梯子"转变,把教学的精力放在关注学情动态、优化教学设计上,减少机械刻板的讲解,以启发式、互动式教学,帮助学生理解文章主旨、把握内涵要义,引导他们应用已有的语文知识理解把握新的内容,不断提高学生的语文核心素养。

三、"以学为基"教学理念实施的环节及重点

"以学为基"初中语文课堂教学按照课前导学—课中助学—课后评学三个环节,创新构建"导学""助学""评学"三个方面的教学重点。

在"课前导学"环节,教师应该根据学生的学情、发展需要以及此阶段的认知特点确定课堂的学习目标、教学重点以及教学手段和方法,以期做好课前准备并达到较好的课堂效果。

在"课中助学"环节,教师应注重学生在课堂中的主体地位,注重搭建倾听桥梁,构建课堂上的交流生态,培育思考土壤,营造互动气候。在课堂教学中,教师应该突出课堂教学互动,对于课堂情况及时作教学反思,形成课堂有效教学的良性循环。

"课后评学"环节中,教师应该采用多元的评价方式,而非仅仅用结果作为导向,应注重评价学生的学习过程,着眼于学生的发展,达到评价的多维性、多样性、多元性,从而激活学生内在的积极因素,强化学生的自信心。

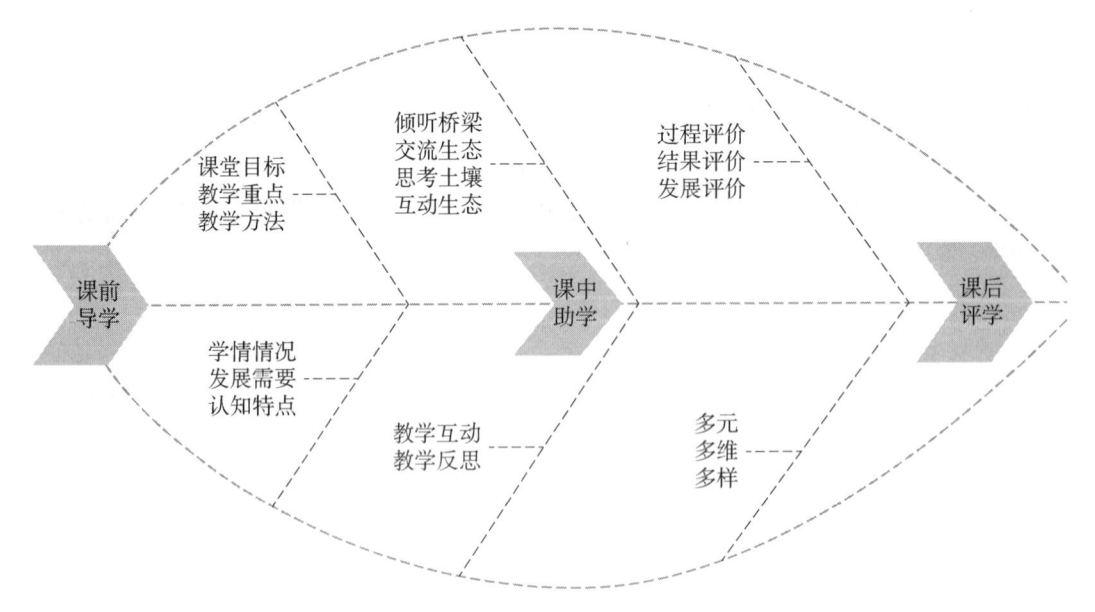

图1 "以学为基"教学理念实施的三环节及重点

四、"以学为基"教学理念的实施策略

（一）多维导学，点燃学的热情

在"以学为基"教学理念下，教师应当高度重视导学这一环节，综合运用情境构设、问题牵引等手段，让学生对后续教学产生兴趣，激发其对未知课文的探索欲望。在导入环节，教师应当根据学情、发展需要和认知特点，确定导学方式，既可以运用多媒体技术构建教学情境，也可以适当"留白"，抛出问题，还可以"卖个关子"，给予学生充分的学习与想象空间，让他们带着兴趣展开自主阅读，从而更好地把握课堂目标、教学重点和教学方法。

例如，笔者在《秋天的怀念》的教学中，为了让学生能够更加直观具体地感受到作者的情感，在导入环节设计了"问题＋情境"的教学方式，首先利用多媒体课件补充了史铁生坎坷一生的介绍，随即抛出问题：①作者在文中怀念的是谁？②作者又为何要怀念这个人？随着问题的抛出，加上史铁生不平凡而又坚毅的经历，已然调动了学生学习这篇课文的热情及兴趣。在此基础上，笔者运用了优秀的朗读视频，进一步创设情境，在朗读者娓娓道来而又充满情感的朗读中，学生通过声形结合的阅读感受，强烈地感悟到了史铁生在平静的叙述中对母亲逝世的悔恨与悲痛的心情，增强了后续教学中对文章主旨、创作意图的深入理解。

（二）营造生态，打通"教"与"学"的链路

教学的过程，本质上是学生建构知识体系的过程。课堂教学，其实质是"教"与"学"的联系和互动。追求高效教学，必须营造"以学为基"的良好生态，实现"教"与"学"的高度协调、高度一致，打通"教"与"学"的链路，构建合作共享的教学生态。

首先，要搭建倾听的"桥梁"。传统教学中，教师讲得多、听得少，对于学生的所思、所想、所惑，知之不深，对学生的心声掌握不够。在"以学为基"的教学中，教师要将倾听作为教学重点，允许学生说话、提问，充分了解他们的心声，体会他们思考的过程。

其次，要构建交流的"生态"。课堂上要引导学生之间进行交流探讨，重视培养学生小组学习、交流学习的能力。在课堂上，可以让学生先进行分组讨论，然后每个小组归纳意见，并安排一名代表分享观点，在相互倾听中深化对教学内容的理解和把握，启发新的思路。同时，教师还可以围绕教学主题设置辩论话题，将学生分为正反两个阵营展开辩论，让大家在"唇枪舌剑"中提高理解、思考与表达能力。

第三，要提供培养思考的"土壤"。在教学过程中，教师由重讲转向重想、重引导。教师在教学中不要急于向学生讲解文章主旨、写作目的等，而要放手让学生思考、质疑，让他们自主地深入课文，挖掘文字背后的内涵、主旨、寓意等。在教学中，教师应当善于"留白"，帮助学生搭建从文字到思想的思维路径，让学生沿着作者的思维路径阅读文本、理解寓意、把握

主旨,让思考成为"以学为基"教学理念的主旋律。

在课文《金色花》的教学中,文中的"妈妈"在孩子不再调皮,又再次变回她的孩子后对他说"你这坏孩子",在这里面对学生的困惑和不理解,笔者没有急于阐释,而是给予学生充分的思考空间。围绕"坏孩子"这一文本内容设计教学,引导学生思考。

课堂中学生们结合自己与父母相处的经历展开讨论,认为妈妈所说的"坏",是指妈妈因孩子变成金色花找不到孩子心有担忧,因而说顽皮的孩子"坏"。同时,学生们还提出,孩子变成金色花的出发点是爱母亲,并且顽皮的孩子最终回到了母亲身边。他们一致认为,这个"坏"是妈妈的嗔怪,是带着爱意的,并非普通意义的"坏",这一文本"歧义"也就迎刃而解了。

第四,要营造互动的"气候"。由传统课堂的师生单向互动,向师生双向互动、生生多边互动转变。通过构建良性互动,让全体学生的学习积极性迸发出来,深化主动学习、协同学习的效果,在多边互动中激活课堂教学"一池春水"。

(三)实施精准评价,扩大"学"的效应

在"以学为基"的教学理念中,教学评价将会作为重要环节突出。通过实施精准、多元、及时的教学评价,从而实现对课堂教学效果的放大和倍增效应,进一步促进教学质效的提升。教学评价应当注重学习、学生这个中心,围绕"过程""结果""发展"三个环节,实施多元多维多样的教学评价。

从教学过程看,教师应当关注课堂表现、作业情况、课外拓展、单元训练等,围绕"过程"和"结果"两个维度实施评价,既要看努力程度、学习状态,又要看完成情况、质量标准,实施多维多样的教学评价。

从评价对象看,评价可以"看人下菜碟",采取"三把尺子量长短"。比如,笔者在课后作业环节,会根据学生情况作出阶梯形评价:对学优生提高评价标准,侧重于评价运用能力,让学优生向更高目标发展;对中等生重在巩固学习内容,侧重于评价教学内容掌握情况,让中等生厚植语文学习基础;对学困生重在重振学习信心,侧重于评价进步情况,激活学困生的内生动力,争取迎头赶上。

从评价方式看,改变教师评价的"一言堂"现象,鼓励学生自评,发动学生相互评价,并将评价主体向家庭、社会延伸,通过多主体的评价方式,进一步将学生的主体地位确立起来,多视角观察学生的教学内容掌握、理解能力和综合实践能力情况,不断提升评价的精准性和客观性,帮助学生更好地评估自身语文学习情况和核心素养发展状况。

五、结语

在"以学为基"教学理念下,集体教学和个别教学是有机衔接和相互融合的,并应当分阶

段、分环节做好落实：

在教学起始和总结环节。通常以集体教学为主、个别教学为辅，在揭示学习课题、确定学习目标、提示学习程序、交代学习方法、激发学习兴趣等方面应当面向全体学生，发挥集体教学的综合效应。

在具体的讲练环节。应当按照"以学为基"的要求，以个别教学为主，组织学生按照既定的学习方法、按照自己的需求进行深入学习。

在互动环节。通常将集体教学与个别教学结合起来，组织学生作分组练习、汇报交流，教师则进行总结、讲评、点拨、纠正，然后引导学生进行个别学习，不断深化教学效果。

"以学为基"的教学理念，主张通过教师具有适度、温度、精度的教学，激发学生内生动力，启发学生智慧，传授学习方法，帮助学生点亮语文学习之灯，让他们学习到教材背后和课堂以外的更多的丰富知识，在语文学习中化繁为简，高效成长。

参考文献

［1］中华人民共和国教育部.义务教育语文课程标准（2022年版）[M].北京：北京师范大学出版社，2022.

［2］刘献君.论"以学生为中心"[J].高等教育研究，2012(8)：1—6.

［3］顾泠沅，官芹芳.以学定教的课堂转型[J].上海教育，2011(7)：34—37.

［4］张玲.先学后教，以学定教，不教而学：以金色花为抓手的学案作业设计[J].新作文（教育教学研究），2011(13)：8.

［5］余文森.核心素养导向的课堂教学[M].上海：上海教育出版社，2017.

［6］李庆钧.基于"以学生为中心"理念的高校教学质量保障体系研究[J].扬州大学学报（高教研究版），2021，25(4)：1—7.

［7］深化新时代教育评价改革总体方案[EB/OL].(2020-10-13)[2021-10-01].https://www.gov.cn/zhengce/2020-10/13/content_5551032.htm.

［8］兰英.比较教学论[M].北京：人民教育出版社，2012.

立足英语课堂教学,培养学生的语言能力

俞文瑞

一、引言

《普通高中英语课程标准(2022版)》(以下简称"新课标")提出以内容和活动两个方面为抓手来培育学生英语学科核心素养。内容方面,要将之前分割的内容进行整合。之前分割的内容包含语言知识(语音、词汇、语法、功能、话题)、语言技能(听、说、读、写)、策略、文化、价值观。整合之后的内容是由六要素整合而成的,包含主题语境、语篇类型、语言知识、文化知识、语言技能、学习策略。

核心素养是学生需具备的关键能力和必备品格,如读写能力、信息技术能力、批判与创新思维能力、个人及社会交往能力、伦理道德、跨文化理解等。英语学科的核心素养包含语言能力、文化意识、思维品质和学习能力。语言能力是核心中的核心,因为对于初中生而言,它基本就是通过英语课程才能得到发展。曾经的"高分低能""哑巴英语"等奇怪的现象就是没有注重英语课程对学生语言能力的全面培养造成的结果。

新课标重新界定了英语课程的性质,提出了基于核心素养的课程理念,设置了基于核心素养的英语课程目标,笔者将从英语课堂教学说起,谈谈如何立足英语课堂教学,培养学生的语言能力。

二、什么是语言能力

新课标指出,语言能力指运用语言和非语言知识以及各种策略,参与特定情境下相关主题活动时表现出的语言理解和表达能力。语言能力的关键点是:参与特定情境下相关主题的语言活动,运用语言和非语言知识以及各种策略,理解和表达意义的能力。具备语言能力才能交际,那么交际包含哪些元素呢?"present, engage, write, listen, read, interact"(展示、参与、写作、倾听、阅读、互动),也就是说具备了语言能力可以参加以上各种交际活动,或者说不能参加以上交际活动时,即不完全具备语言能力。

三、英语课堂教学对学生语言能力培养的实施途径

（一）基于文本特点的课堂活动，丰富学生语言习得的体验感

语篇类型是英语教学内容的六要素之一。上海牛津英语教材提供了丰富的语篇，有对话型语篇、议论型语篇、说明型语篇、叙述型语篇等。教师如何用好语篇的多样性，丰富学生语言习得的体验感呢？笔者认为教师需要设计各种教学活动，用好语篇，助长学生的语言能力。

1. 陈述观点与例证的辩论活动

在议论文语篇的学习中，教师需要指导学生明确作者的观点，梳理论据和例证；同时指导学生阐述自己的观点，有逻辑地给出论据和例证。上海牛津英语教材 9AU3 Pets 单元的阅读语篇 Head to head 是关于养宠物的正反观点独立议论文语篇。在阅读教学之后，笔者设计了班级辩论赛的活动。在辩论赛之前，要求学生收集资料，画思维导图，思维导图是发展思维品质、丰富语言内容的有效工具；辩论赛中，学生需要陈述论据和例证；辩论赛后，要求全班画出两种观点的思维导图，为写作做好内容的准备。这一系列活动的设计，全方位地营造了培养学生语言能力的教学环境，让教学真正地服务于学生语言能力的培养。

2. 借助图表作说明性阐述

说明文语篇可以借助图表把重点清晰地展示出来。上海牛津英语教材上出现过"bar chart, pie chart, line graph, flow chart"等图表的使用介绍，在语篇阅读的过程中使用恰当的图表，能够清晰明了地显示需要说明的重点。上海牛津英语教材 8BU2 Water 的阅读文本 Water talk 是水滴与女孩的对话，对话中的重要内容是水滴讲述了自己的行程。笔者先指导学生画出水滴行程的 flow chart，明确水滴行程的阶段；然后要求学生找出每个阶段中水滴的动作；最后鼓励学生根据流程图，对水滴的行程作阐述和说明。图表的使用无疑给学生的语言训练提供了支架，帮助学生形成语言表达的逻辑框架，克服语言表达的恐惧感。

3. 分组阅读平行文本后的交流与检测

训练学生语言能力的活动，学生的参与度越高，训练的强度越强。这里的学生参与度指的是学生的自主阅读和学生间的互动为主的教学活动，教师参与很少或者不参与。上海牛津英语教材 9AU5 The human brain 的阅读语篇 Memory 包含 5 篇平行短文，对于短文的教学，教师可以采取灵活的方式。第三篇短文的主题是 the link method，第四篇短文的主题是 amazing stories about memory，笔者采用了把全班分成两个组的方式，要求同桌中一人阅读第三篇短文、另一人阅读第四篇短文，所有学生在阅读时必须通过自己的理解梳理短文中心以及熟悉短文使用的例证，但是学生不可以记笔记。在规定阅读时间结束后，同桌间相互介绍自己阅读的短文，听的一方可以适当地做些笔记。在分享时间结束后，笔者设计针对两篇

短文的问题,要求听的一方能够把答案写在纸上,以此来检测学生阅读、复述、理解、记忆及反馈的能力。这种活动设计中,教师并未提供给学生任何支架,对学生语言能力要求比较高。

(二)基于英语学习活动观的教学设计,搭建语言习得的合理梯度

英语学习活动观是教师交际过程中的中心内容,在主题意义引领下,以语篇为依托,通过学习理解、应用实践、迁移创新等一系列融合语言、思维、文化为一体的主题探究活动,帮助学生运用听、说、读、写、看等语言技能和多种学习策略,获取文化知识、理解文化内涵、比较文化异同,并在这一过程中整合性地学习语言知识,发展语言技能,提升逻辑思维、批判思维和创新思维,汲取文化精华,涵养内在精神,指向知行合一,落实英语学科核心素养并实现立德育人的教育目标。

英语学习活动观将英语课堂活动分为三类:学习理解类活动、应用实践类活动和迁移创新类活动。三类活动强调体验和实践,强调"学用结合"和"为解决问题而教",体现了英语语言能力习得的梯度设计。笔者将以上海牛津英语教材 8BU6 France is calling 的阅读教学为例,谈谈如何根据英语学习活动观设计教学活动,锻炼学生的相应语言能力。

1. 学习理解类活动帮助学生建构语篇知识

笔者把课文按地理位置分成法国北部、中部、南部,设计了带领学生游览三个地方的情境,对法国北部和中部的内容设计了阅读后填表的活动,对法国南部的内容设计了阅读后归纳的活动,最后让学生总结概括三个地方各自的特点。学生通过阅读,对文本内容作梳理和归纳,复述文本内容,从而完成文本信息的获取。在以上活动中,学生阅读和复述的能力得到锻炼。

2. 应用实践类活动训练的是学生能深入语篇转化的能力

笔者设计了如下情境,假设你是一名导游,有三位游客来法国旅游,第一位游客对文化和艺术感兴趣,第二位游客对历史感兴趣,第三位游客对自然风光感兴趣,请挑选一位游客并向他介绍法国相关的旅游景点。学生通过分析法国的旅游特色,将其内化成自己的知识,并运用于解决问题的实践中。在这个活动中,提供给学生一个较为真实的情境,学生需要确定旅游主题、梳理内容、组织语言并进行介绍,凸显了把文本知识运用于实际,解决问题的能力。

3. 迁移创新类活动指的是超越语篇,形成素养的活动

笔者设计了"A two-day visit in Shanghai"的旅行社线路评比活动,要求学生设计一张上海两日游的海报,学生需要确定旅游主题(如历史人文、观光娱乐、购物美食等)、挑选旅游目的地、制定旅游线路并设计交通方案;以小组为单位在全班做 presentation,介绍自己组的方案并阐述方案设计的理由,其他各组则根据评价量规挑选最佳方案。在本次活动中,学生

运用推理论证、批判评价、想象与创造等高阶思维,展示了综合语言能力的运用。

(三)基于大单元主题的项目化学习,打造语言能力提升的立体空间

项目化学习指学生是否经过真实的探究,经历专家性质的学科实践,是否产生新的学习和理解。它的典型特征是学生根据探究性问题去计划、构建、测试、改进和呈现的过程。项目化学习为学生语言能力的培养提供了更高、更宽的平台,充分调动学生的自主学习、合作学习、探究与创造的积极性,学生可以接触更多的真实信息和语言素材,并呈现出个性化的具有创造力的作品。

笔者借上海牛津英语教材 8BU4 School newspaper 的项目化学习为例,谈谈项目化学习对学生语言能力培养的帮助。

1. 项目价值

《义务教育英语课程标准(2022年版)》指出,英语课程应成为学生在教师指导下构建知识、发展技能、拓展视野、发展思维、展现个性的过程。鼓励学生在教师指导下,通过体验、实践、参与、探究和合作等方式,发现语言规律,逐步掌握语言知识和技能,不断调整情感和态度,形成有效的学习策略,发展自主学习能力。通过此项目的设计与实施,对学生的学科素养进行全面的培养和提升,如:

(1)通过小组组合和讨论的形式,培养学生团队合作能力。

(2)通过确定报纸的各个细节,培养学生的创新能力和思维品质。

(3)通过对文章的撰稿,培养学生的英语语言能力,尤其是写的能力。

(4)通过对人物的专访,培养学生的沟通交际能力和听说能力。

(5)通过对文章的相互修改和批注,培养学生批判性思维的能力。

(6)通过对排版软件的搜索、使用整理说明和电子排版,培养学生信息技术的运用能力。

2. 项目目标

(1)基于单元学习后,对制作报纸所需的基本知识及流程有一定的了解,如报纸的名称、报纸的板块数量及主题如何做到与报纸名称有一定关联度,各板块文章如何设计与搜集等。

(2)对语言能力的锻炼和提升,如:写的能力,包括修改能力;读的能力,在搜集文章时能辨识和读懂;听说的能力,在做人物访问时所需的交流能力。

(3)信息技术的运用能力,如排版软件的搜索和使用说明的整理,运用排版软件完成报纸的排版。

(4)通过小组合作,提升合作能力、创新能力和批判性思维能力。

3. 框架问题

本质问题:学校需成立英语校本编委会,为初中学生设计一份英语校报,体现校园文化

和中学生关心的话题,从而丰富中学生生活,提升英语能力。

驱动性问题:如何以6—7人的小组为单位成立一个报纸编委会,设计并制作出一份适合中学生阅读,并体现热门话题,大部分文章能原创的英文报纸。

内容问题(问题链):

问题1:如何在首次小组讨论中确定报纸的相关问题?

问题2:如何在二次小组讨论中确定报纸的板块主题及相应的撰稿主题?

问题3:如何开展采访、撰稿,包括亲自撰稿或参考修改已有的文章?

问题4:如何作相互修改和批注?

问题5:如何选择排版软件?

问题6:如何用排版软件编排出报纸成稿?

问题7:如何用PPT介绍自己报纸的亮点?

4. 项目成果

最终学生排版完成的报纸如图1—图6所示。

图1

图2

图3

图4

图5

图6

四、结语

由于英语课堂肩负着培养学生英语语言能力的重任,用好英语课堂,给学生沉浸式的英语语言环境是至关重要的。所谓沉浸式,笔者认为是相对设计完整的,能够让学生进行全方位参与语言学习的课堂教学环境。新课标要求教师把握单元主题,熟悉教学内容,尤其是课时之间的内在联系,从而开展基于大单元整体教学前提下的有效教学。基于单元解读的备课,教师应充分熟悉教学内容,储备与主题相关的知识,最重要的是设计能够体现单元教学逻辑性的课堂活动,从而将单元教学内容用好、用足,让课堂教学促进学生语言能力的发展。

英语语言能力的培养是"润物细无声"的漫长过程,课前做好充分的活动设计,课中能够有效组织和调整活动进程,课后及时评估,反思收获和问题。这样,英语课堂教学才会生动、真实。因为真实,才会不断涌现生成性的成果;因为层出不穷的生成性的成果,才让英语课堂逐渐走向真实的语言交际。

参考文献

[1] 中华人民共和国教育部. 义务教育英语课程标准(2022年版)[M].北京:北京师范大学出版社,2022.

[2] 夏雪梅.项目化学习设计(学习素养视角下的国际与本土实践)/学习素养[M].北京:教育科学出版社,2018.

语篇教学与思维训练

郑双娜

在当前教育改革的大背景下,培养学生的综合素质和创新能力成为教育的核心目标。在英语教学领域,语篇教学作为一种重要的教学方法,旨在提高学生的阅读理解和语言运用能力。然而,单纯的语篇教学往往忽视了对学生思维能力的训练,课堂教学以词汇的学习和对文本内容的了解作为落脚点。考虑如何将语篇教学与思维训练相结合,是新课程标准对一线教师提出的要求,也是培养具有核心素养的未来一代的基本所在。本文以日常实践为例,探讨如何在语篇教学中有效融入思维训练,以提升学生的英语水平和思维能力。

一、何为语篇

"语篇"(text)是指一系列连续的话段或句子构成的语言整体。它可以是对话(dialogue)、独白(monologue)、众人交谈(conversation)的语言作品,也可以是众人写的文字作品,如小说、散文、游记、剧本、一些说明文、议论文等。在形式上,它可以是口头语言,也可以是书面语言。广义上它还包括图画、图表、符号、公式等;狭义上它专指语言本身,不包括图画、图表等表达形式。在语言学中,语篇是一个重要的概念,因为它不是语言的简单堆砌,而是具有连贯性、完整性和一致性的语言整体。它通常具有一个明确的主题或中心思想,并通过一系列的语言手段(如词汇、语法、修辞等)来传达这一思想。

语篇分析(text analysis)是语言学中的一个重要研究领域,旨在研究语篇的结构、功能、语言特点等方面。通过语篇分析,我们可以更深入地理解文本的含义、作者的意图以及文本与读者之间的交互关系。

在英语教学和实践中,语篇探究同样具有重要的意义。通过语篇探究,教师可以更深入地理解教材的内容和结构,从而设计出更有效的教学方法和策略。同时,学生也可以通过语篇探究来提高自己的阅读理解能力、批判性思维能力以及英语综合运用能力。

二、语篇教学与思维训练的实践

（一）创设情境，激发思维

上海牛津英语教材正处在更新替换的阶段，作为此教材二十几年的使用者，笔者确实会感觉到教材中部分内容的单薄，与学生目前的英语水平不相吻合。那么作为教材的使用者，如何利用教材所提供的语篇，做好能工巧匠，既活跃课堂又激发学生积极思维，投入课堂呢？

如图1，语篇是对规则的学习，目的在于让学生识别标志，并服务日常生活，通过 We must …句型的操练，强化学生的规则意识。但是因为语篇所提供的标志浅显易懂，学生能快速掌握文本内容。基于此，笔者利用上海牛津英语教材 6A 第47页文本中 Look and learn 环节中的两个词汇：lift、escalator，增设了一个情境："If you want to get to the top floor of a tall building, which one will you take, a lift or an escalator?"在学生作出回答后，继续追问："Why do you make such a choice?"之后又落实到笔者最终的问题上："What are the differences between a lift and an escalator?"这时候班级已经沸腾，学生急于表达自己的观点。以下是学生的部分表达：

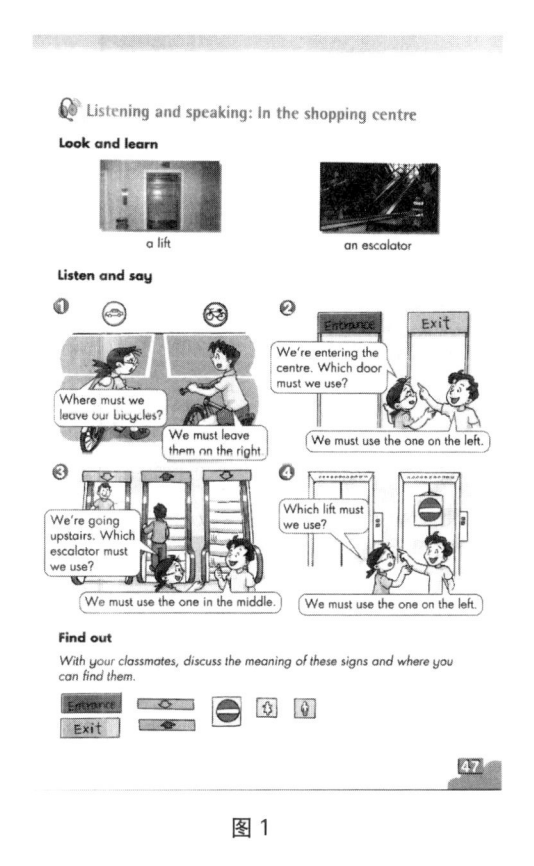

图1

An escalator is open, but a lift is closed.

An escalator leans 45 degrees, but a lift is 180 degrees up and down.

An escalator can take more people than a lift at a time.

If you want to take a lift, you need to press a button, but you needn't do that if you want to take an escalator.

A lift can take you to the floor you want to go to directly, but an escalator can't.

……

从学生的答案可以看出，笔者设置的这一问题是能激发学生的思维的。学生乐于探讨生活中的问题，积极思考，并从中获取思考的乐趣。

（二）适当质疑，培养批判性思维

教师可以通过引导学生对文章中的观点质疑、评估和分析，培养学生的批判性思维。这种思维方式能够使学生更加客观地看待问题，避免盲目接受信息。同时，批判性思维还有助于学生形成独立思考的能力，为其未来的学习和生活奠定坚实基础。上海牛津英语教材 9A 第 14 页是关于阿基米德和皇冠的故事，很多学生是读过这个故事的。笔者通过引导学生总结阿基米德解决皇冠是不是纯金打造的问题的过程：从基本原理入手，细化原理在实际问题中的应用，厘清密度与体积的关系，引导学生关注语篇结论 The crown was made of gold and silver 是否合理？能力稍强的学生马上有所反应："Actually we can get the conclusion that the crown was made of gold and some material whose density is lower than gold/ The crown is not completely made of gold."

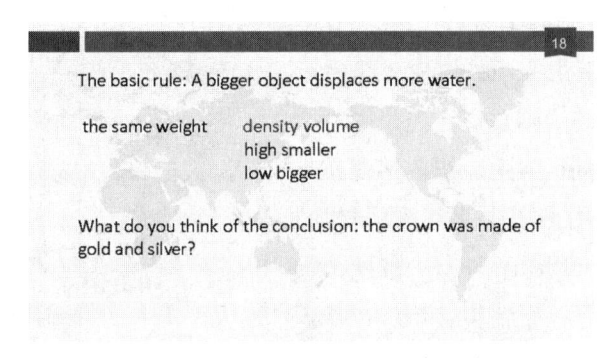

图 2

"尽信书不如无书"，鼓励学生在学习过程中积极思考，在接受知识的过程中主动思考，是教育的方向，学生将不再是被动的接受者或知识的容器。

（三）通过文本结构培养逻辑思维能力

图 3 是上海市牛津英语 6BM3U10 的语篇信息。

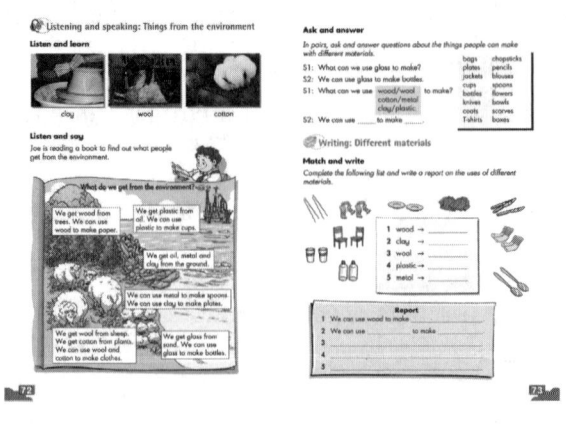

图 3

在做教学设计时,笔者参考了上海市统一的教学课件,发现课件只是对文本内容的一个赘述或者说只是把文本转化为句子和图片。此思路下,学习变得机械,语言学习变成了鹦鹉学舌。

笔者在研读了文本后,提取了 3 个基本元素:products(items)、materials、natural resources 和两大句型:①"S1:Where do we get … from? S2:We get … from …."②"S1:What can we use … to make? S2:We use … to make …?"

那么如何把提取到的信息传递给学生？笔者从对第一课时的复习引入,设计了一系列的问题链。

Q1：What is a forest?

Q2：What can animals and insects get from a forest?

Q3：What can people get from a forest?

Q4：What do people use wood to make?

Q5：What other materials do we use in our daily life?

Q6：What do we use … to make?

Q7：Where do we get … (a kind of material) from?

Q8：What is the common thing of these things(the third column)?

　　Do people make/produce them?

具体操作过程：

1. 从第 3 问引入本课时所涉及的材料词汇,利用"先富带动后富",利用问题 3 激发部分学生的潜在词汇,同时通过问题 4 和 6 的追问,帮助学生理解具体材料词汇的意思,在脑中形成图片概念;

2. 通过找寻第二栏的共同点,提炼词语 material,为第三课时埋下伏笔;

3. 通过找寻第一栏的共同点,提炼词语 items/products,为第三课时埋下伏笔;

4. 通过句型操练,让学生清楚材料与物品之间的逻辑关系：

S1：What can we use … to make?

S2：We use … to make …?

5. 通过问题 7 追溯所列材料的来源,得出第三栏的内容;

6. 通过问题 8 得出第三栏所列东西的共同点："They are/exist in the nature, so they are natural resources";

7. 通过句型操练,让学生清楚原料来源：

S1：Where do we get … from?

S2：We get … from ….

8. 最后鼓励学生形成结论："We get … from …. We use … to make …."

图 4

设计意图：帮助学生建立有效文本阅读的意识，从细碎化文本中提取文本主题，找到内容之间的逻辑关系，对于所接触的内容有整体的理解，而不是单个的信息点。

（四）利用语境培养推理能力

语境是语言学习的重要组成部分，也是培养学生推理能力的重要途径。在语篇教学中，教师可以利用文本中的语境信息，设计推理任务，让学生根据语境信息推断出文本中未明确表达的信息。例如，教师可以让学生通过上下文推测某个生词的含义，或者根据文章中的线索推断出故事的发展。以下是笔者选取的一篇课外阅读：

One afternoon, after finishing my homework, I was going to call my friend when my mother shouted from the kitchen, "Ran, it's Friday. You need to practice the piano."

I shouted back angrily, "I practiced for over an hour yesterday. Why do it again today?" I went back to my room and sat at the piano sadly.

The next day, the teacher said that I played the piano much better than before. However, I kept thinking, "What's so great about playing the piano well?"

Another day, I was doing my homework when the phone rang. It was from Jeolle. She asked me if I could go to her birthday party on Saturday. I asked my parents, "Mom and Dad, can I go to Jeolle's birthday party on Saturday?" My father said, "Saturday? Don't you have Math and piano classes on Saturday?"

"Dad, Jeolle is my best friend at school. I just want to go."

My mother raised her voice, "Ran, ___4___ ." I was surprised and tears filled my eyes.

Should my life be only playing the piano, doing homework and having classes? What about my friends? Things that look very "good" to parents may not be good for me at all.

这是一篇很有意思的语篇，贴近学生的生活，也符合学生的心理，其中有第 4 小问设计如下："What do you think Ran's mother possibly said?"这一小题，学生的错误率非常高。

在讲解的过程中,先让学生猜测来自他们的比较典型的答案。

问题一:"Guess what answers most of you gave?"学生给出的答案是:"You must go to the violin and maths lessons. /You can't go to the birthday party."回答到这个点上,说明学生对于文章的大意是基本了解的。那么此处如何引导学生再作进一步的思考?

问题二:再思考,你们的答案未能体现文中的哪个单词?此时有学生小声回答:"surprised."

问题三:"What surprised Ran?"回答:"Mum's words."

问题四:"Can the words from you surprise Ran?"

到这一步,学生已经基本明白如何补全妈妈的话了,至少要表达"课优先于朋友",这是一种价值观的冲突,所以才会有感到吃惊的表现。

在语篇教学中,教师应注重选取具有代表性和启发性的文章,以便更好地激发学生的思维兴趣。同时,文章的难度应适中,既要符合学生的英语水平,又要具有一定的挑战性。通过课堂互动,教师可以及时了解学生的思维状况,有针对性地进行思维训练。

三、实践结论

将语篇教学与思维训练相结合,是一种有效的英语教学方法。通过引导学生对文本作深入思考和讨论,可以提高学生的阅读理解和语言运用能力;通过培养学生的推理能力、逻辑思维能力和批判性思维能力,可以提升学生的综合素质和创新能力。因此,在英语教学中,我们应该注重语篇教学与思维训练的融合,为学生的全面发展打下坚实的基础。

学科核心素养导向下小学英语单元作业初探

陈昀娟

《义务教育英语课程标准(2022年版)》(以下简称"新课标")增加了课程内容和学业质量,着重阐述了核心素养的4个维度:语言能力、文化意识、思维品质和学习能力。这些维度旨在提升学生的综合语言应用水平。

在小学阶段,作业不仅是课堂教学的重要补充,而且它的设计和实施对于巩固课堂所学内容和深化学生的英语核心素养至关重要。通过单元作业的设计,教师可以有系统地融合教学目标,从而更全面地提升学生的语言技能和综合认知能力。

一、小学英语单元作业的实施背景及内涵

(一)小学英语单元作业的实施背景

1. 新课标对作业方面的要求

新课标强调作业的设计应与课程目标紧密结合,通过实施项目作业和探究任务等实践活动,不仅要巩固学生的语言知识,还要提升他们的语言实际运用能力。此外,作业应促进学生在语言能力、文化意识、思维品质及学习能力等多维度上的成长,确保学生能全面发展。

2. 小学英语作业的现状与挑战

小学英语作业在实施中面临多项挑战,这些挑战主要源自作业内容和评价方法的局限性。一是作业内容固化。当前大多数作业仍依赖于传统的书面练习,如填空和选择题,缺乏创新,难以满足新课标对学生创造性思维和实际应用能力的培养需求。二是作业评价方式简单。传统上的作业评价主要侧重于答案的正确与否,忽略了对学生学习过程、策略使用和问题解决能力的评估。

(二)小学英语单元作业的内涵阐释

小学英语单元作业的设计不仅关注课堂知识的巩固,更重视学生综合语言应用能力的提升。有效的作业设计将课堂学习与现实生活相连,运用具体的语言使用场景来加强学生对语言知识的理解和应用。作业内容应以单元话题为核心,以生活实际为背景,并通过一系

列任务来实施,使学生在完成各课时作业的过程中不仅巩固语言技能,而且深化对语言文化内涵的感知,从而体现教学的完整性和系统性。

二、小学英语单元作业的设计与实施

（一）基于单元整体,设计结构化作业

英语作业需在单元视角的整体规划下,将学科的核心观念与实际教学环境相结合,通过系统化的作业设计,促进学生核心素养的融合发展。以 5BM3U2 Weather 为例。

1. 对接单元主题,明确整体教学目标

在设计单元作业时,需明确整体教学目标与单元核心主题的一致性,再基于单元语言能力要求和对学情的预判设计多个分项作业或子问题。例如,在 5BM3U2 中,其中一个单元目标是使学生能在语境中理解、朗读与运用描述天气类的词汇。通过设定这一目标,作业设计应包括多种形式的语言实践活动,如创建天气日记,以确保学生能够在实际语境中运用所学词汇,从而深化理解和能力运用。

2. 融合学科大观念,提升教育价值

将学科的大观念同语言运用与文化理解相结合至关重要。这种融合不仅促进了语言技能的发展,而且强化了学生的文化意识和社会责任感。5BM3U2 的作业设计通过实际活动让学生探索与他们日常生活密切相关的主题,通过整合语言技能的发展与文化内容的理解,作业设计不仅包括语言实践,还涵盖了感受不同天气情况对人类生活所带来的影响,从而利于学生树立环保意识。

3. 连接实际生活,有效创设情境

连接单元内容与学生的实际生活是确保作业实用性和相关性的有效策略。在 5BM3U2 中,作业设计考虑到学生的日常生活经验,通过观察和记录周围环境的变化,来完成相关的英语表达任务。这种设计不仅提高了作业的实际应用价值,还使学生增强了对自己社区环境的了解和关心,如学生通过设计新的社区安全标志,不仅复习巩固 5BM3U1 Signs,还直接参与到提升本地居住环境的实际行动中

表1　5BM3U2 Weather 单元作业方案与要求框架表

单元名称	5BM3U2 Weather
单元作业目标	能合理问答不同日期的天气情况与温度情况,感受天气的多变以及合理的出与活动,复习标志的类别和含义,通过实际应用这些词汇来提高语言能力
作业情境	在未来3周中,你将和你的小组成员一起成为环境探索者,深入我们周边生活,探索、记录并分析我们周边的自然环境。这个"环境使者"项目会让你小组合作,通过实地考察、调研和创意表达,来提升你们的英语实际运用能力和团队协作精神

(续表)

核心作业	以"环境使者"为主题,完成探索工作
作品呈现	小组合作,观察记录天气变化,研究公共标志应用,最后形成综合展示项目,包括口头报告和小报展示

阶段作业	对应阶段作业要求
1. 天气与环境观察:小组成员将连续一周记录本地的天气情况,并观察天气变化对周围环境的影响	1. 记录近一周的天气状况,包括温度、风力、降水等。描述并分析这些天气条件如何影响社区环境。制作天气日记,包括照片、文字记录
2. 社区安全标志设计:基于对社区中现有公共标志的调研,设计一系列创新的安全标志,旨在增强公共安全和环保意识	2. 识别并记录社区内缺失但必要的安全标志,设计至少一种新的安全标志(如:交通安全、环保提示、公共卫生),准备一次展示
3. 环境保护项目实施:小组需设计并实施一个环境保护项目,如社区绿化、废物分类或水资源保护	3. 项目微报告:基于社区环境需求(如垃圾问题、水体污染)总结,并进行展示

(二) 基于学习需求,提供学习支架

1. 趣味设计基础型作业

传统的基础型作业,如抄写和背诵,往往缺乏吸引力且不适应所有学生的学习需求。为了增加这类作业的趣味性和互动性,在5BM3U1中,将单词抄写任务转变为更具挑战性的"Write and Number"(图1)活动。学生需要根据公园地图上的标志来分类,然后把正确的单词填写在相应的位置,从而实践和巩固对公共标志英文名称的理解。这种形式的作业不仅提高了学生的注意力和词汇记忆能力,还提升了学生的空间认知技能和对公共空间功能的理解。

Write and number

作业要求:请仔细观察公园地图下面的标志,并在横线上写出标志的含义,然后把标志对应的数字填入公园地图中相应位置的圆圈内。

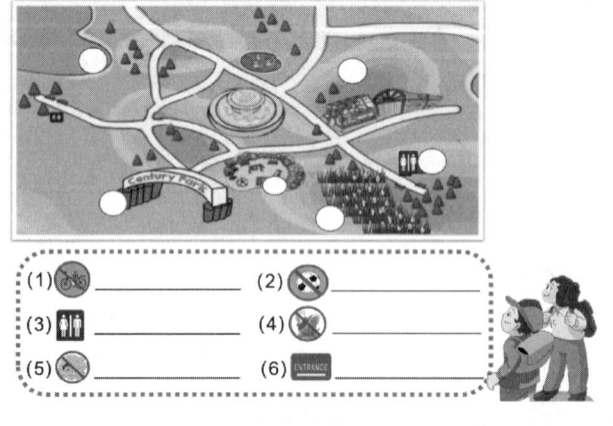

图1 5BM3U1 基础型作业 Write and number

2. 综合设计总结型作业

总结型作业是小学英语教学中一种重要的作业设计方式,旨在检测学生对知识、技能的掌握程度。上接 5BM3U1 的基础型作业,笔者设计了总结型作业 Think and say(图 2),学生不仅要观察并选择标志作介绍,而且需要归纳总结出这些标志所代表的深层含义以及它们在公共环境中的作用。在这一过程中,学生的语音语调准确性也同样重要,这要求学生在归纳总结的同时,还要关注自己的发音和语调,以确保信息的正确传达。通过此类作业,学生的语言运用能力和思维品质得到有效提升,同时也为未来的学习奠定了坚实基础。

Think and say

作业要求:请仔细观察公园里的标志,并选择其中两个进行介绍,要求语音语调正确。完成后记得在自评表内圈出星星,给自己一个评价。

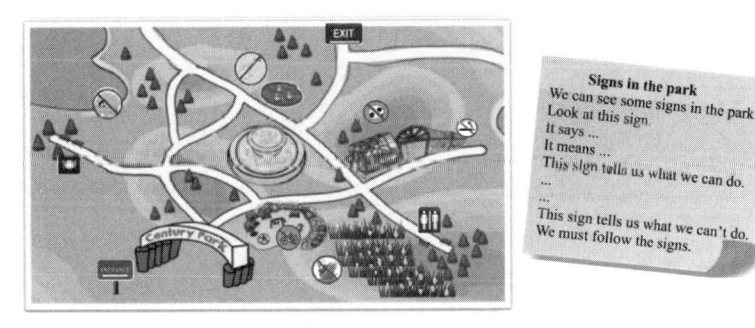

图 2　5BM3U1 总结型作业 Think and say

3. 创新设计实践型作业

实践型作业旨在培育学生的跨文化沟通能力及实际语言应用技巧。在 5BM3U2 中,笔者设计的作业着重于将学习内容与学生的生活经验相结合,以提升作业的实践性和应用性:表 1 阶段作业 2 社区安全标志设计。学生不仅通过课堂学习掌握必要的英语词汇,而且还通过调研、设计和展示新的安全标志来深化这些知识点。实践型作业有助于深化学生对英语的学习与社区责任意识,学生将课堂知识转化为实际行动,促进了英语技能的实际应用并强化了公民意识。这种策略不仅丰富了学习体验,还确保了教学活动的工具性和人文价值,有效提升了学生的核心素养。

三、反思与展望

(一)单元作业实施要点

1. 合作互动,促进深度学习

在单元作业实施的过程中,合作互动显得尤为关键。以 1BM4 project3 Weather and seasons 为例,教师安排的合作互动作业是一个典型的应用实例。学生自由组队(3—5 人)围绕"Four Seasons"主题共同完成手抄报。在此过程中,教师通过提问(如"What season do you like? How is the weather? What do you need?")来激发学生的讨论与思考。学生通常会分享他们偏爱的季节,描述对应的天气特征,并探讨可能穿的服装。这种深度的互动不仅增强了学生之间的交流,还促进了他们的综合思考能力。讨论结束后,教师引导学生讨论分工,如谁负责绘图,谁负责展示等。通过这样的合作互动,学生在实践中学习和成长,体验学习的乐趣。

2. 分享成果,提升学习能力

在当前教育环境下,提升学生的学习能力显得尤为重要。特别是在学科核心素养的培养中,以 4AM1U1 Meeting new people 为例,笔者设计了"Describe a friend"实践活动。在这一活动中,学生需设计思维导图,详尽描述朋友的多个方面,例如兴趣爱好和性格特征。这一过程不仅加强了他们对词汇和句型的综合运用能力,也提升了他们的语言整合能力。另外,成果展示环节还要求学生作口头汇报。通过这样的活动,学生不仅提升了实际语言应用的能力,还加深了对友谊的理解和表达,这对于培养他们的学习能力和适应未来社会的各种能力都是极为重要的。

3. 基于预设,提供评价量表

基于预设成果提供详细的评价量表是学科单元作业的关键步骤之一。这种评价方式不仅应与课程标准相符,还要符合英语学科核心素养的要求,包括语言能力、文化意识、思维品质和学习能力的全面发展。评价贯穿于教与学的全过程,支持教师和学生在每一个教学节点上作出适时的调整和反馈,实现教学内容与评价标准的有效对接,从而更精确地指导学生的学习,提升他们的综合语言应用水平。

(二) 未来发展的展望

1. 向个性化和差异化的发展

未来的作业设计将更加注重学生的个体差异,逐步减少"一刀切"的作业布置,向更加个性化和差异化的方向发展。这种转变旨在适应每个学生独特的学习需求和速度,从而优化学习效果和学生的整体教育经验。

2. 向技术整合与创新教学发展

随着信息技术的飞速发展,数字化作业系统可能将成为主流。教师预计将利用更多基于项目的学习方法,如通过社交媒体等新平台,来促进学生的创造性思维和批判性思维能力的提高,真正达到提升学生核心素养的目标。

四、结束语

总而言之,在学科核心素养的视角下,小学英语教师应充分认识到作业设计在教学过程及学生发展中的核心作用。本文探讨了小学英语单元作业设计的方法与实践,通过对不同类型作业的综合应用,不只增强了学生们的语言应用技能,同时也有助于提升其解决问题的能力。面对未来,教师需要不断创新作业设计,适应教育政策的变化,通过优化作业的质量和提高教学的效率,更好地迎合学生的学习需求,确保每个学生都能够在轻松愉快的环境中学习英语,享受学习的乐趣。

参考文献

[1] 游艳.基于学习活动观的英语书面表达教学[J].课程教材教学研究(教育研究),2023(增刊2):38—42.

[2] 义务教育英语课程标准(2022年版)[M].北京:北京师范大学出版社,2022.

核心素养下教育戏剧在心理课的应用

——以初中亲子关系心理课"我想更懂你"为例

陈 旭

　　核心素养的培育是当前教育改革的重要指向。如何以核心素养培育为导向开展心理辅导活动课,是每位心理教师都应该思考和探索的问题。本文以笔者荣获上海市第九届心理健康教育活动课大赛一等奖的亲子关系心理课"我想更懂你"为例,探讨在核心素养取向下,教育戏剧在心理课中实践应用的过程和有效性思考。作为一种从身体—认知—情感—元认知的整合实践,教育戏剧的方法让学生在具身体验中达到学习目标,从感受中领略意蕴,从相互交流中发现可能性、创造新意义,契合核心素养的培育路径,提升了心理课的育人实效。

一、素养导向,寓教于戏

(一) 基于核心素养的心理健康教学

　　目前,中小学心理健康课程标准尚未制定。虽然心理核心素养这一研究领域已有研究者涉足,但对其概念界定和构成要素尚未形成统一的结论。

　　我国《中小学心理健康教育指导纲要(2012年修订)》(以下简称《纲要》)中指出,心理健康教育的总目标是提高全体学生的心理素质,培养他们积极乐观、健康向上的心理品质,充分开发他们的心理潜能,促进学生身心和谐可持续发展,为他们健康成长和幸福生活奠定基础。这与《中国学生发展核心素养》中提及的"健康生活"不谋而合。

　　同时,有学者指出,以核心素养为核心的课堂实践,强调学生的主体性和教师的引导作用,关注学习行为发生的多元主体性及相互作用。基于核心素养的学习观中也指出,学生学习的过程需要认知、情感、身体和大脑形成合力,才能产生更有效的学习。这与心理课的宗旨也是相契合的。心理课是以活动为中介,在营造平等、安全氛围的前提下,带动学生自然真诚地投入,产生情感内化,激发学生个人成长的动机和行为,培养良好的心理品质,解决成长中的困惑,从而实现助人、自助的目标。由此可知,核心素养倡导的教学方式和心理课的教学方式十分契合,都强调以学生为主体,以实践为中心。

　　因此,在心理课堂教学中培育核心素养,应将心理健康教育任务情境化、问题化,创设一个解决现实生活中实际问题的安全讨论空间和练习场,而创设的空间和情境与学生的生活经验与成长困惑的适切性,以及是否引起学生真切的感受和体验并促进学生的健康成长,是心理健康教育课堂教学能否带给学生核心素养真实发展的关键。

(二)核心素养下教育戏剧应用于心理课的意义与价值

北京师范大学应用戏剧与表达性艺术教育研究中心主任马利文在《教育戏剧的理论与实践》一文中指出:"教育戏剧是指以戏剧或剧场的技巧为方法来从事教育、教学。它不以表演为目的,而是借用戏剧途径推进人的社会学习,对人的认知发展、情绪、个性、社会性的发展发挥积极的促进作用。"也就是说,教育戏剧不是要学生去学习演戏,不是给学生刻板粗暴地灌输知识或技能,而是将学生带入一个创设的情景中,有意识地利用戏剧元素去引导学生发掘并学会运用他们已有的知识。

前文已经提到,核心素养下的心理课堂应创设一个安全的空间和情境来促成某种真实感受的发生,从而引起情感内化后的行为改变,继而消解困惑。而教育戏剧往往可以创设一个绝佳的安全空间,学生可以作为课堂的主体,在教育戏剧中反思和觉察他们内在的意识,从而在具身体验中,强化感悟,促进对实际问题和解决方法的内化,在角色、台词、肢体等多种符号的互动中逐渐习得良性的社会互动,从而获得个人成长、改善心理健康状况、促进同理和共情等。而这些结果无需刻意追寻,仅仅在聚焦于过程时就自然而然地达成了。

二、走进课例,分析实效

(一)初中亲子关系心理课"我想更懂你"教学过程

1. 问题导入:冲突调查

(1)猜一猜:标题中的"你"指的是谁?

(2)听一听:小安的故事

"小安越来越觉得爸爸、妈妈太烦了!在饭桌上常常问东问西,从发型到朋友,样样都要过问,还美其名曰'关心'。今天又因为这些,小安和爸爸妈妈起了口角,小安感觉家不再像以前那么温馨了。"(上海教育出版社《初中生心理健康自助手册》原案例)

(3)说一说:回忆并举牌分析自己最近的亲子冲突次数,教师邀请几名同学"吐槽"自己和父母的冲突事件,并用板书记录。

设计意图:对学生的亲子冲突情况进行前测并具体分享亲子冲突事件,帮助学生联结自己与父母互动产生冲突时的感受,引发对亲子关系的辅导议题;通过社会计量,让学生彼此之间看见,建立团体安全感。

2. 情境建立:演绎冲突

(1) 小组排练:两人一组,一人扮演孩子,一人扮演父亲/母亲,用"定格肢体动作+一句台词"的方式,演一演冲突情境。

(2) 上台展示:邀请两组同学上台演绎并分享角色的想法和感受。台词演绎完后,请他们继续保持动作,教师分别提问故事中的两个角色,让他们说出此时的想法和感受。

教师提问孩子的扮演者:小安,你此刻的想法和感受是什么?

生(小安):我觉得爸爸妈妈一点自由的空间都不给我。

师:(帮助小安说出感受)感受得到你现在的愤怒和烦躁。

教师提问父母的扮演者:小安的爸爸/妈妈,你此刻的想法和感受是什么?

生(父/母):我此刻生气又无奈,连关心的话也不让人说了,也不知道怎么和小安沟通。

(3) 教师过渡:这定格雕塑附近笼罩着很强的低气压呢。我受不了了,我要赶紧把我的热椅介绍给大家了。

设计意图:通过定格的角色扮演,学生进入戏剧情境,了解亲子冲突情境中双方的想法和感受。

3. 热椅挑战:建立理解

(1) 父母版戏剧游戏"热椅挑战"。

(2) 孩子版戏剧游戏"热椅挑战"。

规则介绍(以父母版为例):请一组同学共同扮演"父母"的角色,一人上台坐在舞台中央的椅子上,其余同学可以补充发言。邀请台下的学生不断地对他/她进行提问,探索角色背后的行为动机,比如他/她所持有的观点、态度还有观点和态度的来源。热椅上同学的回答不能令导演满意时或者热椅上的同学被问倒时,台下其他同学可以接替。教师也可以在合适时机入戏,激发学生从更多角度进行思考。

生(孩子):为什么你要对我的生活这样问东问西?独特的发型为什么有错?为什么你不能多给我一些信任?……

生(父/母):因为我想了解我的孩子的生活。因为我想让你把心思放在学习上。因为我担心……

设计意图:通过"热椅挑战"游戏,学生在思维碰撞中,在彼此的立场上作换位思考,说出彼此行为背后的动机和期待,体验在冲突情境下用心了解对方的观点和态度,增强对父母的理解和接纳,也增加对冲突本身的理解和接纳。

4. 4F反思:冲突化解

(1) 反思沉淀:回顾、思考和内化课堂中的感受和发现,完成学习单"我想对你说"的一封信的填空并课堂分享。

我想对你说

亲爱的_____：

见字如晤，展信舒颜。

今天我们心理课讨论的话题与你(们)有关，其中我印象最深刻的一个片段是_____。

这节课主题叫作"我想更懂你"。回顾这节课上的感受和发现，我好像更懂你(们)了，我发现原来你之前的做法/要求，是因为_____。

可能我现在还没有完全懂你，但我知道了两个人想法有差异是一件很正常的事情。我有时候也希望你能听一听我的心声：_____。

今后如果我们有冲突的话，我会_____，也希望你_____。

最后，我还想说_____。

爱你们的_____

（2）播放歌曲《我想更懂你》并用歌词总结："每次我想更懂你，我们却更有距离，是不是用错了言语也用错了表情。其实我想更懂你，不是为了抓紧你，我只是怕你会忘记，有人永远爱着你。"

设计意图：学习单的填空是依据4F反思法（facts、feelings、findings、future）设计的，学生回顾、思考和内化课堂中的感受和发现，将角色扮演中的体会与自己的生活实际相结合，让行动落地，迁移所得；用歌词总结课堂，再次引发感悟。

5. 课后作业

将信件与父母分享，邀请父母给自己写一封回信。

（二）课堂成效

1. 突出学生主体地位，结论自然生成

在整个备赛的过程中，虽然其间不停地重复上这一节课，但是每节课都给我不一样的感觉，每个有差异的个体和集体都会让我对这节课有新的感悟、新的惊喜。比起有的传统心理课，教师需要等待有一个"高手"说出那个正确回答，然后引入下个教学环节，教育戏剧更具备学科的开放性、对象的多元化和内容涵盖的丰富性等优势，让学生真正发挥课堂中的主体作用。教师在课堂中只需要做一名倾听者、一名合作者，尊重并鼓励学生的表达，并推动"剧场"顺势流动至终点。比起耳提面命地说要换位思考理解父母，这场挑战不乏优秀的"父母扮演者"，在将气氛推向一个个高潮的同时，让"孩子们"在良性情绪的流淌里被说服，放下对父母的情绪，重新审视彼此的冲突与矛盾。

2. 营造安全课堂氛围，放松表演和对话

巴西著名的教育哲学家弗莱雷说："教育应该具有对话性……没有了对话，就没有了交流，没有了交流，也就没有真正的教育。真正的教学只有师生在对话中学习，在学习中对话，才有可能发生；教学的精彩也只有在师生都能畅所欲言、精神自由的'对话场'中才有可能实现。"

在教育戏剧的心理课堂里，必不可缺的就是暖身的过程。在本次课例中，冲突调查环节"暖"出主题，且通过社会计量让学生意识到这是个共性的问题，无需担心说出来被评判或鄙视。情境演绎环节"暖"演员和观众的身体，通过具身体验让学生尝试代入角色和情境中，方便热椅环节时快速进入角色。而在前两个充满包容和开放的体验后，课堂的氛围已足够安全，接下来的亲子对话空间也足够"暖"了。

3. 全员参与，看见每一个个体

教育戏剧倡导全员参与，也尊重每一名学生的独特表达，这也是安全氛围的重要因素之一。有研究者发现，教育戏剧能够促使很多所谓的班级"边缘人"回归课堂中心。

在本节课例的热椅挑战环节，即使是平时纪律最令人头疼的班级，也没有一个学生在这个环节是游离在外的，每个个体都在教育戏剧的调动下，通过整个场域的畅所欲言，慢慢在角色扮演中，建立起对父母的理解。

三、目标融合，加强反思

核心素养、心理健康教育和教育戏剧指向的都是促进学生的全面发展。将教育戏剧有机融入心理健康教育课中，可以发挥"1+1>2"的功效，促进核心素养的培育，达成学生身与心的和谐统一。

但需要注意的是，切忌将教育戏剧和心理健康教育作范式的堆砌。教育戏剧活动如同任何一个教学方法一样，需要为教学目标服务。如果仅仅因为好玩而玩，不了解每个教育戏剧活动的意义和作用，也无法带来核心素养的真实发展。

参考文献

[1] 李煜晖，郑国民. 核心素养视域下的中小学课堂教学变革[J]. 教育研究，2018(2)：80—87.

[2] 赵倩. 核心素养下的学习观对于心理活动课的启示[J]. 中小学心理健康教育，2018(17)：24—26.

[3] 杨宝琰，贾钰桐，朱梅. 心理健康核心素养及其培育[J]. 中小学教材教学，2023(3)：4—9.

［4］马利文.运用教育戏剧促进学生心理健康发展[J].中国德育,2018(15):44—47.

［5］王晓,王乃弋.一个都不能少:教育戏剧促进课堂"边缘人"回到课堂中心[J].中小学心理健康教育,2020(1):58—61.

基于核心素养的初中心理健康教育课程单元教学实践
——以《我的自传》为例

杨晶晶

一、背景

（一）核心素养

核心素养这一概念的提出，本质上就是我国教育理念的变革。过去，教育关注的是知识，"哪些知识是要教给学生的""怎样教才能确保学生掌握这些知识"是教师在进行教学设计的主要考量。这种以知识为本的教育理念是以大工业社会为基础的，目的是为社会培养专门人才。进入21世纪，国家、社会对人才的需求不同了，教育也从强调教授知识转变成以育人为目标，强调以人为本，这与当前落实立德树人这一根本任务的要求是一致的。具体地，学科核心素养指学生学了本学科之后逐步形成的关键能力、必备品格与价值观念。当前，基于核心素养的教学实践已经在各学段、各学科中有了一定的研究基础。

（二）单元教学

以往的教学模式中，教师没有单元教学的概念和意识，更多以课时为单位，缺乏对教学内容的整体把握。而单元教学就是指向培育学生核心素养的一种教学策略。单元设计的起点是学生的认知，学习是知识的建构。建构主义学习设计的思路不是侧重于教师讲授的内容，而是思考学习的设计。简单地说，就是从"教案"走向"学案"。单元教学模式下，课堂的主体从教师转向学生，在遵循学生认知发展规律的同时，也有利于培养学生的学习自主性。当然，单元教学对教师的课程规划和实践能力无疑也提出了更高的要求。

（三）初中心理健康教育课程

《中小学心理健康教育指导纲要（2012年修订）》提出，心理健康教育的总目标是提高全体学生的心理素质，培养他们积极乐观、健康向上的心理品质，充分开发他们的心理潜能，促进学生身心和谐可持续发展，为他们健康成长和幸福生活奠定基础。纲要还提出心理健康教育课应以活动为主，要防止学科化的倾向。通过对纲要的解读，不难发现心理健康教育课程基于其学科特点,本身就弱化知识,更多强调学生核心素养的培育。

然而,心理健康教育课程的教学也有其实际的困境,有研究者就提出"三无""三难"与"三缺",即无课程标准、无统一教材、无教学参考用书,"选课难""备课难""评价难"以及缺乏整体性、系统性和延续性。就上海市初中心理健康教育课程建设而言,上海教育出版社已出版《初中生心理健康自助手册》及其配套的教学参考资料。但是,各校开设心理课程的年级、课时安排并不相同,学生的实际学情也有较大差异,加上学科自身特点,教师在授课过程中仍面临较大挑战。

基于上述背景,笔者基于本校学情,设计并完成了名为"我的自传"初中心理健康教育课程的单元教学实践,旨在提高学生悦纳自我的水平,培养积极的心理品质。

二、教学实践

(一)学情分析

埃里克森人格发展理论提出,青春期(12—18岁)主要发展任务是解决自我同一性的问题,也就是对自我的确认。基于这一理论,在初中心理健康教育课程中引导学生对自我作充分探索就是十分重要且必要的。本单元教学对象为预备年级学生。笔者日常观察及课前调查发现,这一年龄段学生对自我的认识主要有以下三种情况:第一种是自我评价过高,认为自己就是比别人好、比别人强,在人际交往中也会贬低对方,给他人带来不愉快感;第二种是自我评价过低,总是聚焦于自己的短处而看不到自己的长处,常常表现出自卑感;第三种就是对自我是迷茫的,从来没有思考过自己是怎样的一个人。

(二)教学目标

本单元教学目标是培养学生积极的心理品质,促进身心全面发展,共设计3个课时:

认识自我——提高探索自我的兴趣及意识;了解自我的3个层面,即生理我、心理我、社会我;初步了解自我优势,学会欣赏自我。

接纳自我——勇于正视自己的弱点,客观评价自我;发掘弱点背后的积极意义,用发展的眼光看待自己。

关爱自我——掌握"五感法"爱自己,在日常学习生活中学会用小行动来关爱自我;树立积极的自我概念,培养积极的心理品质。

(三)教学设计

以制作完成《我的自传》小册子作为任务驱动,贯穿整个单元教学。这一任务参考了刘玄佛老师在其公众号发布的"学会爱自己"一课中爱自己手册的设计(图1),笔者在此基础上作了改编。

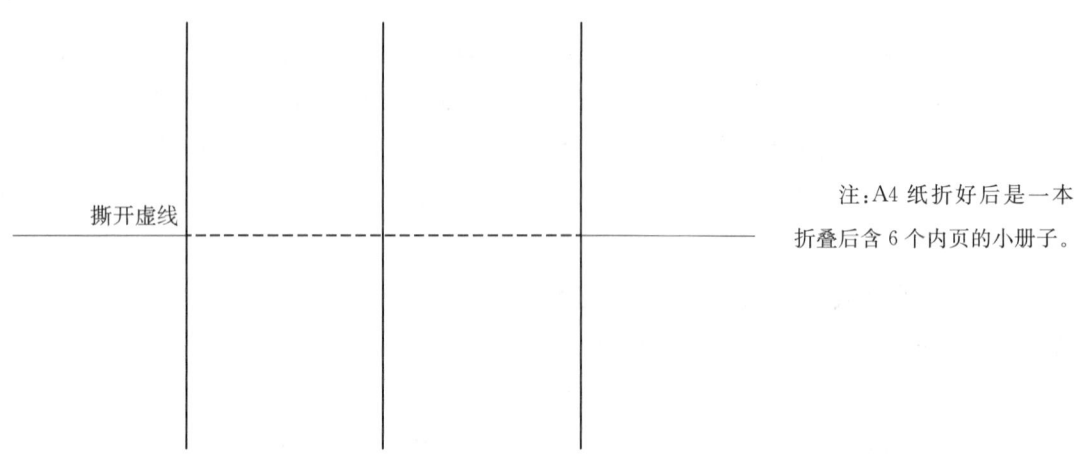

图 1　小册子制作示意图

注：A4 纸折好后是一本折叠后含 6 个内页的小册子。

具体的教学内容及过程,见表 1—3。

表 1　"独一无二的我"教学内容设计

环节/内容	学生活动	教师活动	设计意图
导入:哲学三连问	思考并回答"我是谁"为什么成为一个古今哲学问题	指出认识自我的重要性	引出主题
《我的自传》P2"独一无二的我"	在本页尽可能多地写下关于自己的基本信息;展示分享	提示学生:姓名、年龄、兴趣爱好、性格等;基于分享,介绍生理我、心理我和社会我	对自我进行初步探索;通过分享,加强对同班同学的认识;了解我的三个不同层面
《我的自传》P3"优势大检索"	在本页用词云图的形式展现我的优势,可以用不同频率、不同大小、不同颜色来代表不同优势;分享交流	介绍词云图的概念	激发学生的创造性;了解自我优势;在欣赏自我中获得积极体验
总结		教师小结	
作业:完成《我的自传》封面设计			

表 2　"我的一角"教学内容设计

环节/内容	学生活动	教师活动	设计意图
导入:失落的一角	思考故事中"角"的象征意义	利用课件讲述《失落的一角》故事	激发学生兴趣;引起对"角"的思考

(续表)

环节/内容	学生活动	教师活动	设计意图
《我的自传》P4 "我的一角"	在本页罗列自己缺失的角,即自己的缺点;对照小册子P2、P3,看看自己的优势与不足,哪个更多	现场调查,了解优势多于不足、不足多于优势、优势不足相当的三类学生数量	正视自己的不足,客观认识自我;初步评估学生自我评价情况,关注评价过低的学生
换个角度看"角"	思考并回答:缺点为什么成为了缺点?缺点在什么情况下可以转化成优点?举例说明;如何正确看待自己的缺点?	基于学生写的缺点,课堂上抛出问题供学生讨论;归纳总结	发掘缺点背后的积极意义;锻炼辩证思维,提升思维品质;用发展的眼光看待自己
总结		教师小结	
作业:完成《我的自传》封底设计			

表3 "当我开始爱自己"教学内容设计

环节/内容	学生活动	教师活动	设计意图
导入:学校校训	思考校训中"爱己 爱人 爱国"三个词的排序	提问:为什么爱己排在了最前面?	引出主题
爱自己小事账户	从学案纸上《爱自己五十件小事》中找到曾做过的爱自己的小事,存入爱自己账户中	提问:当看到自己的爱自己小事账户时,你发现了什么?	认识到爱自己可以从身边的小事做起
"五感法"爱自己	"五感法"吃葡萄干练习;交流感受	介绍"五感法";带领学生完成吃葡萄干练习	在实际体验中掌握"五感法"爱自己
《我的自传》P5 "能量补给站"	罗列日常生活中爱自己/给自己提供能量的小事;分享交流	邀请学生完成能量补给站	学会用实际行动关爱自己
《我的自传》P6"写给自己的三行情诗"	基于本单元的学习,在小册子最后一页给自己写三行情诗/留一段话	提供可参考模板:亲爱的自己,×××,我爱我	培养积极心理品质
总结		教师小结	
作业:完成《我的自传》P1序言部分,将制作完成的小册子分享给自己的朋友/父母/教师,并邀请他们给自己写一段话			

（四）教学效果及反思

完成单元教学后，笔者也设计了自我评价任务单，进一步了解学生的学习感悟与收获。"写自己的优点与缺点，这让我明白了我们要学会接纳自己、欣赏自己""做自我手册，对自己更了解""制作小册子，我做得十分认真，也给大家展示了，借此，我也结识了许多审美相同、兴趣相投的伙伴""用五感法吃葡萄干和平时吃感觉不一样，让我懂得细心观察生活""缺失的一角给我的启发是学会接受，在'负伤中幸福'"……不难看出，此次教学实践效果还是不错的。相较于单课时的自我探索课程，单元教学在内容上更完整、更深入，逻辑上更清晰，学生的自主性学习、真实性学习也得以落实，真正成为"以学生为本"的课堂。

此外，本次单元教学设计上还有三大亮点，即多样性、生成性和互动性。多样性指的是教学形式的多样，涵盖讲授、讨论、调查、体验、创意表达等，将学生牢牢吸引在心理课堂上。生成性指的是通过创意物化，将单元学习成果以小册子的形式留存下来，不同于以往"讲过算过"的心理课。学生在精心制作《我的自传》的过程中，也在其心中留下了痕迹。而互动性，不仅体现在课堂上学生的相互展示交流，更体现在第三课时的作业设计上，将心理课堂延伸至学生的实际生活，通过邀请朋友/父母/教师为自己写序言，良好的同伴关系、亲子关系、师生关系也在悄然建立，进一步落实了心理健康教育育人目标。

当然，在此次教学实践中也仍存在一定的不足。一方面，单元学习评价比较薄弱，仅在单元教学结束后有一终结性评价，缺乏过程性评价意识，在评价方式上除了学生自评外，也可以加入生生互评，促进评价的多元化。另一方面，单元教学资源选编上也需要更精确，贴合学生的实际情况，如《爱自己五十件小事》中个别条目就与该年龄段学生不太相符，可以考虑在课前从学生中收集，对任务单作进一步改编整合。此外，考虑到我校目前只在预备年级开设心理健康教育课，而对自我话题的探索实际上贯穿学生整个初中生涯。基于此，笔者也在考虑将此次单元教学成果进一步转化以扩大其影响面，比如将三行情诗进行合编刊发在校级刊物上或举办诗歌互动展览，在全校形成悦纳自我的氛围，提升全校学生的积极心理品质。

三、总结

教育在于"变"与"不变"，变的是教育理念、教学方法，不变的是"人"。作为教师，我们要始终做到眼里有学生、心中有学生，尤其要进行以"人"为核心的心理课的教学。通过此次基于核心素养的初中心理健康教育课程单元教学实践，笔者加深了对人本课堂和教学有效性的理解，未来也将继续进行教育教学研究，实现教学相长。

参考文献

[1] 史宁中.推进基于学科核心素养的教学改革[J].中小学管理,2016(2):19—21.

［2］崔允漷.学科核心素养呼唤大单元教学设计[J].上海教育科研,2019(4):1.

［3］陈彩虹,赵琴,汪茂华,等.基于核心素养的单元教学设计:全国第十届有效教学理论与实践研讨会综述[J].全球教育展望,2016,45(1):121—128.

［4］中华人民共和国教育部.中小学心理健康教育指导纲要(2012年修订)[J].中小学心理健康教育,2013(1):4—6.

［5］叶雅顺.化零为整 深化素养:小学心理课单元教学的开发与设计[J].中小学心理健康教育,2024(1):33—38.

核心素养视域下初中体育分层教学研究

郭志成

一、分层教学的概述

　　分层教学由学生分层与教学分层两部分组成。学生分层是在体育课实践中，体育教师结合本校学生的实际情况，从学生学习动机、学习行为、学习态度、平时表现、身体协调性等不同角度对学生进行划分；教学分层是教师依据学生的实际情况将学生划分为不同的层次，并设计相应的教学方法；教学分层与学生分层相辅相成，可以为学生创造公平的学习机会，不仅可以提升教学效率与学习效率，还可以提升学生的综合素养。对于分层教学国外学者一般从计划、实施和评估三方面对分层教学的概念进行阐述，其中美国学者格雷戈里（Gray Gregory）认为，为了满足不同学习者的需求，教师应"编制不同的学习计划"。"卡罗琳·查普曼认为教师应采用多种形成性评估举措，收集学生学习前、学习中与学习后的评估数据，从而反映出不同学生的需求与优势。国内分层教学主要集中在主流学科语文、数学和英语学科，实验对象遍布各个年龄阶段，研究较为细化。其中王儒非指出，分层教学使不同水平的学生在原有基础上获得了一定的提升，与此同时也带来了一些问题，如：学生分层的划分，在一定程度上割裂了班级的整体性；在评价机制上是以学生成绩作为评价标准。

　　综上所述，分层教学就是重视学生之间的差异，根据学生的学习能力与个人特点制订合理的学习计划或教学方案。《义务教育体育与健康课程标准（2022年版）》的改革强调从"以知识与技能为本"向"以学生发展为本"转变，这就要求教师要改变原有的教学方法与教学手段，坚持"健康第一"的教育理念，依据学生的兴趣爱好，注重"学、练、赛"一体化教学，重视培养学生综合性的学习评价能力。对初中学生来说，体育知识储备、运动基础和兴趣爱好不同，科学合理地制定教学目标、教学内容、教学手段和教学评价显得尤为重要，分层教学的实施能够促进每一个学生产生良好的学练体验，增强学习的自信心，从而促进学生不同学习阶段的学生均衡发展。

二、分层教学法的意义

（一）实施分层教学有利于促进学生形成积极的学习动机、学习态度和学习行为

对初中学生来说，体育知识储备、运动基础和兴趣爱好各不相同，在体育认知方面存在较大的差异，如果设置统一的标准要求，则难以满足学生不同学习需求，不利于培养良好的学习行为习惯。分层教学可以根据学生的个体差异，制订相应的教学目标、教学内容和教学评价，通过采用不同的教学手段，充分调动不同层次学生学习的积极性，更好地激发学生体育运动的潜能与学习动机，树立良好的学习态度，养成健康的学习行为，形成"教与学"的良性循环。

（二）实施分层教学有利于教师了解与掌握学生的学习进度与综合表现

实施分层教学首先要对所教班级学生的具体情况有一定的了解，教师依据学生的学习情况进行分层，并通过分层更为准确地掌握学生的体育态度、体育行为与体育学习表现。教师如果不了解学生的基本运动技能、体能、专项运动技能以及课外体育锻炼情况，很可能在运动负荷、教学目标、教学手段与教学评价中产生偏差，不仅会影响教学效率，而且会降低学生主动参与运动的积极性与热情，不利于教学工作的开展。

（三）实施分层教学有利于培养学生的核心素养

分层教学充分体现了学生在教学中的"主体地位"，充分关注学生的个体差异。通过分层教学，教师根据学生个体化差异制定科学的学习目标和学习内容，激发学生学习的积极性和主动性，引导学生主动参与到体育训练中，从而掌握基本运动技能、体能以及专项运动技能，形成良好的健康行为和体育品德。

三、核心素养视域下分层教学的路径

（一）学生分层

《义务教育体育与健康课程标准（2022年版）》强调教学方式改革，根据体育学习和健康教育的实用性特点，强调"以学生发展为本"，初中体育分层教学首先是要将学生进行分层，教师应了解学生的学习动机、学习行为、学习态度、平时表现、身体协调性等情况，在此基础上结合教师的观察研究将学生划分为不同层次。如"水平一""水平二""水平三"三个层次。

"水平一"：主动参与各种体育锻炼的意愿低，体育活动参与乐趣较低，可以掌握各种基

本运动技能,部分学生体育认知与体育态度存在偏差,情绪不够稳定,适应和环境能力较弱。

"水平二":主动参与校内外体育锻炼,体能水平显著提高,能掌握运动项目的基本知识,并能在比赛中简单运用,对体育比赛作简要评价,情绪稳定,适应环境增强。

"水平三":有规律地参加校内外体育锻炼,形成对所学运动项目的兴趣与爱好,体能全面协调发展,对体育项目有自己的见解,积极向上、勇于争先和团结互助,经常观看体育赛事并能作出一定的评价,能克服各种困难,情绪调控能力强等。

教师通过每个阶段学生的学习态度、学习能力以及课堂综合表现进行考察,并设定与足球等级联赛相似的流动机制,提升学生学习的积极性,在学期中或者特定的阶段考核后进行重新分层,也可以根据学生的意愿适当调整分层的依据与规则。例如:将体育态度好、积极主动参与体育运动,基础体能技能有一定的提高及对体育锻炼产生兴趣爱好的水平一、二层次的学生调整到水平三层次,将态度消极,体能技能水平下降,课堂综合表现较差的学生调整到水平一、二层次,这样的分层可以在考虑学生自尊的前提下充分调动学生的积极性。

(二) 教学目标分层

教学目标是学生学习的预期成果,是课程教学的出发点和归宿,体育课程教学活动的开展都是围绕教学目标进行的。教师在制定教学目标时,不仅要关注学生体能发展与运动技能学练的外在表现和效果,而且要关注学生在体育课学习过程中所表现出来的态度与价值观。例如:对于水平一身体协调性较差、体能较差的学生,可以设置难度较低的学习内容,既保证了学生的基本运动量,又可以保证学生锻炼学习的积极性。而对水平三学习能力强、综合能力较好的学生则可以设置难度较高的练习内容,既可以巩固学生所学的动作知识,也可以激发学生的挑战欲望。

(三) 教学内容分层

教学内容要根据教学目标以及学生的特点合理选编,基于核心素养以及学生身心发展规律的特点、学生学习能力与运动技能的不同等方面,对于教学内容作科学合理的分层。教学内容分层有助于提高学生参与体育活动的积极性,在体育活动中感受运动带来的乐趣。例如:水平一为较为熟练掌握篮球项目的基本技战术,篮球运动的运球、传球、接球等基本动作技术;水平二为较为熟练掌握和运用该项目的基本技战术,篮球运动中的传球与运球、传球与投篮、运球与投篮等组合动作的掌握与运用;水平三为能够完整参加该项目班级内、班级间的展示与比赛,并对比赛作出评价。

(四) 问题分层

《义务教育体育与健康课程标准(2022年版)》要求体育课教学要实现从"以教为主"向

"以学为主"的真正转变,将过分关注传授知识与技能转变为培养学生的核心素养。教师的角色转化为课堂的引导者,通过设定多种类型的问题,激发学生的探究欲,引导学生作自主探究式学习。因此,课堂提问环节也至关重要。

通过提问题的方式引导学生在动起来的过程中享受运动的乐趣。针对不同水平的学生采用不同的提问方式便于学生对所学内容作深入探究思索,进一步领会动作要领。如在双手胸前传接球练习过程中,教师发现很多学生接球不稳定,这是什么原因呢?教师可以采用多层次问题教学,激发学生的好胜心,对问题作深入思考,使水平一、二的学生以水平三为榜样,从而激发学生主动学习的积极性。同时在游戏和比赛中还可以将德育融入其中,如在比赛过程中需要小组合作,坚持到底,在比赛过程中遵守规则,公平竞争,能够承担不同的角色,有助于将体育品德迁移到日常学习和生活中。

(五)评价分层

《义务教育体育与健康课程标准(2022年版)》中强调,要注重教学评的一致性,评价是对学生的学习成果以及在学习过程中状况作测量和评估,评价能诊断学生在学习过程中所出现的问题并及时作出调整,能激励学生学习的动机,同时可以更好地改进学生的学与教师的教。体育课程学习的评价应以核心素养为导向,坚持以评价来促进学习,对学生体育课内的学习态度与表现、课外体育锻炼情况与成效、健康行为等信息作出评价分层,通过多样化的学习评价,促进学生达成学习目标,发展学生的核心素养。

教师根据学生的实际情况,将评价贯穿于学生学习的整个过程,不仅要关注学生的学习成绩,更要关注学生成长和发展过程。初中学生学业压力大,控制能力较差,教师不仅要关注学生的学习表现,更要关心学生的心理健康。例如:对于水平三的学生而言,让他们知道优异的成绩与努力是分不开的,在收获自信与体验自身价值的同时要学会主动分享、交流经验、合作共赢。对于水平二的学生而言,既要充分肯定学生的努力、取得的进步,又要指出学生学习中的不足之处,因材施教,有针对性地作指导。对于水平一的学生而言,让学生知道有付出就有收获,教师根据学生的特点找到合适的学习方法,在学习的过程中找到学生的闪光点,鼓励学生养成良好的运动习惯。

四、结语

综上所述,分层教学符合学生身心发展需求,面向全体学生,关注个体差异,结合学生的实际情况,提出不同的学习目标,选择适宜的教学方法,采用多种多样的评价方式,促进每一名学生获得良好的学练体验,从而增强自信心,获得更为长远的发展,促进学生核心素养的发展。

低年级基本运动技能的主题式探索与实践

——以立定跳远为例

张娅梨

体育学科具有一定的趣味性和丰富性,为实现全员教学提供了基础。但受到学生身体素质、体育技能、学习态度等方面的影响,在实施立定跳远教学工作期间,仍未取得良好的教学成效。基于此,本文将基于学生本位,重新探究培养低年级基本运动技能的实践路径,旨在提升学生立定跳远运动能力的发展。

立定跳远主要锻炼学生的下肢力量,增强学生的身体素质和协调性,是低年级学生在教师指导下能够独立完成的基本运动技能,具有促进学生健康成长的作用。在这一背景下,本文致力于采用各种练习方式和游戏,关注学生个体差异,引导学生积极主动地参与"立定跳远"学习与练习过程。

一、精准定位:确立立定跳远学习目标

精准定位,"定"的是教学目标,要求教师在实施立定跳远教学活动前,精准设定教学目标、规划教学内容、准备教学器材。

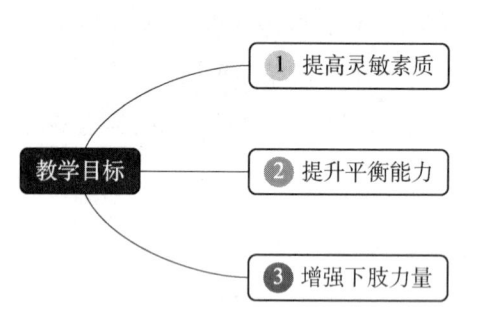

教学目标
① 提高灵敏素质
② 提升平衡能力
③ 增强下肢力量

立定跳远不是一项简单的跳跃动作,而是一项综合性运动,具有辅助提升学生灵敏素质、平衡能力和下肢力量的作用。灵敏素质是指学生在跳跃过程中快速调整身体姿态、应对各种变化的能力,平衡能力是指学生在跳跃和落地过程中保持身体稳定的关键,而下肢力量则决定了跳跃的距离。

鉴于此,教师需要从"硬件"和"软件"两个维度出发,做好"后勤"保障工作。

在"硬件"方面,应准备充足的锻炼器材,如小圆垫,用来标记学生的跳跃起点和落地点。而在"软件"方面,教师需要教授学生正确的跳跃技术和动作要领,详细讲解立定跳远的技术动作,包括预备姿势、起跳动作、空中姿态和落地技术等。

二、寓教于乐：打造立定跳远趣味课堂

寓教于乐旨在通过在教学中实现快乐，帮助学生在快乐中完成学习。教师需要从基础练习开始，采用单脚或双脚连续跳的方式，让学生逐步掌握跳跃的基本动作和技巧，为立定跳远的教学指导作铺垫。其中，学生在进行单脚跳时，应依次做单脚原地跳、单脚向前跳和单脚侧跳等，训练单腿力量和平衡能力；练习双脚跳，通过反复练习双脚原地跳、双脚连续跳和双脚跨越障碍跳等动作，可帮助学生协调双腿的力量和动作。

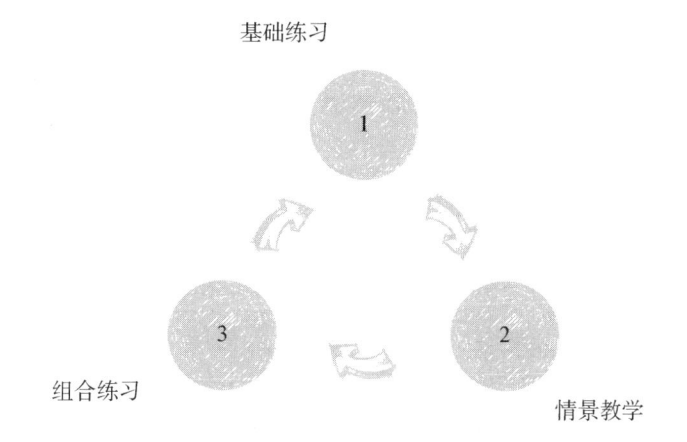

基础练习
1
3　　　　2
组合练习　　情景教学

情景教学是指教师通过创设趣味情景，如"小青蛙跳荷叶"，为学生营造愉快学习氛围的一种方法。实施过程中，教师需要在地面上设置多个"荷叶"圆垫，模拟池塘的场景，然后给学生安排"小青蛙"的身份，让他们在原地向上跳和向远跳，促使他们在玩乐中掌握跳跃技巧，并提高自身的灵敏性和协调性。

而组合教学是指教师通过设置不同高度和距离的障碍物，鼓励学生做多种形式的组合跳跃练习。比如，教师可将小圆垫卷起来，设置不同高度的起跳点，引导学生作高跳练习，增强他们的爆发力和跳跃高度；也可以在地面上设置不同距离的标志，引导学生作远度跳跃练习，挑战新的跳跃距离。

三、科学训练：系统提升立定跳远技能

科学训练，顾名思义是通过提升训练的科学性，全面提高学生的立定跳远能力和技术水平。整个训练过程要求教师作动作示范和详细讲解，采取循序渐进的训练方法，以及个性化指导，教授学生正确的技术动作。

立定跳远完整动作图解

着地动作　收腹动作　空中动作　准备姿势

立定跳远小口诀：
一摆二蹲三跳起，
快速蹬地展身体。
提膝收腹腿高抬，
屈膝缓冲身前移。

图1　立定跳远完整动作图解

具体动作方法，包括两脚自然平行开立，两腿屈膝，上体稍前倾，两臂随两腿自然屈伸而前后摆动。当两臂前摆时，两脚用力蹬地向前上方跳出，落地时，小腿前伸以全脚掌或脚后跟先着地，同时屈膝缓冲，保持身体平衡。如图1所示。在讲解过程中，教师需要强调手脚配合、起跳有力、落地平稳等关键要点。通过多次示范，促使学生理解动作要领并模仿练习。

同时，根据学生的实际情况，循序渐进地增加训练的难度和复杂度。比如，在教学初期，要求学生练习简单的单脚跳和双脚跳。尔后，随着学生立定跳远技能的逐步提升，教师应调整小圆垫的距离和高度，以增加跳跃难度，从原地跳跃逐渐过渡到远度跳跃和高跳练习，使学生得以逐步提升跳跃能力并适应不同难度的立定跳远挑战。

但在教学过程中，教师需要关注学生身体素质和技术水平的差异，以促进学生全员进步、帮助学生克服技术难点为目标，提供个性化的指导和建议。比如，董同学在立定跳远过程中，出现了手脚配合不协调的情况。此时，教师应着重引导学生加强"弹性屈伸"上下肢蹬摆配合练习，尽可能提升他动作的协调性；而张同学起跳力度不够，教师有必要重点监督他增加腿部力量训练，以增强他的腿部爆发力。

四、全面评估：助力立定跳远潜能挖掘

全面评估除了要评估学生学习立定跳远的效果外，还要求教师基于评估结果，通过明确评价标准、多维评价和及时反馈激励，挖掘学生立定跳远的潜能，提升学生的学习体验。

其中，评价标准，包括动作准确性、跳跃距离和协调性，强调评估学生在立定跳远过程中的姿态和技术，着重关注学生手脚配合、起跳力度和落地平稳度；跳跃距离主要对学生实际立定跳远距离表现作评估，反映了学生下肢力量和爆发力的提升情况；协调性直接影响立定

跳远动作的连贯性和有效性,侧重于评估学生身体各部位的配合情况。

多维评价是一种全面、综合评估的表现,要求考查学生在立定跳远中的实际动作和效果,期望通过专项体能测试量化学生的力量、速度和耐力,致力于观察学生在训练中的积极性、参与度和自我管理能力。而及时反馈激励是多维评价的补充,要求教师根据评价标准在学生完成训练后给予具体反馈,通过语言表扬、成绩展示和小奖品等形式,增强学生的自信心和积极性。

基于上述评估结果,教师需进行全方位反思,精准定位立定跳远教学中的问题和不足,及时调整策略,助力学生挖掘跳跃潜能,实现更高水平的发展。比如,杜同学在立定跳远过程中,在跳远距离方面进步缓慢,教师应安排他加强力量训练,提升下肢爆发力。

五、结语

通过精准设定教学目标、打造寓教于乐的趣味课堂、实施科学系统的训练方法,并结合全面评估,教师可以有效提升学生的立定跳远技能水平和整体素质。未来,教师应充分利用体育教学的"教"与"玩"同步的特点性质,调动学生参与体育运动的积极性,以促进学生身心健康的协调发展。

参考文献

［1］张华营.立定跳远教学中技能与体能融合策略探讨[J].田径,2024(5):48—50.

［2］张可铸.立定跳远教学的创新实践[J].田径,2024(5):27—29.

［3］朱雪山.对小学低年级体育教学活动安全问题的思考[J].田径,2024(4):71—73.

对比法在初中化学教学中的应用

徐双勤

初中化学不仅要有知识的学习,更要有方法的学习。通过方法的学习,进一步发展学生的核心素养和解决问题的能力。其中,对比在初中化学的学习中是一种非常有效的方法。对比法是一种学习新知识非常重要的方法,同时它也是化学教学研究的基础方法之一。对比法的核心特征包括"对比"、"对照"和"比较",即将有关联的知识集中起来作对比分析,识别它们的异同,并构建系统的知识结构。通过对比使学生深入掌握和理解知识,从根本上提升学习知识的能力水平。本文主要探讨对比法在概念学习、物质学习、实验探究中的应用和效果。

一、对比法在概念学习中的应用

在初中阶段,学生刚学习化学,很多概念对学生来说都是全新的、抽象的、难以理解的,依据教材上的字面解释,概念很容易被混淆,不容易被理解。概念学习对学生来说是一个难点,同时也是奠定理解基础的关键点。对比法在这一阶段的应用尤为关键,通过对比能够帮助学生逐步形成概念、理解概念。

学生在刚学习混合物和纯净物以及单质和化合物概念时,由于对化学物质了解不多,对概念理解不清,容易将这几个概念混淆。教师在教学过程中可以通过对比,让学生在对比过程中对物质进行分类,从而形成有关混合物、纯净物、单质以及化合物的定义(表1)。

表1 物质分类1

物质	自来水	雪碧	蒸馏水
成分	水	水	水
	氯化镁	果葡萄浆	
	盐酸	白砂糖	
	次氯酸	食品添加剂	
		食用香精	

学生通过对比三种"水",对它们进行分类,分类标准不同,分类结果不同。在教师的引导下学生按照物质种类进行分类,可以将"水"分为两种类型:一种是纯净物,另一种是混合物。通过对比分类,很好地引出了纯净物和混合物,学生也能自己形成纯净物和混合物的概念。

表2 物质分类2

物质	化学式	物质	化学式
二氧化碳	CO_2	氧气	O_2
一氧化碳	CO	金刚石	C
水	H_2O	氮气	N_2
甲烷	CH_4	氦气	He

学生通过对比表2所示的纯净物,对纯净物进一步分类。学生依据组成物质的元素种类进行分类,可以将上述纯净物划分为两类:一类为化合物,一类为单质。在通过对比引出单质和化合物概念的同时进一步帮助学生理解。

在理解化合反应、分解反应、置换反应和复分解反应这4种基本反应的过程中,我们也可以用到对比的方法。(表3,以化合、分解反应为例)

表3 对比基本反应类型

基本反应类型	化合反应	分解反应
反应方程式	$4P+5O_2 \xrightarrow{点燃} 2P_2O_5$	$H_2CO_3 \xrightarrow{加热} H_2O+CO_2\uparrow$
	$S+O_2 \xrightarrow{点燃} SO_2$	$2KClO_3 \xrightarrow[二氧化锰]{加热} 2KCl+3O_2\uparrow$
	$C+O_2 \xrightarrow{点燃} CO_2$	$2H_2O_2 \xrightarrow{二氧化锰} 2H_2O+O_2\uparrow$
	$3Fe+2O_2 \xrightarrow{点燃} Fe_3O_4$	$CaCO_3 \xrightarrow{高温} CaO+CO_2\uparrow$
对比建立模型	$A+B+C\cdots \longrightarrow X$	$X \longrightarrow A+B+C\cdots$

在教学过程中,教师通过列举化学反应方程式,并引导学生对比这些反应的特征,发现反应中的相似规律后,教师进一步引导学生掌握反应的普遍规律,从而形成并建立模型,进一步加深对基本反应类型概念的理解。

二、对比法在物质学习中的应用

物质学习是初中化学教学中的核心部分,它涵盖了对各类物质的性质、组成、变化及其相互作用的理解。在教学过程中,教师应引导学生从物理性质、化学性质、物质的应用和物质的制备等多个方面对不同物质进行比较,通过找出它们之间各角度的异同点作总结和归纳,进而帮助学生建立自己的知识和学习物质逻辑的框架,强化学生对知识的掌握。

(一)求同比较学习物质的性质

碳、氢气和一氧化碳这3种物质在化学性质、可燃性和还原性方面表现出相似性。在学习了碳单质的化学性质后,我们知道了单质碳有结合单质中氧元素的能力和结合化合物中氧元素的能力。进而在氢气和一氧化碳的学习中提出对比问题:氢气和一氧化碳是否有结合单质中氧元素的能力和结合化合物中氧元素的能力。通过对比验证,证明了氢气和一氧化碳也有和碳单质相似的性质,这两种性质就是可燃性和还原性。

在酸碱盐性质的学习中,我们也可以用到对比的方法。通过学习盐酸的化学性质,我们可以对比猜想硫酸的化学性质,并做实验验证。通过验证对比发现了盐酸与硫酸之所以具有相似的化学性质,是由于它们都具有相似的结构——氢元素。

(二)求同比较学习物质的制取

在学习了氧气的制备后,形成了一般制备气体的思路,再进一步学习二氧化碳的制备。通过对比,将这些思路应用到学习二氧化碳的制备中,这是一个知识迁移的过程。这一过程锻炼了学生的应用能力和问题解决的能力。

(三)求异比较学习物质的鉴别

通过对物质性质的对比,加深了对每种物质独特性质的认识。抓住不同物质性质不同的特点,可以掌握物质鉴别的方法。如在酸碱盐物质鉴别的过程中,我们就是通过对比不同物质的性质的差异来对酸碱盐作区分。通过对比,还知道了物质的性质是由物质的结构所决定的。

三、对比法在实验教学中的应用

实验是化学学习中不可或缺的实践环节,它通过动手操作,激发学生对化学现象的直接感知,提升他们的理解力和实践能力。对比法在实验探究中的应用,犹如一座桥梁,引导学生跨越理论与实践的鸿沟,帮助他们理解和掌握化学原理。通过对比,学生可以观察到实验结果的差异,进而分析这些差异背后的原因,培养他们的分析能力和科学思维。

实验探究中的对比法主要体现在实验设计、实验操作和实验数据分析三个层面。首先,在实验设计阶段,教师可以设计对比实验,让学生通过对比不同实验条件下的反应结果,揭示化学反应的规律。例如,在研究影响双氧水分解快慢的因素时,可以对比不同催化剂(如二氧化锰和氧化铜)和不同质量分数的过氧化氢对反应快慢的影响,让学生直观地看到催化剂种类以及溶液的质量分数对反应快慢的影响,从而理解催化剂和浓度选择的重要性。通过对比实验的设计,引出控制变量的思想,进一步发展学生的科学思维。

在实验操作阶段,对比法可以帮助学生更准确地执行实验步骤,减少误差。通过对比标准操作流程与错误操作的后果,学生可以直观地理解正确操作的重要性,同时提高他们对实验步骤的掌握程度。例如,在测量溶液的 pH 时,对比正确使用试纸与错误使用试纸(如沾水、直接接触等)的结果,使学生明白操作规范对实验结果的影响。

在实验数据分析环节,对比法则能够帮助学生建立数据分析的逻辑。通过对比不同组别的实验数据和现象,学生可以发现数据和现象之间的差异和关联,进一步理解化学反应的本质。例如,通过比较物质在空气和纯氧环境中燃烧的情况,可以得出结论:氧气体积分数越高,燃烧反应越剧烈。在相同条件下通过对比氢氧化钠溶液和水与二氧化碳反应后,观察瓶子变瘪的程度,得到氢氧化钠能够与二氧化碳发生反应的结论。还可以通过不同小组之间数据的差异对比,进一步引发冲突,不断激发学生思考。如:通过在粗盐提纯过程中,各小组得到精盐质量的不同,引发学生思考分析产生误差的原因。

教师在实验探究中运用对比法时,要引导学生从实验现象出发,深入思考对比背后的原因,鼓励他们提出假设并作验证。例如,教师可以设置开放性问题,如"为什么在这个实验中加入催化剂会加快反应速率?"让学生通过对比实验结果,作假设和推理,从而培养他们的批判性思维和解决问题的能力。

对比法在实验探究中的应用,通过设计对比实验、规范操作过程、引导数据分析,不仅提高了学生的实验技能,还培养了他们的科学思维。在实际教学中,教师应灵活运用对比法,结合学生的实际需求,设计有趣的实验活动,使他们能在实验对比中发现化学的奥秘,提升他们的化学实验素养。通过这样的教学方法,学生不仅能掌握实验操作技巧,更能培养创新能力和独立思考能力,为他们的未来学习和研究奠定坚实的基础。

在化学教学过程中,我们常常使用多种方法,比如对比法、控制变量法、分析法、实验法、归纳法和建模法等。通过这些方法的应用,学生会在潜移默化中学会并掌握化学学习的方法,从而更高效地学习化学。在初中化学教学中,对比法是一个非常重要的方法。对比方法可以帮助学生加强对知识点的理解,发展比较、分类、分析等科学思维,也可以协助教师在化学教学中突破知识难点。因此,教师需要不断地学习和反思,在化学教学中融入对比的思想,以促进化学教学,帮助学生更好地掌握化学知识。

核心素养视域下"5E 教学模式"在初中化学教学中的实施研究
——以碳捕捉中定性为例

谢嘉阳

《义务教育化学课程标准(2022 年版)》明确提出,在课标的要求下,学生要转变学习方式。因此,教师要相应地进行教育理念和教学方式上的转变,要以学生为学习主体,更多关注学生的自主学习能力,培养学生的高阶思维,进而发展学生的化学学科核心素养。这就意味着课堂教学模式亟待转型。

一、"5E 教学模式"概述

"5E 教学模式"是一种符合新课标教学的模式,该模式共包括 5 个连续的教学环节,即引入(engage)、探究(explore)、解释(explain)、迁移(elaborate)和评价(evaluate)。

"5E 教学模式"最初是由美国生物学课程研究(BSCS)于 1989 年开发的一种以建构主义学习理论为基础的教学模式。根据课堂研究表明,该模式在培养学生的知识体系和能力发展方面有显著效果,在引入我国的课堂教学后,也有明显的成效。

二、"5E 教学模式"的理论依据

"5E 教学模式"的主要理论依据是瑞士心理学家皮亚杰的认知发展理论和美国教育学家布鲁纳的发现学习理论。皮亚杰认知发展理论认为,认知发展主要包括三个过程,即同化、顺应和平衡。皮亚杰认为,知识本身就是一种结构,只有在主体进行建构活动时,知识才有可能被创造出来。布鲁纳主张,学生像科学家一样发现问题,强调学生的自主探究性,减弱学生对教师和学习材料的依赖。

上述两种理论的思路与"5E 教学模式"的思路是一致的,例如在引入阶段为了尽可能激发学生的好奇心和疑问,在这一阶段中应当结合学生生活实际和具有足够的探究性。同时,当外界现象与原有认知发生冲突时,学生便会达到新的平衡,从而产生同化与顺应。

三、"5E 教学模式"在教学中的探索实践

（一）厘清教学内容，设计初步框架

1. 分析教学内容，梳理核心素养要素

"碳捕捉中的定性"是一节整合了酸碱盐的综合专题课。本课时的总体设计目标是整合碎片化的知识，将设计方案与开展实验相结合。以碳捕捉的情景，将"是否发生碳捕捉""碳捕捉溶液是否需要更换"的现实问题转化为"氢氧化钠溶液是否变质""氢氧化钠溶液是否完全变质"的化学问题。在现有的酸碱盐等知识基础上，形成碳酸钠化学性质网络，提炼物质检验的一般策略。

在本课时中，既有对化学物质的变化规律的认识（化学观念），又有设计实验—开展实验—观察现象—得出结论的活动（科学探究与实践），还有进行类比迁移的思维（科学思维），更有感受化学在环境保护中的积极作用（科学态度与责任）的核心素养要素。

2. 建立"神形俱备"的教学框架

如果说核心素养是贯穿于课堂的"神"，那么教学过程就是贯穿于课堂的"形"。根据核心素养与教学内容编制的教学框架（图1），旨在厘清本节课内容和核心素养的共生联系，

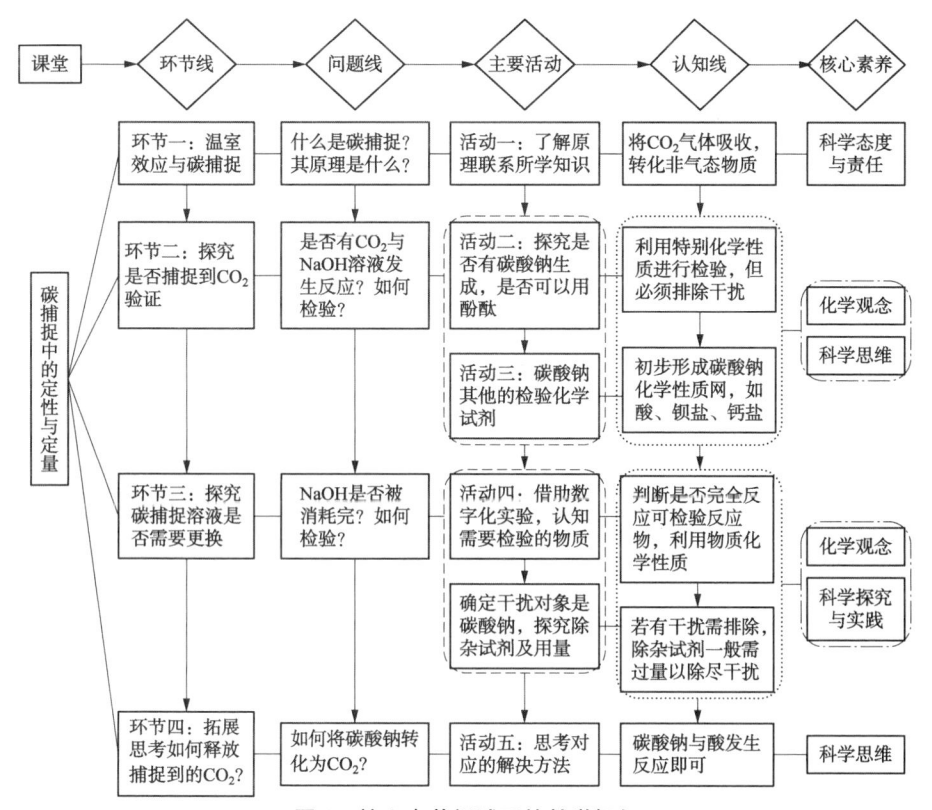

图 1　核心素养视域下的教学框架

为后续构建"5E 教学模式"应用策略提供依据。

（二）构建"5E 教学模式"的应用策略

针对教学中如何有效培养学生核心素养的问题，同时充分发挥"5E 教学模式"各环节的重要作用。本文以本节课中核心素养要素为依据，设计了"5E 教学模式"各阶段具体的实施策略（图2），以期通过教学设计在帮助学生习得知识的同时，发展核心素养。

"5E教学模式"
- 引入环节策略
  1. 创设情景，引发认知冲突
  2. 关注热点，彰显学科价值
- 探究环节策略
  1. 问题导学，明确思维主线
  2. 学生为中心，提高参与度
- 解释环节策略
  1. 客观评价学生，纠正与鼓励并存
  2. 教师恰当引导
  3. 提炼规律
- 迁移环节策略
  1. 循序渐进，变式练习
  2. 联系生活，运用知识
  3. 形成思维模型
- 评价环节策略
  1. 师生、生生评价
  2. 作业评价

图2 "5E 教学模式"应用策略

（三）统整教学环节，设计教学模型

以下从引入、探究、解释、迁移、评价 5 个阶段来统整教学环节（表1）。

表1 统整后的教学环节模型

5E 教学模式	教学环节	核心素养
引入	碳捕捉	科学态度与责任
探究	氢氧化钠是否发生碳捕捉	科学探究与实践
解释	碳酸钠的化学性质、物质检验策略	化学观念
迁移	碳捕捉溶液是否需要更换	科学思维
评价	如何释放已捕捉的二氧化碳	化学观念

1. 引入阶段：呼唤科学责任，在情境中提出问题

这一阶段主要是创设问题情境，集中学生的注意力，使学生通过创设的现象与原来的认知矛盾产生认知冲突，从而引发学生的思考，激发学习兴趣，使学生主动投入课堂活动中。

介绍碳捕捉时,从学生熟悉的温室效应导入本节课,通过观看视频,学生初步了解碳捕捉是什么、碳捕捉的方法,同时认识到化学在环境保护上的积极作用。结合所学知识,联系 $Ca(OH)_2$ 和 NaOH 溶液可以与 CO_2 反应的化学性质,并对碳捕捉后的现象不同作对比,引起学生认知冲突,驱动学生思考"如何判断氢氧化钠溶液发生了碳捕捉"的问题。"探究阶段"的内容也便呼之欲出(图3)。

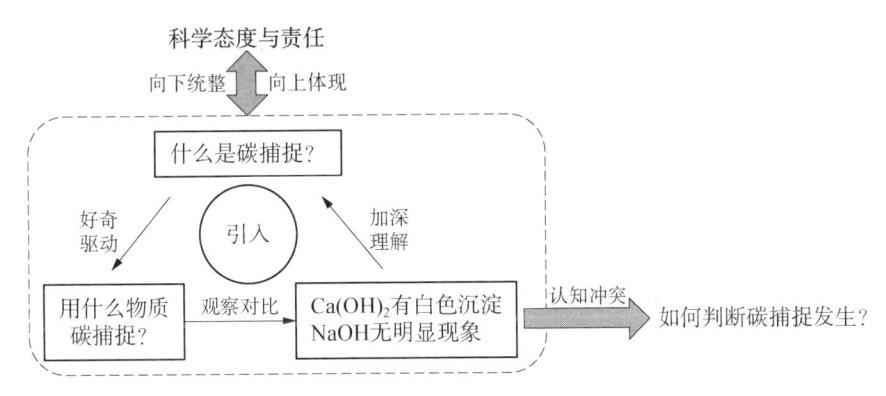

图3 引入阶段"碳捕捉"教学模型

2. 探究阶段:小组合作,合理设计并开展实验探究

探究阶段是"5E教学模式"的中心环节。在"引入阶段"学生已经在教师提供的情境下产生了认知冲突。这一阶段是对冲突进行解决的过程,学生是主体,教师则扮演引导者角色。教师要观察、倾听并作适当的提示和指导。

在这一阶段中(图4),学生需要根据化学方程式知道氢氧化钠碳捕捉过程中生成碳酸钠。并根据它的性质,选择合适的试剂作检验。

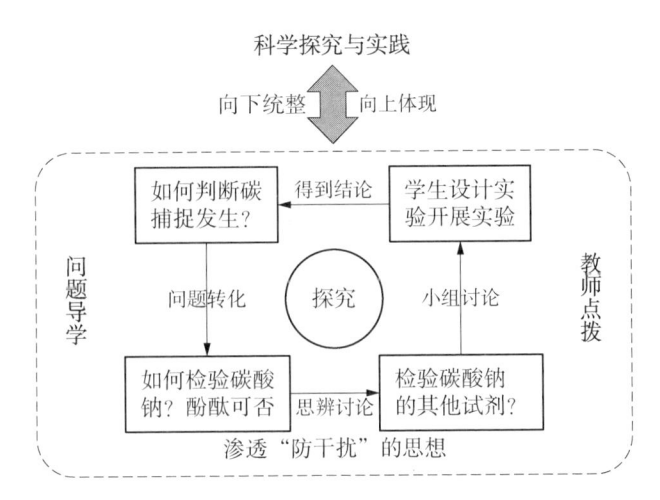

图4 探究阶段"是否发生碳捕捉"教学模型

本课在深入分析复分解反应、常见的沉淀的基础上,设置了"如何判断碳捕捉发生?""如何检验碳酸钠?酚酞可以吗?""检验碳酸钠的其他试剂?"这3个问题引发学生思考。

旨在引导学生将现实问题转化为化学问题,引导学生联系碳酸钠的化学性质进行检验并渗透"防干扰"的思想,引导学生完善实验设计并初步形成物质的性质网络,在小组学习和实验中培养科学探究和合作学习的能力。

3. 解释阶段:小组汇报,在思辨中深化认识,形成化学观念

解释阶段学生通过主动发言和阐述,表达学习活动的开展情况。教师在这一阶段应依据学生解释的程度,充分引导学生理解、认识。并在学生解释困难时,分析探究过程,解释概念或结果。

这一阶段(图5)学生需要将开展的实验结果向全班作汇报,不同组别的方案不同,现象也不同,学生需要根据其他组别的汇报与自己的思路进行碰撞。

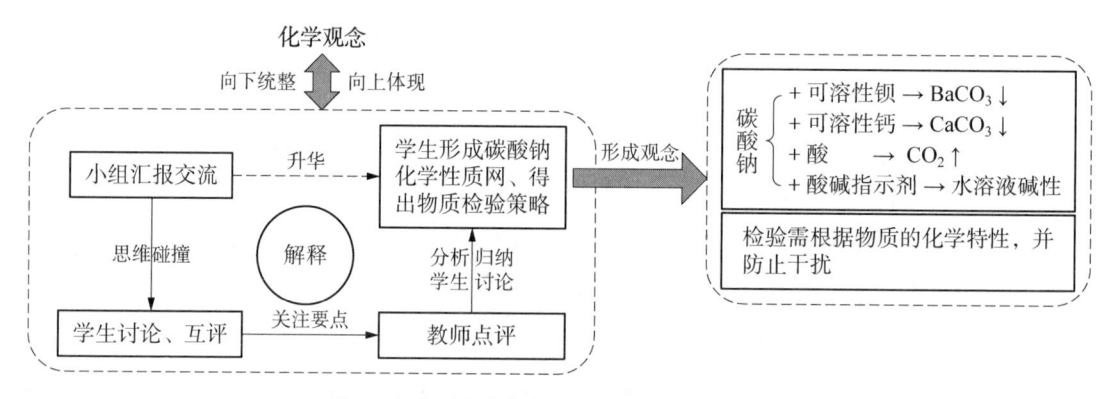

图5 探究阶段"碳酸钠的化学性质"教学模型

学生在这一阶段可以对实验方案、结果充分地讨论与评价,进一步深化对"探究阶段"内容的认识。教师则可根据学生讨论的情况进行分析和归纳,通过"讨论—互评—点评—讨论"引导学生的性质形成"碳酸钠的化学性质"与"物质检验的策略"等上位观念。

4. 迁移阶段:类比迁移,发展科学思维

迁移阶段是指通过教师对学生的引导,学生进一步对概念作扩充,并与其他概念建立某种联系、用新的概念解释新的情境或新的问题,从而获得对问题更加深入的认识。

这一阶段(图6)学生根据数字化实验的结果,认识到随着碳捕捉的进行,氢氧化钠的质量在减少,进而将"碳捕捉液是否需要更换"的现实问题转化为"检验氢氧化钠"的化学问题。

同时,基于前述阶段的学习,通过类比迁移得到"检验氢氧化钠使用酚酞""碳酸钠是干扰""先除碳酸钠再检验氢氧化钠"等解决问题的思路,在新情景中将所学内容与需解决的问题联系起来,对物质检验的认识更加深入,进而发展了学生的科学思维。

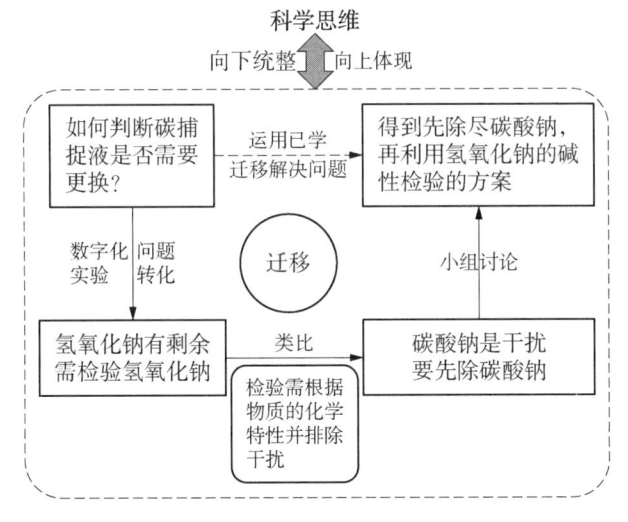

图6 探究阶段"碳捕捉液是否需要更换"教学模型

5. 评价阶段：师生评价，生生评价，共同进步

虽然评价阶段在"5E教学模式"中的最后一个阶段提出，但是"5E教学模式"中的评价要贯穿于课堂教学的各个环节。评价的目的是纠正学生在学习过程中可能产生的偏差，但也具备鼓励的作用。因此，教师在评价指出偏差时，也需要提出如何修正。例如，在评价选择氯化钙检验混合溶液中的碳酸钠不合理的同时，提示学生氢氧化钙微溶，给予学生线索，起到了纠正、鼓励并济的效果。

此外，生生评价也是理想的评价方式。学生是学习的主体，学生之间互评，既能通过同伴之间的帮助获得进步，又能进一步提高学生的课堂参与度和积极性，提升学习效能。例如，在书写化学方程式时，鼓励小组内成员对结果作互评，有则改之无则加勉，学优生和学困生都可以得到相应的进步，这是师生评价无法起到的效果。

四、经验总结与反思

（一）经验总结

本文主要在核心素养视域下以"碳捕捉中的定性"为例，对如何将"5E教学模式"应用于初中化学教学中的实施路径作了探析，形成了以下三点经验：

一是做到对教学内容与核心素养要素"心中有数"。厘清教学内容，设计教学框架，做到核心素养与教学框架"神形俱备"。

二是设计"5E教学模式"的具体应用策略。应用策略须根据教学内容与核心素养在内容上的呈现特点来确定。

三是对原有的教学框架进行统整重组。对标"5E 教学模式"步骤与具体应用策略，形成"5E 教学模式"与核心素养熔于一炉的教学模式。

（二）反思

需要提高对"5E 教学模式"的认识，认识到它并不是一成不变的僵化的套路、公式。它不仅适用于单课时的设计及教学，也适合单元的设计与教学。因此，教师应该用核心素养的观点来看待课时、单元，并在实施的过程中深入思考与"5E 教学模式"相契合的要素，充分发挥它的优势，调动学生的积极性，引导学生主动思考，把"5E 教学模式"融入日常教学中，进一步实现对学生化学科核心素养的培养。

参考文献

[1] 吴成军,张敏.美国生物学"5E"教学模式的内涵、实例及其本质特征[J].课程·教材·教法,2010,30(6):108—112.

[2] 胡久华,高冲.5E 教学模式在我国的教学实践及其国外研究进展评析[J].化学教育,2017,38(1):5—9.

[3] 石启英,魏燕,乔成芳.基于化学核心素养的"化学概念"5E 教学模式设计[J].商洛学院学报,2022,36(6):87—94.

数学单元长作业的设计与实践
——以沪教版六年级数学下册第五章"有理数"为例

徐凤鸣

孔子曰:教学相长。教与学的真正内涵是师生互相学习,共同进步。教学不能局限于传道受业解惑,更应关注学生对所学知识的应用能力。教学归根结底是要教会学生自主学习,为学生的终身发展奠定基础。

在完成数学单元新授课后,为帮助学生巩固所学知识,一般会进行单元复习。与新授课的学习有所不同,这个阶段的复习对架构知识和整体应用能力的拓展提升都有着更多更高的要求。

一、数学单元长作业的设计和实践的缘起

按照以往传统方式,教师会安排几个课时进行单元复习。在课上,教师先带着学生回顾已学的单元知识,再拿出事先准备好的几个典型例题讲解一遍,然后让学生当堂完成相关类型的习题。在课后,让学生完成一份配套的作业,教师完成批改后再讲评错误率高的题目,这样就算完成了单元复习任务。

实践证明,这样的复习课枯燥无味,走过场而已。学生被教师牵着鼻子走,根本没有主动性可言,学习效果不佳也是必然的结果。这种旧教学模式的问题实在太多了,课堂上教师讲得多,学生机械化地刷题,没有真正暴露出单元知识点的漏洞,所以知识遗忘得很快,一段时间后学生又啥都不懂了。教师教得累,学生学得苦,对知识的迁移能力也较弱。

《义务教育数学课程标准(2022年版)》指出:有效的教学活动是学生学和教师教的统一,学生是学习的主体,教师是学习的组织者、引导者与合作者。学生的学习应是一个主动的过程,认真听讲、独立思考、动手实践、自主探索、合作交流等是学习数学的重要方式;要实施促进学生发展的教学活动。

为提高教学效益,培养学生实践应用、创造迁移等各方面的能力,也让学生切实感受到数学与现实世界的密切联系,开展单元复习与长作业融合的新模式新实践,势在必行。

二、数学单元长作业的设计内容与实践要求

设计的单元复习活动和长作业,不但要具有知识性和实践性,还要有丰富的内涵,必须行之有效,否则会流于形式。活动安排和作业布置既要符合"双减"政策要求,又要减负不减质,能满足不同学生的学习需求和发展要求,全面落实核心素养的培养。要做到以课程标准为主,以鼓励为主,以发现问题为主,以过程性评价为主,以提升活动反思效果为主。以上这些都应是一线任课教师要重点关注和在课堂内外加强实践的事情。

长作业设计的新模式新内容应具有综合性、实践性、探究性、开放性、操作性、创新性等特点,一定要跳离大量刷题的传统模式。例如,在开展沪教版六年级数学下册第五章"有理数"的单元复习时,教师带着学生一起从以下几个方面开展了一系列的长作业设计和实践活动。

(一)单元知识点的归纳和整理

整理有理数的概念,有理数的分类,有理数的四则运算(包括乘方)和混合运算法则等。布鲁纳说过:学好一门学科最重要的就是理解和掌握这门学科的知识结构。所以单元复习中知识结构框架图和思维导图的作用是不容小觑的。利用知识结构图可把零散的单元知识点整合在一起,做到一目了然,感受整体性和关联性。利用思维导图把与本单元相关联的前储备知识点和后续相关知识点串联和并联起来,让学生自己查阅相关资料操作完成,教师也可对学生进行辅导和提示。

以下是预备学生整理第五章"有理数"知识点的部分代表作品,如图1所示。

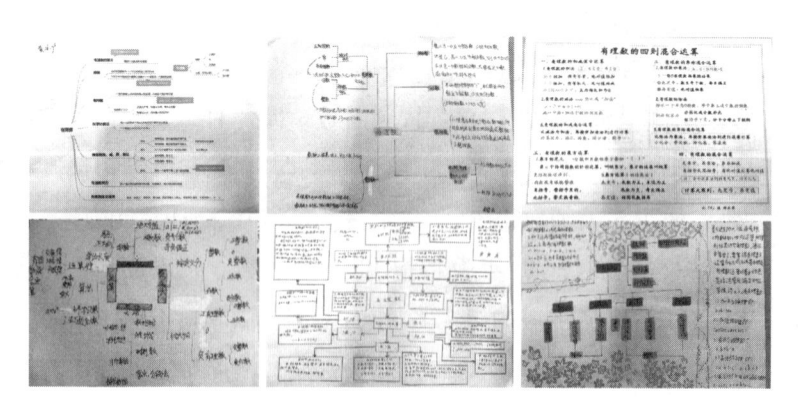

图1

(二)学生收集文献资料、撰写数学单元小论文或撰写学习反思日记等

鼓励学生收集"有理数的由来""为什么要学习有理数的运算?"等文献资料,以使学生深

化对原有概念的认知,知道知识的来龙去脉和发生发展的过程。鼓励各小组成员到讲台前分享收集的成果或撰写的小论文。这对学生的语言表达能力、数学思维能力等都有较大的培养和帮助。

(三)单元错题整理和错因分析

单元新授课、习题课课后做过的作业错题是特别好的资源,可好好利用。但错题整理不能简单地理解为将错题抄好题目后再做一遍。

荷兰著名数学家和数学教育家费赖登塔尔教授指出:"反思是数学思维活动的核心和动力,通过反思才能使现实世界数学化。"学生在反思中认识到自己在单元学习中存在的问题,才能对症下药,查缺补漏。

教师可指导学生进行错题管理:对错题进行分类,分析错误原因,总结注意事项或与错题相关联的知识点,并完成与错题相应的矫正练习。通过错题反思,打通新旧知识间的隔阂,挖掘知识之间的内在联系,促进知识的同化和迁移。这样做的好处是,可杜绝一错再错的现象发生。

以下是学生完成的第五章"有理数"错题整理的代表作品,如图2所示。

图 2

(四)学生编制单元检测卷

让全体学生编制一份单元检测卷,题型有 4 部分:选择题(5 题)、填空题(10 题)、计算题(5 题)、简答题(5 题),要求难易程度控制在 8∶1∶1,满分 100 分,理想得分在 75 分左右。学生出完卷后交由教师审查,如有问题再作修改,以确保检测题的质量,要避免太简单或太偏太难的题目。

采用随机抽签的形式,学生互相交换检测卷,并集中统一完成答卷。完成后由原出卷学生批改,然后由答卷学生订正。订正有困难时请出卷者辅导解答,再有困惑的就求助教师解惑。这个活动激发了学生的好胜心和以同伴为师的积极心理,出卷者和答卷者都能很认真地对待。实际操作下来发现:学生的积极性特别高涨,都纷纷表示喜欢这样的形式。因为这样做可互相扫除知识盲区,学习的效果较为理想。

以下是学生完成编制答卷和批改订正的有理数单元检测卷的代表作品,如图 3 所示。

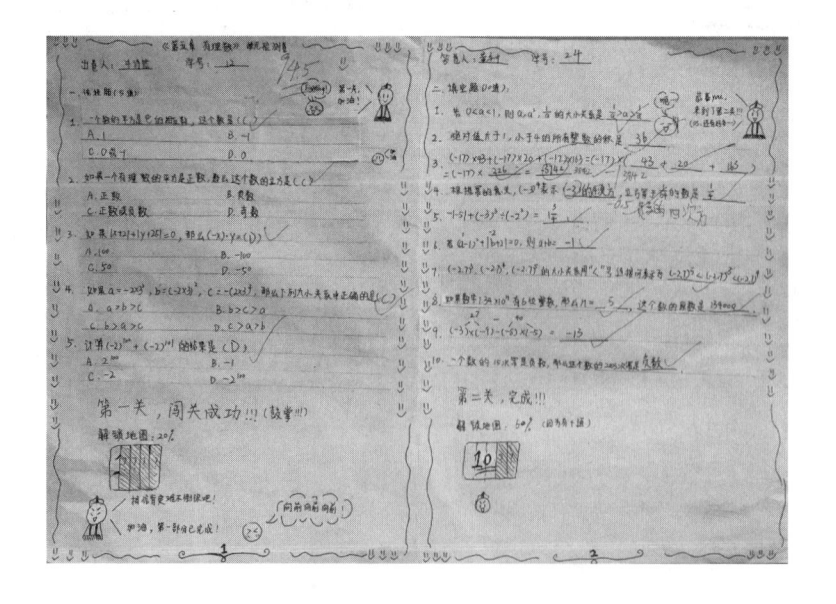

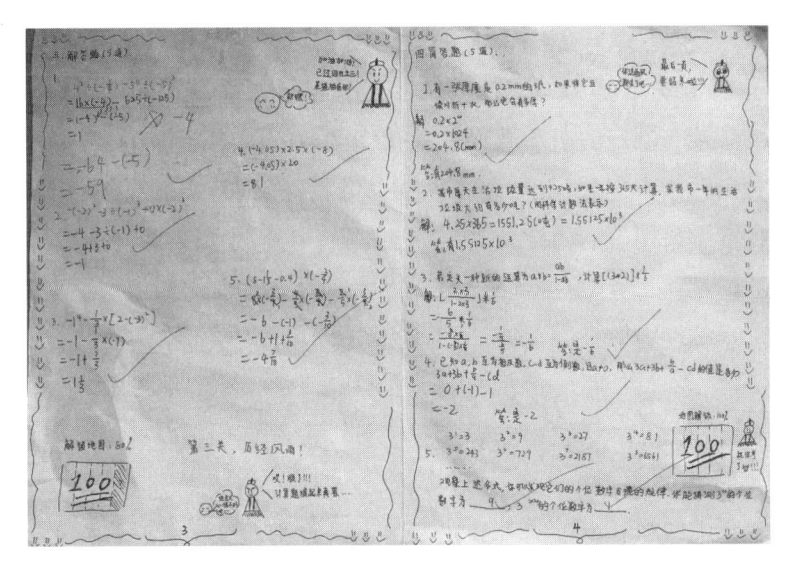

图3

(五) 制作数学知识小报

为培养学生的数学核心素养,促进数学理解,提升数学知识的应用能力,积累数学活动经验,增强数学文化史、民族自豪感、爱国主义教育等,可组织学生积极参与数学长作业优秀作品评选活动。利用周末或节假日较长的在家时间,学生可精心准备和创作与单元知识点相关联的数学知识小报。形式不限,让学生自由发挥自主创作。可以手绘彩色小报,也可用电脑设计并彩打小报,纸张选A3、A4纸或图画纸等均可。优秀作品评选要求:字迹整洁、画面美观、图文并茂。内容符合要求、充实、积极向上且有创新。汇总后再进行年级评选和展示,最后表彰获奖的优秀学生(颁发一、二、三等奖的奖状和奖品)。这个活动的参与率百分之百,获奖学生的获得感很强,对数学学习的积极性更高了,没有获奖的学生也从优秀作品里学到了更多的数学知识。

以下是学生制作的第五章"有理数"数学小报的部分代表作品,如图4所示。

图4

（六）组织学生玩小游戏

如：算24点游戏。制定的游戏规则是：把班级学生分成若干小组，每组6—8人，每次两人对决。每人各出两个有理数，看谁先算得结果谁就胜出，如若出的数字算不出24点可更换其他数字再比赛。采用三局两胜淘汰制，先组内后组外，最后赛出全班的冠军。这个游戏考查的是有理数的运算，是一个益智游戏。它利用学生的争强好胜心，增强了学生对数学知识的应用能力和运算能力的核心素养，一举多得。

（七）开展数学运算小达人竞赛

1. 举办数学竞赛的意义和目的

数学运算在初中数学教材中所占的比例很大。数学运算是数学活动的基本形式，是得到数学结果的重要手段。数学运算能力的培养就是要学生熟练掌握运算法则，理解算理和算法之间的关系。思维和计算能力是每个学生必备的基本素养，是学生学好数学的基础。数学活动重点关注数学核心素养之一的运算能力的提升。通过学生全员参与活动，给每个学生搭建一个展示自己的平台，营造良好的数学学习氛围。通过训练、竞赛，提高学生思维能力、计算速度，让学生的竞争意识得到一定的提高。

2. 组织层面

数学竞赛活动由学校数学备课组组织并实施。

3. 竞赛方式

初赛：先以班级为单位进行初赛，选出班级优秀选手。

决赛：从班级优秀选手中挑选出60名学生进行复赛，再评出各类奖项。

4. 竞赛内容

有理数运算（试题有梯度，易、中、难比例为7∶2∶1）。

（八）讲题小先生比赛和实施方案

1. 举办讲题比赛的意义和目的

为展示学生风采，更为促进学生数学高阶思维、数学表达、自主探究和提升信息技术等各方面的能力，以培养出更多优秀人才，特此举办"学生数学讲题小先生比赛"活动。

2. 组织和参与

数学讲题比赛活动由学校数学备课组全体教师一起组织全体学生参与和实施。

3. 比赛时间

学生全员参与讲题视频的录制，年级统一评选出各奖项。

4. 比赛方式

班级评选：每名学生都录制一个讲题小视频，各班选出3—5个优秀作品。

年级评选：整个年级共选出若干名学生进入决赛，再评出3类奖项。

5. 比赛内容和要求

具体比赛内容和相关要求如表1所示。

表1

视频内容	视频要求	完成期限	参与对象	上传路径
录制讲题小视频1个（小先生讲题）	视频时长10分钟以内 视频文件名标注：班级、姓名、学号	一周内完成	全体学生	发钉钉群或班级邮箱

6. 数学讲题小视频入围名单及打分表

入围名单在初赛后公布，打分表样式如表2所示。

表2

班级	姓名	讲题思路及语言表达(40分)	多媒体技术应用能力(20分)	板书工整(20分)	声音和画面清晰度(10分)	解题方法独特且无明显错误(10分)	总得分(100分)

三、单元长作业完成后的成果展示和有效评价

以评促学，合理有效地利用课堂、黑板报、班级钉钉群、学校礼堂等各平台进行评比和展示单元长作业活动的成果。在自主和合作的学习中关注学生的能力差异和认知差异，促使学生进行自我反思、互相学习，提升数学的核心素养。教师给学生布置活动内容、活动要求，搭建各种展示平台，让学生在各环节引导下积极参与活动，进行深度学习，真正掌握和学会应用数学知识以解决实际问题和创造发明。参加主题活动或完成长作业，有助于学生加深对知识的理解，积累更多的基本活动经验和反思与交流的经验，如图5所示。

图5

"教—学—评"要体现一致性。只有教和学,没有评价的激励是不够完善的。评价的主要目的是促进学生的数学学习,激励学生在原有的基础上进一步努力,取得更大的学习成就、获得最大程度上的发展。在活动期间,可设置学生自评、生生互评、教师点评、家长参评等多种方式开展评价。可尝试过程性评价、总结性评价、等级制评价、分数制评价、参与度评价、态度性评价,等等。对学生的数学学习水平、学习表现、学习成果、独立思考能力、合作学习意识、思维品质、价值观念、情感态度等进行立体化的多方位的评价。这样的评价才是公平公正且科学合理的,对学生的帮助才会达到最大效果。

四、单元长作业的设计和实践后的思考

教师要学会放手,学生才能独立。教学先留白,再让学生参与补白,这样的教与学才有创新。一个喜欢包办一切的教师是很难培养出具有综合实力的学生的。为更好地培养学生,教师要转变单一的教学方式和摒弃陈旧的教学观念,选择适合学生的方法,因材施教,因人施策,使之贯穿教学始终,立德树人,为国育才。

学生不仅要掌握各单元的知识点,还要优化学习方法。思维的灵活性和创新性真的很重要。要有深度思考问题的能力,多维度探究,多形式融合。让学生体会到学习数学的乐趣,要体现出以素养为核心的教学。教师不仅要培养学生从掌握数学单纯性知识点走向综合应用数学知识,而且要给予足够的时间和机会,让每个学生都能动手实践操作和不断超越自我。

综上所述,单元长作业的设计与实践不仅促进了学生对有理数相关知识的深度理解,而且按需所用,灵活挑选部分活动应用到其他章节其他单元的复习中去。这样举一反三、触类旁通、所学即为所用的教学新实践,才能将新课程新课标和减负增效的要求落到实处。

参考文献

[1] 中华人民共和国教育部. 义务教育数学课程标准(2022年版)[M]. 北京:北京师范大学出版社,2022.

[2] 上海市教育委员会教学研究室. 初中数学单元教学设计指南[M]. 北京:人民教育出版社,2018.

[3] 素养书系编委会. 核心素养学科教学专题培训系列(初中数学)[M]. 南昌:江西教育出版社. 2023.

核心素养导向下小学高年级数学错题订正策略探究

赵萌萌

作业是学校师生绕不开的话题,作业在学校育人方面发挥着不可或缺的作用。随着"双减"政策的实施,教育领域对于作业的关注更是空前高涨。小学高年级数学的学习如何在控制作业总量的前提下通过作业这一抓手提质增效,不仅要提高作业设计的质量、加强作业的指导,而且作业中错题的有效订正也是提高作业效率的关键环节。

笔者身处一线,对于学生数学错题订正的低效深有感触。如何抓好学生错题订正这一环节,切实提高学生的作业效率,进而促进学生数学学科素养的提升也是笔者一直关注的问题。

一、聚焦问题,剖析小学生错题订正现场

(一)学生错题订正"画像"

每个学生的错题订正习惯还是有着个体差异的,但如果从班级群体的角度来看,那么小学高年级学生的错题订正状态大致分为3种:胜任、基本胜任、完全不能胜任。"胜任者"画像:这类学生一般错题数量少,基础计算很少出错,有着良好的错题订正习惯,主动性强,多数情况下不需要教师监督或指导,错题订正完成度高。"基本胜任者"画像:这类学生的错题数量不太稳定,错题的分布比较随机,计算、概念、应用等模块均有可能出错,部分题目能独立完成订正,但还是有部分错题需要教师或同学帮助,在基本胜任的同学里,错题订正的主动性因人而异。"完全不能胜任者"画像:这类学生作业错题数量最多,订正速度慢,订正任务量大,显得十分吃力,错题订正需要一对一辅导。这类学生往往基础十分薄弱,每天的作业和订正似滚雪球越积越多,陷入一种恶性循环。

(二)数学教师批改作业"群像"

作业批改一般分为首次批改和二次批改订正。一般小学高年级书面作业教师会在当天全批全改,除去课堂教学任务外,批改作业占据教师工作时间最长。一般首次批改教师花费时间多在40—60分钟,而二次批改订正和个别辅导的时间就不好准确计算了,往往比首次

批改的任务更重,花费的时间更长。

鉴于数学作业的特点,数学教师批改反馈的时效性强,基本能做到当日作业当日清。对班级中"胜任者"而言,完成当天作业并订正是非常容易做到的。而对于大部分"基本胜任者"而言,在教师的"帮助"和"紧盯"下,也能完成订正。对于"完全不能胜任者"以及部分特别依赖教师帮助的"基本胜任者"就成为教师当天二次批改订正工作的重点关注对象。

(三)数学错题"虚假订正"怪圈

在每天有限的学习时间内,"基本胜任者"和"完全不能胜任者"中有部分同学是疲于应付各科作业和订正,很多时候难免只是单纯完成任务,而未真正掌握相应知识点。随着高年级书面作业的增加,数学作业的订正往往会被第二天的新任务掩盖。久而久之,这些学生的错题订正难免陷入"虚假订正"的怪圈,学生不认真对待,教师仅仅习惯性地"日日清"。如此一来,看似师生完成了各自的任务,实则做了不少无用功。那么,我们该如何避免陷入"虚假订正"的怪圈呢?

二、改变观念,打破错题"虚假订正"怪圈

(一)正视错题,明确错题的价值

要想明确错题的价值,我们首先要明确作业是什么?《教育大辞典》中"作业"被界定为"为达到某一学习成果而进行各类练习的学习活动"。显然作业中的错题正好体现了学习成果。我们可以理解期待一份份完全正确作业的心情,这代表着学生很好地掌握了所学知识,无疑是对师生付出的肯定。然而,事与愿违,错误总是在所难免的。很多时候,学生对错题是一种"抵触"心理,对于批改使用的"×"产生反感,唯恐避之不及。殊不知,作业错题恰恰暴露了学生掌握知识的不足之处,是需要学生重点关注的知识内容。错题并不可怕,怕的是在同一个地方反复犯错。对于任课教师而言,能否合理利用学生典型的错误,将其用来突破学生思维的难点,充分发挥错题的价值也是教学水平的体现。总之,对于师生双方而言,正视错题的价值,利用错题资源,这对于提升学生的数学学习水平大有裨益。

(二)勾掉学号不等于消灭"不会"

小学生由于年龄较小,自律性差,需要成人的监督。在学校,任课教师担任着十分重要的监督功能。通常情况下,数学任课教师会用作业记录本记录班级学生作业完成和订正情况。比如一名学生完成当天的作业,教师随即勾掉这个学生的姓名或学号,勾掉全部的学号也意味着班级同学作业全部完成。教学实践中,教师往往囿于时间紧张,如若对学生二次订正的方法不作追问,仅仅追求答案的正确,那么不少同学也只求"勾掉学号",不管疑难是否

真正解决。长此以往,就容易掉进"虚假订正"的怪圈。这不仅要求教师明确二次批订的意义,而且还要落实到具体批改的行动中。在面批学生的批订时,需要多一些追问。比如:"你能说说是怎么改正的吗?""你当时是哪里出错的?"等等。教师的追问是对学生错题订正思路的检验和回顾,更是对学生错题订正思路的培养,让学生真正掌握错题的解决办法,逐步培养学生自我检验和订正的能力。

三、重点突破,践行错题订正的有效策略

(一)学生错题订正和错题整理习惯的培养

首先,学生要明确错题订正是作业的一部分,作业上交不代表作业的完成,作业错题的订正是作业的重要环节。高年级学生在错题订正时要有一定的规范要求:重新读题、圈画重点、判断错误原因、正确解答。这一阶段教师要特别注重引导和培养学生主动思考错因、学会分析订正错题的方法,让学生订正错题时有思路和方法,形成一种良好的自我检验和订正的学习能力。

其次,个人错题卡或错题本的整理。错题本的整理对于小学生而言更是一种学习习惯和态度的表现;起初,教师做好学生错题整理的指导工作,提供错题整理的支架或表格等,可每周整理2—3道自己的有代表性的错题,用不同颜色的笔来区分错误原因分析和正确解题思路等。学生熟悉后就可以放手让学生整理自己的错题集,作为阶段性复习的重要资料。

(二)面批辅导注重方法,调动学生订正积极性

"双减"政策实施以来,增加了课后服务时间,这也是教师面批个别辅导的好时机。面批二次订正更像是学生的错题"求医问诊",需要教师耐心地指点迷津。尽管学校订正的时间有限,但对学生而言,一次耐心的个别化辅导胜过无数次简单的正误批改。面批时更注重学习方法的指导,让学生学着用数形结合、重点圈画等逐步养成自我检查的习惯。

在面批时,教师要特别注意用语。面批学生是师生一对一的互动,但多数时间面批是在教室或办公室进行的,不少同学或教师不自觉地会成为听众。这在一定程度上也会给学生造成一定的心理压力。试想:一名同学前来订正又是计算出错,作为教师你该如何应对呢。"你怎么又犯这么简单的错误!""计算要列竖式检查,你怎么总是忘记!"如果教师是用以上的语气势必会打消学生订正的积极性;如果教师设身处地地换位思考,"计算错误影响了整个题目的结果,这代价有些大,关于计算你有什么好方法吗?"对小学生而言,比作业的"完成"和"正确"更重要的,是学生对作业的主动投入。所谓主动投入,是指学生出于积极的作业动机、信念而引发的积极行为。的确,教师面批时的用语一定要特别注意,保护好学生求知欲与作业的动机,学生作业的主动投入能起到事半功倍的效果。

(三) 利用信息技术,搭建错题订正平台

1. 建立班级错题库

在学生整理个人错题的基础上,可以建立班级错题库,让学生推荐有代表性的错题,并说明推荐理由。在班级钉钉群建立一个共享文档,学生随时可以上传典型错题,在单元或完整的知识学习结束后,师生共同整理共享文档,最终确定本知识点班级错题库。这一做法极大地调动了学生错题订正积极性,同时,学生也会从不同的角度关注错题。

2. 班级优秀小讲师评比

利用假期举办数学优秀小讲师评比大赛,由学生挑选典型错题作为案例进行讲解,录制讲解视频,形式不限。讲解内容包含题目类型、考查知识点、易错点和正确思路等,视频上传钉钉等班级群,由学生自己在线上平台开启投票,评选班级优秀小讲师。

人工智能背景下,技术的使用会逐步解放数学教师批改的双手,不少智能软件可以帮助学生个性化地整理易错题,这无疑是对学习数学的极大帮助。如此一来,小学阶段教师作业批改的任务重点不再是作业是非正误的批改,而是错题分析和学法的指导。教学实践中如何落实学生的自我检查和订正能力这一素养培养,是信息技术所不能代替的,也是教师努力的方向。

参考文献

[1] 顾明远.教育大辞典[M].上海:上海教育出版社,1998:904—905.

[2] 夏雪梅等."完成"和"正确"之外,理想的作业行为是什么[J].人民教育,2016(23):78.

核心素养导向下的美育在音乐学科中的渗透与实践

徐 静

核心素养是学生在接受相应学段的教育过程中,逐步形成的适应个人终身发展和社会发展需要的必备品格与关键能力。它是关于学生知识、技能、情感、态度、价值观等多方面要求的结合体。在21世纪的教育背景下,核心素养的培养已成为教育改革的重要方向。它不仅关注学生的知识和技能,更强调学生的全面发展。核心素养突出强调个人修养、社会关爱、家国情怀,更加注重自主发展、合作参与、创新实践。美育是塑造学生审美观念,增强学生鉴赏与创造美的能力的教育。音乐课堂是对学生进行美育的重要场所,让学生在渴望音乐学习中深层次把握音乐的独特魅力,帮助学生形成良好兴趣,不断完善人格与品质。如何将美育有效渗透到音乐学科中,并通过实践提升学生的审美能力和音乐素养,是基层音乐学科教学中值得关注和思考的。

一、美育与核心素养的关系

美育与核心素养交融相生,彼此关联紧密。核心素养涉及个体在现代社会的关键能力与品质,涵盖知识、技巧、情感态度及价值观诸多层面。美育则着重通过艺术途径,塑造个体的审美情感、鉴赏能力和创造力。美育与核心素养互促互进主要有以下几个层面。

(一)情感与态度的养成

美育着力培养学生在艺术欣赏、创作与演绎中的情感体验与表达,进而孕育对美的感知和尊崇之情。这些情感态度的培养为核心素养中情感态度和价值观的形成提供了重要支撑。音乐学科中三维目标第三点就是情感态度与价值观,指对知识价值的理解和学习主动性、积极性的提升。通过音乐学习,学生能获得丰富的情感体验,在感染和熏陶中潜移默化地建立起对亲人、他人和一切美好事物的挚爱之情,进而养成对生活积极乐观态度和对美好未来的向往与追求。

(二) 审美鉴赏力的增强

美育旨在提高学生的审美鉴赏力,涵盖美的识别、评价和创造。这种能力的加强有助于学生在日常生活中寻找和创造美,丰富其精神生活,提高其生活品质。在音乐学科教学中通过各种有效的途径和方式引导学生走进音乐,在这一过程中喜爱音乐进而掌握音乐基本知识和初步技能,再养成良好的音乐鉴赏习惯,提升音乐审美能力,陶冶高尚情操。

(三) 创造性与想象力的激发

美育鼓励学生自由地进行艺术创作与表达,有效激发其创造性和想象力。在核心素养中,创新精神与实践能力极为重要,美育通过艺术实践为学生的创新发展提供了广阔的舞台。

(四) 跨学科知识的整合

美育常与其他学科如历史、文学、科学等相结合,助力学生构建跨学科的知识体系。核心素养强调知识的综合应用,美育通过艺术与其他学科的融合,能有效促进学生综合素质的提高。通过作品的分析和艺术形式的相融创作使学生尊重艺术、理解多元文化、感受跨学科整合在音乐作品中表现的独特艺术魅力。认识音乐的社会功能,理解音乐和社会生活的关系。

(五) 终身学习理念的培育

美育倡导学生树立终身学习的理念,通过不断的艺术探索与学习,培养学生自主和终身学习的能力。这与核心素养中强调的终身学习观念不谋而合。美育与核心素养的培养相得益彰。美育不仅充实学生的情感世界,提高其审美鉴赏力,更是促进学生全面发展的有力手段,覆盖了知识、技能、情感态度和价值观的全方位提升。因此,美育无疑是实现核心素养培育目标的关键路径之一。

二、音乐学科在美育中的作用

音乐教育在审美培育领域占据着无可比拟的地位,它借助音乐这一别具一格的艺术手段,为学生开启了一扇通往情感展现与审美感受的大门。除了提升学生的音乐技巧外,更为关键的是它全面推进学生在情感、认知、社交以及文化修养方面的综合成长。首先,音乐作为一种艺术形式能够直接触及人的内心世界,在情感培养方面音乐有着唤起学生情感体验的力量,使他们能够深入理解和表达诸如喜悦、哀伤、愤怒、平和等各种情绪。这样的情感经历对于学生形成正面的情感态度和价值观,以及提升情感智能大有裨益。其次,音乐教育在促进认知成长上也表现出显著的效果。音乐学习涉及乐理知识、音乐史和作品分析等方面,这些都要求学生运用逻辑思维和批判性思考。同时音乐创作和即兴演奏等活动更是锻炼了学生的创新思维与问题解决技巧。

（一）情感体验的丰富

学生通过聆听和参与音乐活动，能够体验到各种不同的情感，如喜悦、悲伤、宁静、激昂等。这种情感体验有助于学生形成对美的感知能力，学会理解和欣赏音乐中的情感表达及其对人内心世界的触动。

（二）审美情感的培养

音乐教育能够培养学生的审美情感，使他们能够欣赏音乐作品的美，包括旋律的流畅、和声的和谐、节奏的动感以及音乐的整体结构。这种审美能力的培养有助于学生形成良好的审美情趣和审美判断力。

（三）情感表达的促进

学习音乐的过程中，学生需要通过演奏、歌唱等方式表达自己的情感。这种表达不仅限于音乐本身，还可以扩展到其他艺术形式和日常生活中。音乐教育有助于学生学会如何通过艺术来表达自己的情感和想法。

（四）情感智力的发展

情感智力是指个体识别、理解、表达和管理自己及他人情感的能力。音乐教育通过音乐活动，如即兴演奏、音乐创作等，可以锻炼学生的同理心和情感表达能力，从而促进情感智力的发展。

（五）情感共鸣的建立

音乐作品往往能够跨越文化和语言的界限，触动人心。通过学习不同文化和历史时期的音乐，学生能够建立与不同人群的情感共鸣，增强对多元文化的理解和尊重。

（六）情感调节的功能

音乐具有调节情绪的作用，能够帮助人们在紧张或压力大的情况下放松心情，恢复平静。音乐教育教授学生如何通过音乐来调节自己的情绪，有助于他们发展自我调节能力。

三、美育在音乐学科中的渗透策略

（一）创设情境，激发学生情感

积极、愉悦、健康的情感都能促进人的思维活动，因而在课堂上教师要对学生"动之以情",通过创设愉快的兴趣教学氛围恰当地引导学生的好奇心,使学生饶有兴趣地进入探求新知识点的状态,为讲授新课作很好的铺垫,激发学生情感的方法大致有以下几种:

1. 精心设计导入环节的导语

在一堂新课授课中,好的导入环节是学生学习单元知识兴趣之门的钥匙。教师如果能够通过巧妙的导语设计,把学生的感情引入作品情境中去,那就为这节课的成功奠定了很好的基础。例如在学习民族管弦乐《春江花月夜》时,教师在导入环节先介绍唐代诗人张若虚的诗《春江花月夜》,再吟诵了诗句:"春江潮水连海平,海上明月共潮生。滟滟随波千万里,何处春江无月明! ……"并配以图文,把游子思妇真挚动人的离情别绪以及富有哲理意味的人生感慨表达了出来。这样的导入不仅使学生对诗人的个性、风格有一个直观感受,而且也充分激发了学生浓厚的学习兴趣,使他们渐入诗境,形成一种鉴赏氛围,为学习民族管弦乐《春江花月夜》做了很好的心理情境建设。

2. 教学过程借助音乐渲染

创设讲学情境,是借助音乐渲染情境的一种重要手段。音乐和文学之间有种内在的共鸣,如果能把音乐与语言文字联系起来教学,就真正实现了对学生听觉、视觉等器官的调动,在这种联觉的通感中收到意想不到的效果。例如在教学合唱作品《沁园春·雪》中,教材中先出现了诗词,诗词分上下两阕,上阕描写乍暖还寒的北国雪景,展现伟大祖国的壮丽山河;下阕由毛泽东主席对祖国山河的壮丽而感叹,并引出秦皇汉武等英雄人物,纵论历代英雄人物。此词不仅赞美了祖国山河的雄伟和多娇,更重要的是赞美了今朝的革命英雄,抒发毛泽东伟大的抱负及胸怀。在教授过程中,通过纯音乐的渲染使学生透过音乐能充分感受诗词荡气回肠的气势,进而再欣赏合唱版《沁园春·雪》,便能顺利地感受四部合唱通过人声丰富的音色表达诗词的意境。

3. 教学手法上辅助采用多媒手段

在教学中辅助多媒体教学手段可以为学生提供丰富的感性材料,变抽象为具体,变无声为有声,把学生带入特定的作品情境,让学生凭借多媒体所展示的具体形象,感受作品的色彩,发展音乐形象的想象。例如声音线条,多变的色彩单元中介绍印象派的作品,学生对于这一时期音乐作品了解得并不多,对于音乐旋律线条所表现的音乐色彩没有一个直观的感受,通过多媒体手段展示同一时期的名画作,透过绘画色彩和透视度等方面的分析,使学生精准把握音乐作品中的旋律线条所带来的色彩变化。

(二) 音乐欣赏与分析,培养审美能力

音乐欣赏和分析在培养学生审美能力中扮演着至关重要的角色。它不仅涉及艺术领域,也与个人的情感、认知和文化素养密切相关。

1. 增强音乐感知能力

倾听是音乐欣赏的主要方式,教师应营造适合学生倾听的氛围,通过音乐欣赏,学生可以学习如何聆听作品中的不同音乐元素,从旋律、和声、节奏和音色等方面训练,提高学生的听觉感知能力,使他们能够更加敏锐地捕捉到音乐中的细微差别。

2. 激发音乐情感共鸣

音乐是情感表达的一种强有力的形式。音乐主题是音乐作品的核心,教师应引导学生关注音乐主题,通过范唱、演奏或试唱等方式,加深学生对音乐作品情感的共鸣,从而培养他们的情感共鸣能力和同理心。

3. 提升综合人文素养

音乐是文化的重要组成部分。将音乐与相关文化相结合,通过文化背景的介绍和讨论,用联系、对比的方法比较不同音乐作品的风格、情感表达等,让学生理解音乐作品的文化内涵和历史背景,增进对多元文化的理解和尊重。

4. 促进个人情感表达

音乐提供了一种表达个人情感和想法的途径。教学中可通过表演、讨论、联想和想象等方法,增强学生对音乐的情感体验,使他们能够更深入地理解和感受音乐,并在艺术实践中探索自我、表达个性、找到自我实现的途径。

5. 促进学生间社交互动

音乐活动往往需要团队合作,如合唱、乐队演奏等。这些活动可以增强学生的社交技能,促进团队合作和沟通能力的发展。通过小组合作的方式,让学生共同讨论、分析音乐作品,培养他们的团队合作能力和沟通能力。

(三)音乐与跨学科融合,拓宽学习视野

音乐与跨学科融合是一种教育方法,它鼓励将音乐与其他学科领域相结合,以促进学生的全面发展和学习视野的拓宽。

1. 音乐与科学

音乐的物理基础,如声波的产生和传播,与物理学中的声学知识相关。音乐治疗与生物学和心理学的结合,研究音乐如何影响情绪和健康。学习乐器演奏可以提高手眼协调能力和精细运动技能,与神经科学和运动学相关。

2. 音乐与文学

诗歌和歌词的创作可以与文学创作相结合,提高学生的语言表达能力和文学素养。音乐作品的分析可以与文学作品的分析相比较,帮助学生理解不同艺术形式的叙事和主题。

3. 音乐与历史

音乐作品的历史背景和作曲家的生活可以与历史学科相结合,提供对特定时期文化的深入了解。音乐风格的演变可以作为历史学习的一部分,帮助学生理解历史进程中的文化变迁。

4. 音乐与艺术

音乐与视觉艺术的结合,如音乐与绘画、雕塑的互动,可以增强学生的艺术感知和创造力。音乐视频和多媒体作品的创作可以结合视觉艺术和音乐,提供综合的艺术体验。

音乐学科在美育教学中占据着举足轻重的地位,它不仅能够培养学生的审美情感,还能够促进学生的全面发展。音乐教育的核心在于通过音乐这一艺术形式,引导学生感受美、理解美、创造美,从而提升他们的审美素养和人文精神。

新质生产力背景下初中地理课堂创新路径研究

尹小雪

一、新质生产力的概念

新质生产力这一概念的提出,标志着当代社会生产力发展进入了一个全新的阶段,它不仅是对传统生产力的简单提升或扩展,更是一场由技术革命性突破引领,涉及生产要素创新性配置,以及产业深度转型升级的深刻变革。新质生产力的核心在于"新质"二字。这里的"新",体现在技术的创新性和颠覆性上,它不再是渐进式的改良,而是突破性的变革。而"质"则体现在生产力发展的质量和效率上,新质生产力追求的不再是简单的数量扩张,而是更高质量、更高效能的发展。与此同时,新质生产力还是创新起主导作用的生产力,在传统生产力中,创新往往只是作为辅助手段存在,而在新质生产力中,创新则成为推动生产力发展的主要动力。在未来的发展中,我们需要进一步深化对新质生产力的理解和应用,不断探索其发展的新路径和新模式,以更好地适应和引领新时代的发展需求。

二、新质生产力背景下初中地理课堂创新的关注点

在新质生产力的促进下,教育领域迎来了前所未有的变革与挑战,在新课标的引领下,初中地理课堂旨在培养学生的地理素养、空间思维与实践能力。因此,教育的创新方向与关注点也需与时俱进。

(一)培养学生具备"三高"地理素养

所谓"三高",是指高科技、高效能、高质量的素养,在新质生产力时代的背景下,高科技的广泛应用对人才的地理素养提出了新的要求,初中地理课堂应紧密结合科技发展趋势,利用如虚拟现实、增强现实、地理信息系统等先进的教育技术手段。在这些高科技手段下,学生可以更加直观地了解地理现象、掌握地理知识,从而培养起高科技的地理素养。同时,初中地理课堂还应注重提升学生的学习效能,传统的地理教学往往侧重于知识的灌输,忽视了学生的主动性与参与性,在新质生产力背景下,地理课堂应更加注重学生的主体地位,通过

设计富有挑战性的学习任务、开展合作探究式学习等方式,激发学生的学习兴趣与积极性,提高学生的学习效能。除此以外,培养高质量的地理素养也是初中地理课堂创新的重要目标,高质量的地理素养不仅要求学生掌握扎实的地理知识,还要求学生具备批判性思维、创新性思维等高级思维能力。为此,初中地理课堂应通过多样化的教学方式与手段,培养学生的地理思维品质,提升他们的地理素养。

(二)强化学生的空间思维和实践能力

空间思维是地理学科的核心素养之一,也是新质生产力时代对人才的重要要求。因此,在初中地理课堂教学中应通过地图教学、空间分析、地理实验等多种方式,培养学生的空间感知能力、空间想象能力与空间分析能力;与此同时,还可以通过开展如野外考察、社会调查等地理实践活动,让学生将所学的地理知识应用于实际生活中,进一步强化他们的空间思维与实践能力。实践能力是学生将所学知识转化为实际行动的重要能力。在新质生产力背景下,初中地理课堂应更加注重培养学生的实践能力,可以通过设计具有实践性的学习任务、开展地理实验与模拟演练等方式,让学生在实践中学习、在学习中实践,学校还可以与社区、企业等合作,建立地理实践基地,为学生提供更加广阔的实践平台。

(三)注重地理知识与现实生活的结合

地理知识与现实生活紧密相连。因此,在新质生产力背景下,初中地理课堂应更加注重地理知识与现实生活的结合,可以通过引入生活中的地理案例、开展以问题为导向的探究式学习等方式,让学生将所学的地理知识与现实生活相联系,提升他们运用地理知识解决实际问题的能力。除此以外,初中地理课堂还应注重培养学生跨学科解决问题的能力。因此,地理课堂应与其他学科有机融合,共同培养学生的跨学科思维与解决问题的能力,可以通过设计跨学科的学习任务、开展跨学科的项目式学习等方式,让学生在解决实际问题的过程中形成跨学科的知识体系与思维方式。

三、新质生产力背景下初中地理课堂创新路径

(一)整合科技资源,创新教学手段

在理论层面,整合科技资源是初中地理课堂创新的重要路径之一。现代科技手段具有直观、互动、沉浸式的特点,能够为学生营造出身临其境的学习环境。通过整合这些科技资源,地理教师可以创新教学手段,将抽象的地理知识以生动、形象的方式呈现出来,从而激发学生的学习兴趣和探究欲望。

以《人口与民族》这一章节为例,教师可以利用虚拟现实技术,为学生打造一个虚拟的人

口与民族博物馆。在这个博物馆中,学生可以穿越时空,亲身体验不同历史时期、不同地域的人口分布与民族风情。通过观察虚拟场景中的人口密度、迁移轨迹以及民族服饰、建筑等文化元素,学生可以更加直观地了解人口与民族的地理特征及背后的历史、文化原因。同时,教师还可以利用在线教育资源平台,为学生提供关于人口与民族的专题学习资料、互动游戏、在线测试等,这些资源可以帮助学生深化对人口与民族问题的理解,提升他们的自主学习能力和问题解决能力。例如,教师可以通过平台发布一个关于"世界人口分布与民族多样性"的在线探究任务,要求学生利用网络资源收集相关资料,分析世界人口分布的特点及影响因素,探讨民族多样性与地理环境之间的关系。通过这样的探究任务,学生不仅可以掌握相关的地理知识,还可以培养他们的信息搜集与处理能力、批判性思维以及跨文化交流能力。

整合科技资源、创新教学手段是初中地理课堂适应新质生产力发展的必然要求,通过引入现代科技手段与在线教育资源平台,地理教师可以为学生打造出一个更加生动、有趣、高效的学习环境,帮助他们更好地掌握地理知识、提升地理素养,这也需要教师不断更新教育观念,提升信息技术应用能力,以更好地适应新质生产力背景下教育变革的挑战。

(二)强化空间思维培养,提升学生实践能力

空间思维是地理核心素养之一,要求学生能够理解和分析地理现象的空间分布、空间关系和空间变化。在新质生产力背景下,强化空间思维培养显得尤为重要,通过制作地图、图表和模型等方式,教师可以帮助学生更加直观地掌握地理知识,培养他们的空间想象力,设计探究性问题和实践项目,可以引导学生主动探索地理现象和规律,培养他们的独立思考和自主学习能力。这不仅有助于提升学生的地理素养,还能为他们的未来发展奠定坚实基础。

以《气温与降水》这一章节为例,教师可以设计一系列富有创意和挑战性的教学活动。首先,教师可以利用地图和图表,引导学生探究世界不同地区的气温和降水分布特点,通过对比分析,学生可以直观地看到气温和降水与纬度、地形地貌、气候带等多种因素的关系。为了进一步加深学生的理解,教师还可以组织学生进行小组讨论,让他们结合所学知识解释这些现象背后的原因。在此之后,教师还可以设计一个实践项目,让学生利用所学知识解决实际问题。例如,教师可以让学生调查所在城市的气温和降水情况,并分析其对城市环境、农业生产和人们生活的影响。为了完成这个项目,学生需要收集数据、制作图表、撰写报告等,这一系列过程不仅锻炼了他们的实践能力,还培养了他们的团队协作和沟通能力。除此以外,教师还可以结合社区资源,组织学生参与环境保护、城市规划等实践活动。例如,教师可以带领学生参观当地的气象台或环保机构,了解他们是如何利用气温和降水数据进行天气预报和环境保护的。通过这些实践活动,学生可以将所学的地理知识应用于实际问题中,提升他们的实践能力,增强他们的社会责任感。

在新质生产力背景下,教师需要不断更新教育观念、创新教学方式方法,为学生提供更加丰富多样的学习体验和实践机会。只有这样,才能培养出具备高科技、高效能、高质量地理素养的新时代人才。

(三)注重跨学科融合,拓宽学生视野

地理学科是一门综合性强的学科,与历史、物理、生命科学等多个学科都有着紧密的联系。在新质生产力背景下,加强地理与其他学科的融合教学,不仅可以帮助学生形成更加全面的知识体系,还能够培养他们运用多学科知识解决问题的能力。

以《河流与湖泊》这一章节为例,教师可以巧妙地将地理知识与历史、物理、生命科学等学科内容进行融合。首先,从历史角度出发,教师可以引入关于河流与湖泊的历史演变和人类活动对其影响的内容。例如,讲述古代文明如何依河而建,河流如何影响国家边界的形成等,通过这样的方式可以帮助学生了解河流与湖泊在人类历史中的重要角色。其次,物理知识的融入可以帮助学生理解河流的水文特征及形成原因,教师可以通过简单的实验或模型,演示水流的力学原理、河流侵蚀和沉积作用等物理现象,学生可以更加直观地理解河流地貌的形成和演变过程。再次,生命科学知识的引入可以让学生了解河流与湖泊生态系统的结构和功能,教师可以组织学生进行野外考察或观察活动,让他们亲身感受河流与湖泊中的生物多样性,了解人类活动对生态系统的影响。最后,鼓励学生分享自己的地理故事和旅行经历,也是拓宽学生视野的有效方法。在这一情况下,学生可以结合自己的亲身经历,讲述他们在河流与湖泊附近的所见所闻所感,这种分享不仅可以增强学生对地理知识的兴趣,还能够拓宽他们的视野,让他们更加深刻地认识到地球的多样性和复杂性。

通过加强地理与其他学科的联系,教师可以帮助学生形成更加全面的知识体系,提升他们的问题解决能力和实践能力。跨学科的教学方式也能够拓宽学生的视野,增加他们对地球多样性的认识,为他们的未来发展奠定坚实的基础。所以,在初中地理教学中,教师应积极探索和实践跨学科融合的教学模式,以适应新质生产力背景下教育改革的需求和挑战。

结语

综上所述,新质生产力背景下初中地理课堂创新是提升教育质量、培养创新人才的有效途径,也是时代发展对地理学科提出的新的要求,通过整合科技资源、强化空间思维培养、注重跨学科融合等创新路径的实践探索,可以激发学生的学习兴趣和探究欲望,提升学生的地理素养和实践能力,为培养适应新质生产力发展的创新人才奠定坚实基础。

参考文献

[1] 马美娜.创新初中地理课堂形式对接学科核心素养[J].求知导刊,2021(47):28—30.

[2] 张蕊.刍议新课程改革背景下初中地理课堂的教学创新[J].散文百家(新语文活页),2020(7):118.

[3] 田小丽.创新初中地理课堂形式对接学科核心素养[J].智力,2020(19):147—148.

[4] 张春慧.创新初中地理课堂形式对接学科核心素养[J].中学地理教学参考,2019(22):54—56.

[5] 谢勇兰.浅谈在初中地理课堂教学中培养学生的创新意识[J].考试周刊,2019(53):161.

[6] 陈迪.浅谈新课程改革背景下初中地理课堂的教学创新[J].学周刊,2019(20):88.

承"跨学科"之力　落"双减"之要求
——新课程标准下小学语文作业的改革

张葛依

　　《义务教育语文课程标准(2022年版)》(以下简称《课程标准(2022)》)明确了小学阶段语文教学的方向:一是基于义务教育相关目标,结合语文教学内容,真正实现学生核心素养与综合能力的有效培养,使小学生形成正确的人生态度和价值观念;二是优化语文课程结构,基于核心素养培养,整体划分多学科同主题内容,实现语文课程的综合化,践行回归生活与实践的具体要求;三是以素养为核心,结合语文课程内容,形成语文教学标准,使语文教学更具深度和广度;四是重视多学科内容的有效衔接,设定符合学情的教学活动,使语文教学更具连续性。

　　文化、审美与思维是新课程标准的主要内容。在小学语文教学中,作业不仅是教学形式,更是方法,在提升学生核心素养,落实新课标的相关要求方面发挥着关键性的作用。所以,达成课程标准的文化、思维、审美、语言的综合化培养目标,教师应变革作业模式,向着融合性的跨学科方向迈进,以此提升作业的巩固、引导作用,提升语文教学质量,落实"双减"政策减负提质的核心要求。

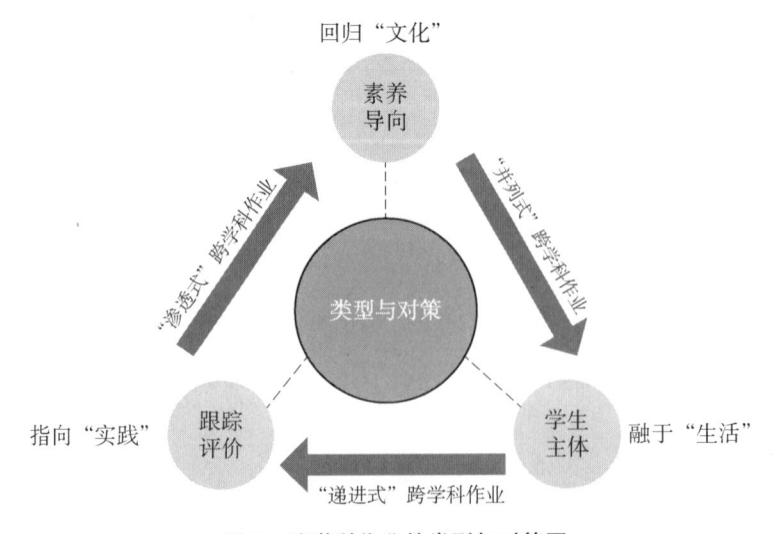

图 1　跨学科作业的类型与对策图

一、新课程标准下小学语文跨学科作业设计之价值意蕴

（一）打破学科界限，强化"关联性"

在新兴科技高度融合的发展背景下，传统学科边界愈发模糊。在此形势下，跨学科作业的设计与实施成为必然。小学阶段的各个学科之间本质上是一种相互交织的关系，知识的运用和获取并非局限于单一学科之内，而是贯穿于多个领域，只有在这种多学科相互渗透的环境中，学生才能以更广阔的视角进行思考，能够创造性地解决现实问题。跨学科语文作业的设计与实施，可建立语文学习与现实世界的内在关联，为学生核心素养的有效发展创造有利条件。

（二）感受日常生活，激活"趣味性"

跨学科作业可打破学科界限，搭建语文学习与日常生活之间的"桥梁"，使学生在实际操作与体验中感受到知识的实用性和现实意义。学生通过跨学科作业中的亲身实践，能够直观理解语文知识在生活中的具体应用，感受语文知识的存在价值和意义，获得知识迁移、运用的成就感和自信心。所以，链接生活的跨学科作业可激活语文学习的趣味性，促使他们进一步探索、理解和运用所学知识，从而充分满足他们旺盛的求知欲和强烈的好奇心。

（三）解决真实问题，凸显"育人性"

《课程标准（2022）》明确提出：重视学生综合素养的培养，加强学科之间的关联性。可见，跨学科学习是新课程标准的重要内容，也是培养学生核心素养的关键渠道，育人价值显著。跨学科作业根植于学生的日常生活，是跨越学科壁垒的问题解决方式。所以，小学语文跨学科作业有助于现实生活中的真实问题的解决，能够显著提高学生的综合素质，凸显出育人本质，真正实现教育与生活的有机结合。

二、新课程标准下小学语文跨学科作业设计之类型选择

（一）"并列式"跨学科作业

并列式作业通常针对具体的话题，横向关联两个以上的学科，引导学生综合运用多学科知识解决现实问题，以此加深学生的理解和认知，实现主题意义的自主建构。

如：围绕三年级上册的相关文本，教师设计长周期作业"寻秋叶，编绘本"。首先，要求学生思考可以从哪些方面获取关于秋叶的资料。如：仿写《铺满金色巴掌的水泥道》，以有趣的文字介绍秋叶的独特之处；应用数学知识，测量叶子的周长；结合科学知识，制作"标本"。其次，布置群文阅读任务，要求学生对比阅读《科学绘本》与《蚯蚓的日记》，思考二者的异同，发

现绘本特色。最后,要求学生以小组合作的方式设计"绘本创编",共享成果,各展所长。

以上作业以编绘本作为载体,串联美术、数学、语文多学科知识,以语文读写作为主线,驱动学生创造性地应用语文知识,积淀核心素养。

(二)"递进式"跨学科作业

递进式跨学科作业,层次性明显,旨在引发学生递进式思考。这类作业的设计中,教师要遵循前后关联、环环相扣的原则,让学生在连贯性的作业任务中达成跨学科学习目标。

如:四年级下册第七单元习作"我的自画像"教学中,教师设计"心灵自画像"跨学科作业,作业内容具体如下:

1. 发现心灵

开展有趣的心理游戏,引导学生观察他人并反思自己的情绪和行为。学生参与讨论和自我反省,帮助他们意识到可能存在的心理隐患,并寻求解决方法。

2. 书写心灵

要求学生以周记形式,记录日常生活中真实的情绪和情感体验,并分析这些情绪产生的原因。

3. 认识心灵

以图文并茂的方式完成心灵自画像,用绘画和文字表达内心的感受和需求。通过这个任务,学生发现自己的内心世界,并学会根据自身需求进行调整和适应。

4. 重塑心灵

根据全班学生心灵自画像反映的共性问题,分组创作心理剧,以生动的方式呈现心理健康问题及解决方法。从中学会彼此理解、支持和规范自身心理行为,塑造"积极向上"的自我形象。

该作业与心理健康深度融合。在递进式任务中,让学生学会表达自己,掌握情绪管理的方法和技巧。

(三)"渗透式"跨学科作业

参照新课程标准的具体要求不难发现,方案策划、调查研究等项目,学习周期相对较长,需要教师坚持学科本位的原则,以语文作为主线,设计渗透式作业,在跨学科学习中拓宽学生的视野,实现学生系统思维的有效培养。

三、新课程标准下小学语文跨学科作业设计之对策探寻

(一)素养导向,回归"文化"

《课程标准(2022)》提出:优秀传统文化教育不应停留在知识讲解和记忆表面,要实现学

生文化精神的培养,真正做到以文化育人,落实立德树人的根本任务。传承和弘扬传统文化也是语文核心素养的重要内容。在小学语文跨学科作业设计中,教师应着眼于核心素养,以传统文化传承为旨归,充分发挥语文作业的育人功能,以综合性的语文作业,突破学科阶段,丰厚学生的文化底蕴,让语文学习最终回归于"文化自信"。

三年级下册第三单元的人文主题为"传统文化",语文要素涉及"收集传统节日资料,交流传统节日风俗和过节的过程"。围绕单元内容,融合传统文化、历史、信息技术等内容,要求学生广泛调查、搜集整理不同地区、民族的重要节日,以及具有特色的民俗活动。这一过程中,学生需选择感兴趣或相对熟悉的民俗内容,经过整体梳理、分析提炼、融合创新,最终以演讲呈现学习成果。如:在春节民俗活动的探究中,学生以"观光旅游"的方式,介绍本地春节,将"玩转春节"分成"游名胜""赏美食""观活动"3个部分。在"游名胜"环节,学生实地走访、搜集相关资料、制作游览攻略。在"赏美食"环节,学生通过拍摄自己家的年夜饭来介绍春节的"饮食特色"。在"观活动"中,搜集春节期间的特有活动进行分享。在上述作业完成中,学生经历系列探究,思维被调动,核心素养得到了有效发展和提升。

(二)学生主体,融入"生活"

减负提质的语文作业必定是以学生为主体,而非教师完全主导。小学语文作业的意义在于引导学生的学习过程,让学生在决策、探索、分析和创造中自由生长。在跨学科作业设计中,教师须遵循学生主体原则,允许学生自主选择和创建"语文任务",构建完整学习小组,计划并开展语文学习。教师除必要的指导外,无需提出过多要求,尽量使学生在思维碰撞中迸发更多的语文学习灵感。

五年级下册第二单元教学中,学生接触"中国古典名著"。为加深学生对文章内容的理解和认知,教师以教材内容为中心,联动课外"整本书",设计"清单式"跨学科作业,让学生任选与本单元内容相关的原著,进行为期一周的拓展性阅读,从而全面了解主人公的完整经历,体会整本书蕴含的情感、表达的思想。在阅读实践中,教师指导学生从以下五个方面入手:其一,略读整本书,通晓整本书具体讲述了什么故事,并用简明、精练的语言概括"书籍梗概";其二,边读边整理,联系单元文本,思考整本书运用了哪些写作手法;其三,以小组为单位,交流和沟通阅读同一本书的感受和体验,完成关于书籍介绍的多媒体课件;其四,画出"印象最深刻的画面",并说明绘画思路和创意;其五,比较写作手法与教材文本相同或者类似之处,总结写作技巧,完成"仿写"练习。在上述作业中,学生关联文本内容阅读整本书,在自主阅读、合作讨论、创意绘画中不仅可以加深对于文章内容的理解,还能形成个性化认知,掌握阅读技巧、写作方法,为读写能力的提升打下坚实的基础。

（三）跟踪评价，指向"实践"

在新课标背景下，教师须重视跨学科作业的科学评价，实施针对性、建设性相对较强的跟踪评价，连续观察学生的学习和成长过程，帮助学生更好地了解自己，切实提升作业实效，推动学生全面发展。并且，跨学科作业评价突破了"纸笔检测"的藩篱，更关注学生作业完成过程，全面测评学生的迁移运用能力，指向实践。

如：在"走向春天"的跨学科作业中，教师设计评价量表（表1），以评价量表为支架，引导学生评价、判断和改进学习过程。同时，以可视化的量表作为工具，实现学生自我评价、反思和改善，让语文学习的结果可测、可评、可见。

表1 "走向春天"跨学科作业评价量表

评价项目	评价标准	自评	互评	师评
寻春	走出课堂，走进校园；走出房间，走进自然，在校园内、公园内、小溪旁寻找春天的气息，用相机、文字和画笔记录春天的美好，感受春天的生机			
诵春	梳理已学过的关于春天的古诗词或者课文，选择最喜欢的一篇课文或者古诗，有感情地朗读，在朗读竞赛中感受春天的"诗情画意"			
咏春	根据观察所得，完成"春天的故事"微写作任务，以图文并茂的方式，表达鲜活的体验，在春天里生长读写经验			

总之，在新课程标准相关要求下，为实现学生核心素养的有效培养，真正从传统的知识本位过渡到素养本位，教师必须重视语文作业的变革，坚持创新导向，承跨学科之力，追求开放、灵动和整合的语文作业新样态，让跨学科作业真正成为落实"双减"政策、达成新课程标准相关要求的引擎。在"双新"背景下，教师应以跨学科作业的设计与实施，将核心素养具象化，清晰、全面了解学生的学习情况和发展程度，以便及时调整语文教学模式，推动学生全面发展。

参考文献

[1] 曹阳.中华优秀传统文化在语文跨学科作业中的渗透[J].河南教育（教师教育），2024(3)：56.

[2] 刘海燕.跨学科整合视角下小学高年级语文作业设计策略分析：以《宇宙生命之谜》为例[J].读写算，2024(2)：14—16.

[3] 王俊英.合理设计把握整体注重评价：提高小学语文作业设计有效性的实践[J].天津教育，2023(35)：74—76.

[4] 晁梦颖."双减"政策下小学语文作业优化设计研究：以部编版小学语文教材为例

[J].中华活页文选(教师版),2023(17):118—120.

［5］丁婧.新课标背景下小学语文单元整体作业设计策略:以"统编五上第八单元"为例[J].小学生(下旬刊),2023(11):118—120.

［6］张梦圆.核心素养导向小学语文作业设计:以南科大一小303班《花钟》一课为例[C]//广东教育学会.广东教育学会2023年度学术讨论会论文集(一).广东省深圳市南山区南方科技大学教育集团(南山)实验一小,2023:28.

第三辑　项目推进　数据赋能

生生不息吉祥纹

黄宇丹

一、项目简述

　　"生生不息吉祥纹"项目是面向八年级学生的学科类型项目。之所以确定这个项目,是想将中华民族宝贵的传统文化在美术课堂中有深度地传承下去。初二艺术课本中,出现了大量传播中国优秀传统文化的内容,从第一学期第一单元《华夏艺术的渊源追溯》、第二单元《融入生活的多彩生活》、第三单元《表现习俗的民间艺术》,到第二学期第一单元《艺术展现的社会风貌》、第二单元《艺术反映的社会生活》、第三单元《艺术描画的历史长卷》,无不表达了我们中国的传统特色。其间,我在美术课堂中讲到关于"青瓷"这一内容,课后有个男生非常激动地跑过来跟我说:"老师,我可喜欢我们国家的青瓷了,爸爸还曾经带我去参观青瓷的工坊,没想到在美术课上你也能给我们上这个内容……"看着他意外又兴奋的表情,我很感慨,也促使我下定决心要将这些宝贵的传统文化在美术课堂中有深度地灌输给我的学生。《"木刻纪程"小引》中还有这么一句:"采用外国的良规,加以发挥,使我们的作品更加丰满是一条路;择取中国的遗产,融合新机,使将来的作品别开生面也是一条路。"

　　本次项目设计的驱动性问题是如何更好地传承中国传统图案这一文化遗产。学生在这个项目中需要经历的学习历程是:走近传统吉祥纹——试创传统吉祥纹——作品发布会,最后形成的项目成果是版画作品。学生的创造性体现在——以传统版画为载体,以中国吉祥图案为范本,将木刻版画教学与中国吉祥图案相融合,创作出属于他们自己的图案作品。坚持传承,以我们的本土传统文化为目标指向,尽可能兼顾传承传统文化与理解世界多元化之间的关系,引导学生思考传统文化的深度,憧憬未来世界的绚丽美好。

二、项目设计

（一）项目目标

1. 了解中国传统文化,体会传统纹样的吉祥寓意,掌握中国纹饰中"图必有意,意必吉祥"的鉴赏和评价方法，了解版画的不同刀法风格，设计体现自己美好愿望的吉祥纹样版画作品。

2. 通过图例欣赏、观察比较中国建筑的传统雕刻，以教师示范、小组讨论等方式，学会版画作品的赏析，并运用适当的刀法表现自己的传统纹样版画作品。

3. 感受传统纹饰之美，感受木刻版画黑白之美，在提高自我表达能力的同时，深入了解自己生活的城市中存在的点点滴滴的传统之美，激发对上海城市文化的热爱，认识中国传统艺术的广博。

（二）框架问题

1. 本质问题

如何在版画中更好地融入吉祥纹样这一传统图案？

如何将中国传统图案融入文创作品？

2. 驱动性问题

如何更好地传承中国传统图案这一文化遗产？

（三）项目时间线

项目时间线如图1所示。

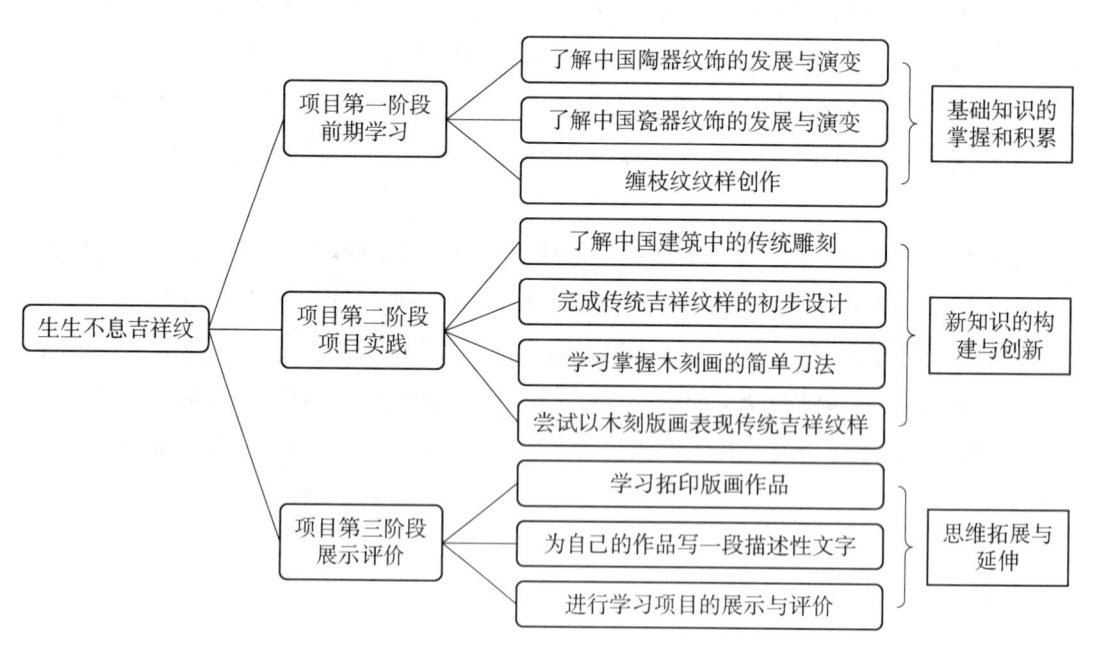

生生不息吉祥纹
- 项目第一阶段 前期学习
  - 了解中国陶器纹饰的发展与演变
  - 了解中国瓷器纹饰的发展与演变
  - 缠枝纹纹样创作
  ⎫ 基础知识的掌握和积累
- 项目第二阶段 项目实践
  - 了解中国建筑中的传统雕刻
  - 完成传统吉祥纹样的初步设计
  - 学习掌握木刻画的简单刀法
  - 尝试以木刻版画表现传统吉祥纹样
  ⎫ 新知识的构建与创新
- 项目第三阶段 展示评价
  - 学习拓印版画作品
  - 为自己的作品写一段描述性文字
  - 进行学习项目的展示与评价
  ⎫ 思维拓展与延伸

图1

（四）预设评价

1. 一起经历中国传统吉祥纹饰的知识形成过程，并能运用各种技法、手段完成阶段性的美术作品。

- 尝试用彩泥制作陶器（器型、纹饰）
- 以缠枝纹为主制作青花瓷灯笼（连续纹样）

2. PPT 分享，自主分析传统纹饰，研究其寓意。并完成课堂任务一卡通（表1）。

表1 课堂任务一卡通

班级_____ 第___小组

任务	
组长	
组员	
任务简介	
评价内容	评价标准（小组自评）

评价内容				
收集资料	主题明确，内容丰富，对调研内容有深入的分析	内容丰富，对调研内容有基础分析	有内容，对调研内容缺少分析	内容选择不当，对调研内容没有分析
	☆☆☆☆	☆☆☆	☆☆	☆
PPT 制作	制作精美，图文并茂，主题突出，流程清晰，知识点具说服力	制作精美，图或文有亮点，流程清晰，内容完整，能说清知识点	制作单一，图或文单调，照抄照搬，主题不明确，知识点不清晰	制作单一，纯图或纯文，内容照抄照搬，无知识点
	☆☆☆☆	☆☆☆	☆☆	☆
PPT 演讲	语言生动，表达清晰，对知识点的传播有感染力，交流能围绕主题开展	语言较生动，能熟练表达知识点，声音响亮，有自己的风格	对知识点不熟悉，表达生涩，照读内容，声音不响亮	语言生涩，表达混乱，照本宣科，声音不响亮
	☆☆☆☆	☆☆☆	☆☆	☆
同伴评价（综合）	☆☆☆☆	☆☆☆	☆☆	☆
组长总结				

3. 创作纹饰作品（版画）

（五）预计实施过程

预计实施过程如表2所示。

表 2　预计实施过程

进程	评价点	学习支架
走近传统吉祥纹	1. 从人文、美术的鉴赏角度欣赏、分析中国陶瓷的发展,掌握陶器、瓷器的器形及纹饰类型 2. 提炼陶器、瓷器中的图案、色彩、构图等元素,创作以缠枝纹为主的青花瓷作品	课堂教授,通过描述、分析、小组讨论等方法进行鉴赏,认真欣赏作品,体会中国传统图案"图必有意、意必吉祥"的实质含义
试创传统吉祥纹	1. 了解三雕(木雕、石雕、砖雕),学会欣赏作品中所体现的吉祥寓意,鉴赏作品中多姿多彩的吉祥图案所包含的积极进取、对美好生活追求的精神食粮 2. 根据已经提炼的纹样元素,进行版画作品的设计,注意画面的饱满、吉祥纹饰的运用、预设木刻刀法等设计要点。自主学习版画技法,独立完成版画作品的制作	自主分析传统图案,研究其寓意,并通过 PPT 分享。尝试绘制设计稿,并自主学习版画技法,独立创作版画作品
作品发布会	1. 以小组为单位,合作完成版画作品的拓印 2. 以小组为单位,发布项目学习的成果	学生通过自评与互评,总结项目的得失,选出一批优秀作品,将部分作品制作成文创产品

三、实施过程

(一) 第一阶段:项目的准备阶段(走近传统吉祥纹)

课时:7 课时

实施过程:对比陶器、瓷器中的纹饰→从人文角度鉴赏→从美术角度鉴赏→熟悉、了解陶器、瓷器纹饰的演变、组成元素→归纳并创作以缠枝纹为主的青花瓷作品。

1. 从人文、美术的鉴赏角度欣赏、分析中国陶瓷的发展,掌握陶器、瓷器的器形及纹饰类型。

课堂教授,通过描述、分析、小组讨论等方法进行鉴赏,认真欣赏作品,体会中国传统图案"图必有意、意必吉祥"的实质含义。

活动一:尝试用彩泥制作陶器中的器型与纹饰,以实践活动,助力学生的学习活力。

2. 提炼陶器、瓷器中的图案、色彩、构图等元素,创作以缠枝纹为主的青花瓷作品。

每个同学尝试运用自己对传统图案的认识与喜好,自主创作以缠枝纹为主的青花纹饰作品,从图案寓意、构图方式、色彩处理等方面进行创作,体会中国传统纹饰的多样性变化(图 2—图 4)。

活动二:以缠枝纹为主,制作青花瓷灯笼,掌握连续纹样的画法(图 5—图 6)。

图 2　　　　　　　　　　　图 3　　　　　　　　　　　图 4

图 5　　　　　　　　　　　　　　　图 6

（二）第二阶段：项目的实施阶段（试创吉祥纹）

课时：8 课时

实施过程：根据中国建筑的传统雕刻→了解徽州三雕→分小组完成木雕里的吉祥寓意的资料收集并发表演说→设计并刻制具有吉祥寓意的木版画。

1. 带领学生学习徽州三雕的相关知识，体会木雕里纹样的吉祥寓意，品味作品中多姿多彩的吉祥图案所包含的积极进取、对美好生活的追求等精神食粮。

活动三：分小组完成吉祥纹样的资料收集，自主分析传统纹饰，研究其寓意，并制成PPT，通过发表演说分享研究成果。完成课堂任务一卡片的填写（图 7—图 8）。

图 7　　　　　　　　　　　图 8

2. 以小组为单位,学生独立完成吉祥纹饰的版画作品。

活动四:学生根据已经提炼的纹样元素,设计版画作品,注意画面的饱满、吉祥纹饰的运用、预设木刻刀法等设计要点。自主学习版画技法,独立完成版画作品的制作(图9—图12)。

图9　　　　　图10　　　　　图11　　　　　图12

(三)第三阶段:项目的展示评估阶段(作品发布会)

课时:3课时

实施过程:分小组学习版画拓印→为自己的作品写一段描述性的文字→制作用于展示成果的PPT及展板→现场发布,相互评价→反思与拓展,将部分作品运用到文创中。

1. 以小组为单位,学生合作完成版画作品的拓印。

活动五:分小组进行版画的拓印,感受印画的趣味性。整理作品并为自己的作品写一段描述性的文字(图13—图15)。

图13　　　　　图14　　　　　图15

2. 小组作品的展示与评估。

以小组为单位,制作展板发布项目的学习成果,学生通过自评与互评,总结项目的得失,选出一批优秀作品,评比出最佳创意作品奖、最佳展示奖、最佳协作奖和最佳人气奖并制作成文创产品(图16—图17)。

图 16　　　　　　　　　图 17

四、项目成果

通过项目学习，学生深层次接触了中国传统图案，对传统吉祥纹饰作了自主探究，探寻古祥纹样的寓意，体验从提炼、构思、创作完成到发布的过程，面对种种问题，能够克服困难，找到解决的方案。在学习过程中，学生不仅开阔了视野，经历了自主探究、信息处理及团队合作等环节，还掌握了项目学习的核心技能。通过对已有知识的处理及对作品的设计、创作、发布，学生培养了主动获取知识的方法和技能（图18—图20）。

图 18　　　　　　　　　图 19　　　　　　　　　图 20

五、项目反思

自古以来，人们通过传统吉祥纹饰表达对美满婚姻、子孙繁衍、健康长寿、生活幸福、万事如意的祝愿和希冀。"生生不息吉祥纹"这个项目化学习以欣赏中国传统吉祥纹饰为本，以版画特色教学为突破口，把"中国心、民族情、形式美、寓意深"贯穿始终，尊重学生的独特情感和感官体验，将学生自主学习和美术教学有机结合起来，充分发挥评价的积极作用，努力使每个学生具有文化自信和持续发展的能力，为传承祖国优秀传统文化迈开了新的一步。

回顾整个项目化学习的过程，我们将中国传统吉祥纹饰的知识不断重温与翻新，自然地把学生带入中国传统文化的情境中。整个项目化学习环节环环相扣,每一步都带着小问题、小任务进行设计,让学生在不断的解疑中获得成就感,从中体会"图必有意、意必吉祥"的传统纹饰文化特质,激发了他们的学习积极性和审美能力。

本次项目设计以学生为主体,从学生的实际出发,注重培养学生的独立精神,倡导自主学习、研究性学习和合作学习,引导学生主动探究纹饰的本质、特性和文化内涵,尊重学生对中国传统文化的理解。首先通过欣赏大量传统吉祥纹饰,学生感知到吉祥纹饰所传达的艺术美、寓意深等特点;然后通过各种绘画小技法来表达自己对这些纹饰的理解,进一步培养了学生对传统吉祥纹饰的兴趣感;最后的作品以版画的形式呈现,版画创作需要经历构思、起稿、制版、拓印、签名、装裱等一系列过程,对于培养学生手脑并用、认真周密的品格起到了重要的作用。版画的制作过程也是培养学生耐心细致、持之以恒的学习习惯的过程。在小组合作中,相互帮助、相互协作,培养学生的集体主义精神、团队合作精神,认识到自我的价值和自我与整体之间的关系。

整个过程,教师发挥主导作用,引导学生从对吉祥纹饰陌生到一般了解再到进一步了解,到完全接受,到最后的非常喜欢,让他们在循序渐进的项目化学习过程中掌握方法,学会欣赏。整个过程中师生合作,增强了他们的文化自信,激发了浓烈的学习兴趣。

通过这次的项目化学习,感觉还是有需要改进的地方:

课堂是学生的,应该更多地让学生参与讨论、比较、欣赏,充分调动学生的积极性,激发学生自觉性和创造性的学习情绪,让学生一步步走进艺术。比如在初步接触吉祥纹饰的时候,我们要传达给学生传统吉祥纹饰在立意上寓意深刻、装饰手法独特等信息,可将有吉祥纹样的图案分发给学生观察欣赏,让学生以小组合作、上网查询、讨论思考等方式探索其装饰的原因、构成方式,一步步了解吉祥纹样的形式美,深入探索吉祥纹样的美好寓意,将中华民族传统文化和美术课堂有机结合,培养学生的文化认同感。

由于每个学生的不同,所表现出来的情感反应也会不同,有的会超出教师的预想,而有的却达不到教师设定的目标,这些都是我们预料不到的。因此在整个学习过程中,教师要善于观察学生,了解学生,并能及时对学习环节作出调整,选择最适合学生的方式作内容的安排。只有这样,真正从学生出发,为学生量身定做的活动内容,才算是真正成功的学习。

本项目的学习,有利于增强学生对美术课程的学习兴趣。在鉴赏美术作品时,由于知识结构、文化素养、审美角度、生活经验、个人兴趣的差异,学生对同一样事物有不同的审美感受。比如欣赏陶、瓷器,有的学生关注器物上面的纹饰,有的学生被器型所吸引,有的学生叹服于陶、瓷器高超的制造工艺。又如,喜欢文史的同学,可能将喜爱历史的情感态度迁移到美术鉴赏中,通过形式多变的纹饰去了解古代人们的生活习性、审美特点、精神信仰等。我们可以借助知识迁移来丰富教学内容,完善学生的知识体系,使学习效果得以保障。

《木刻纪程》小引中有这么一句:"采用外国的良规,加以发挥,使我们的作品更加丰满是一条路;择取中国的遗产,融合新机,使将来的作品别开生面也是一条路。"本项目的设计以传统版画为载体,以中国民间吉祥纹饰为范本,将木刻版画教学与中国传统吉祥纹饰相融合,创作出属于学生自己的图案作品,在学习中坚持传承我们的本土传统文化,为传统文化和现代艺术融合贡献力量。

核心素养导向下校园定向跑项目化学习的实践研究

张 芸

一、研究背景

校园定向跑是上海市《体育与健身》教材中八年级的基本内容,是耐力跑教材中的必修内容之一。校园定向跑作为一种充满创意挑战和团队精神的体育运动,以往的活动中主要是学生参与比赛,缺少参与设计的过程,学生很难在活动中体验战胜困难、经历磨炼、勇于探索的体育品德。核心素养导向下的项目化学习强调,学生要在真实的情境中运用学科融合知识探索性地解决问题,进而培养创造性、批判性思维和沟通合作等终身学习能力。因此,本文以校园定向跑项目化学习为例,让学生在这一过程中体验策划者、规则制定者和参与者等多重身份,进而提升他们的核心素养。

二、研究过程

（一）活动设计

项目化学习是学生在一段时间内通过研究,对一个真实的、有吸引力的活动进行跟踪,分析和解决问题的过程。校园定向跑是集"体能和智能"于一体的时尚体育运动,考验学生在不同环境压力下能否作出对路线的正确判断和果断的决策应变能力。基于该情境,明确此次项目化的驱动性问题是如何激发举行校园定向跑运动积极性,进而提高比赛实效的。

1. 任务分解,快速融入

如何举行校园定向比赛对中学生而言难度较大。因此,我们将定向跑比赛设计分为前期学习—路线设计—制作规则—召开赛前会议—组织比赛等几个部分,学生分组领取不同的任务,合理安排小组的比赛活动,最后形成比赛方案,做好比赛前期准备。

2. 角色分工,激发兴趣

在设计点位前,鼓励学生充分发挥主动性,通过借助网络资源、查阅书籍、现场查看等形式收集定向跑的相关信息。这样的方式点燃了学生的参与热情,从而培养了学生探究性实践和社会性实践的学习素养,初步习得调研,为后续讨论、筛选、提炼、确定点位以及点位上完成的任务设计埋下伏笔。(表1)

表1 小组角色分工表

角色	工作描述	职责	备注
策划	负责整个项目策划	统筹	
裁判	负责整个校园定向活动执裁	确保比赛路线、器械符合规定 执法公平公正	
教练	方案解读 识图及找点标 定向运动基本技能培训 组织学生模拟比赛	组织并完成训练计划 积极主动地进行团队建设	
队长	组织协调队伍	抽签选择比赛路线 在小组中作表率作用 促进队伍团结	
计时员	各小组时间计时	记录各小组时间 分析小组耗时原因	
记分员	统计各小组分数	记录各小组得分,分析比赛失分原因	
器材管理员	维护及管理训练与比赛中的器材	提前布置场地、维护器材	

3. 同伴合作,设计路线

通过前期学生的检索,由策划者将资料整理形成PPT,达成一致,开启后续的路线制定。这一过程中,学生体验并初步应用了"决策"这一高阶知识,而在伙伴合作设计路线、形成成果的过程中,提升了逻辑思维能力和实践能力,培养了他们创建和解决问题的能力。

4. 实践迭代,修改方案

学生设计方案后,分小组进行实地调查并针对原方案讨论,提出问题及改进措施,引导学生对问题作解析与思考,让学生根据生活经验以及所学知识作分析,并给学生充分的思考空间,探讨方案操作的可行性。最后针对问题实地勘察,在实践过程中提出新的问题:点位设计是否合理?点位完成任务的难易程度如何?这些都有助于培养学生的逻辑思维能力。通过学习与现实生活的经验相结合,运用所学知识与技能的过程可以培养学生积极的体育态度,提高分析问题和解决问题的能力。(图1)

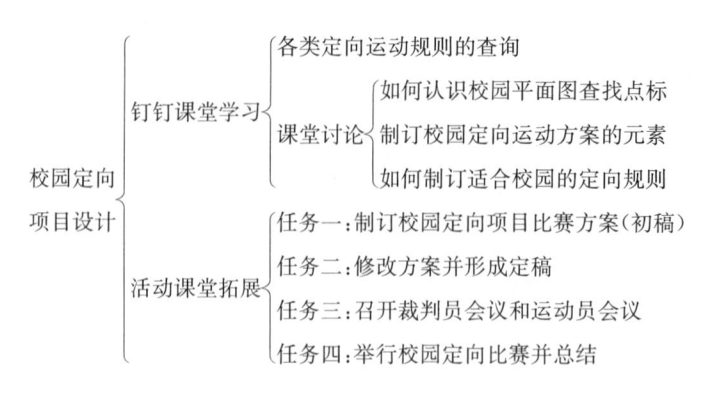

```
                    ┌─ 钉钉课堂学习 ┬─ 各类定向运动规则的查询
                    │              │          ┌─ 如何认识校园平面图查找点标
校园定向            │              └─ 课堂讨论 ┼─ 制订校园定向运动方案的元素
项目设计            │                         └─ 如何制订适合校园的定向规则
                    │              ┌─ 任务一：制订校园定向项目比赛方案（初稿）
                    └─ 活动课堂拓展 ┼─ 任务二：修改方案并形成定稿
                                   ├─ 任务三：召开裁判员会议和运动员会议
                                   └─ 任务四：举行校园定向比赛并总结
```

图 1　项目实施时间线

（二）组织比赛

2023年5月31日，组织校园定向跑比赛——基于体育学科项目化学习阶段成果展示活动顺利举行。在活动中，学生裁判员各司其职，在执裁过程中积极妥善处理问题，专业而又不失人性化的操作让参赛队员迎难而上并接受比赛结果。整个过程学生需要了解定向运动的起源、定向运动的种类、参与定向运动的积极意义。深入学习阶段需要学会查看平面图并设计点标，制订校园定向的方案、规则，同时还需要学生深入了解赛前、赛中、赛后需要的流程：召开裁判员会议、召开领队（运动员）会议等，让活动设计者深刻认识到整个过程是为比赛学生服务的，在设计任务卡时不仅要简单易懂还要有趣味性。特别是在不同层面的会议过程中，将习得无领导讨论、合作探究等能力迁移到日常学习和生活中，这样才是真正的学会，从而提升和延续学生对学习的内驱力，同时落实了承担不同角色并认真履行职责的体育核心素养。

（三）总结反思

在总结反思环节，不仅引导学生做事常反思，更要教会项目过程中将习得的合作探究、资料检索、整理归纳、实地考察、提炼概括、设计和制作小作品等能力迁移到其他场景中去，这样才是真正的学会，从而感受学习的价值，提升和延续学生对学习的内驱力。

在设计路线和点位环节，小组成员间通过实地考察，同伴讨论等确定了打卡点，在预演环节发现每个点位设计完成项目时间不一致，还要考虑点位完成的要求。这就是要学生提出改进措施、实地论证的过程，形成问题解决的能力。

在实施比赛时已经预知了一些比赛可能出现的问题并反复进行修改和完善，但还是遇到了许多意料之外的问题，如足球射门的要求不够明确，集体跳长绳不易完成等，诸如此类问题还碰到了很多，这一过程中的问题让学生有些手忙脚乱，但同样也给他们带来了宝贵的经验和知识，最后比赛安全顺利地完成。

(四)学习评价

本文采取了结果性和过程性及多元主体参与评价的方法,评价结果类型多样,包括等级、评语等质性反馈,下面以路线设计评价量规为例进行阐述。(表2)

表2 路线设计评价量规

评价内容		评价形式		
		水平1	水平2	水平3
路线设计	信息收集	只进行了一种方式的信息收集,收集了少量的关于定向跑的资料	进行了两种方式的信息收集,收集了一些关于定向跑的资料	查阅了文献、网络信息,阅读了相关书籍并积极收集关于定向跑资料
	小组讨论 倾听回应	在同伴发表意见时,做自己的事	在同伴发表意见时安静倾听	在同伴发表意见时积极倾听
		同伴没有讲完打断同伴	耐心听同伴讲完	耐心用眼神鼓励,听同伴讲完
	沟通交流能力	沟通观点不明确	能表达自己的观点并与同伴交流一般	能充分表达自己的观点并与同伴交流流畅
	解决问题能力	不能找到解决问题的关键点	勇于提出自己的观点,有一定的解决问题能力	有解决问题的能力

三、研究结果

本次项目化学习以学生熟悉的生态校园为主题情境,基于真实问题产生,问题明确,采用跨学科融合的方式进行渗透教学,目标达成度高,提升了学生解决问题的能力,有效落实了学科核心素养的培育。从高度上看,也符合新课标关于倡导真实性学习、创新教学方式、以真实问题或项目驱动的要求。

(一)融合了跨学科知识和技能

1.体育与信息技能融合

在了解校园定向跑和设计路线的过程中,运用信息技术等方式进行检索并将查找的信息制作成PPT,最后进行汇报,这一过程借助了信息技术,体验了采集信息的过程就是一个真正学习的过程。

2. 体育与地理学科知识融合

小组成员实地勘察校园时，利用所学的地理知识结合校园平面图进行路线设计。在比赛过程中，队员利用手中的平面图，依据比赛要求，按顺序完成打卡任务，真正体现用所学知识解决问题的能力。

(二) 拓宽了体育教师备课深度与广度

1. 提高了对教材的研究能力

教师专业成长是教育获得力量的源泉。开展项目化学习推动教师要对教材进行不断研究，还要突破很多的不确定因素。通过对知识体系的再建构，学生设计活动过程要求教师不仅要教，还要教会，更要会灵活运用。这一过程拓宽了教师对教材的研究能力和备课视野。

2. 探索了体育多样化实施途径

教学方法的多样化是体育课程教学实施的重要环节。随着对校园定向跑项目化学习的深入，学生在各方面融合多变的教学组织形式，将多样化的教学思想贯穿在教学的始终，从而满足学生身心发展特点的要求，感受学习的价值，提升和延续学生对学习的内驱力，同时落实了体育核心素养。

3. 提升了教师整体和融通的视野

在项目化学习实施过程中，从入项、推进到出项，整个过程需要教师有整体架构意识，精准把握新课标对项目化学习的要求，加深理解，明晰推进路径与方法。在基于情境的教学中，按照学生的学习活动节律与要素去搭建任务序列和提供支持，推动学生主动学，提升了教师整体和融通的视野。

(三) 提高了学生的核心素养

1. 增强了实践性和探究性

学生为解决一个挑战性问题引导学生经历路线设计—制定规则—组织比赛等过程建构知识，增强了活动的探究性，通过比赛增强了实践性。

2. 提升了学习品质

让学生参与到活动的设计过程中，在小组合作、讨论活动设计、修改方案时，学生具有决策权，使学生在活动中有了更强的主动性。与传统的教学中与学生只参与实施环节相比，学生从最初的设计环节开始了解指导成果的展示、评价化解交流环节等历经过程较长，持续参与中提高了学生的毅力。学生从通过设计定向跑路线到参与执裁以及体验的过程，提高了学生的专注力、沟通能力、发现和解决问题的能力。

3. 提升了学习能力

学生在路线设计、比赛方案修改等过程中，经历了小组讨论、提出问题、提出改进措施、实地论证的过程,形成了问题解决的能力。在学生成果展示环节,利用海报、演讲等形式,学会运用多样的证据,对自己的理解进行反思,在实施过程中提升了体能,提高了知识的迁移能力。

参考文献

［1］上海市中小学(幼儿园)课程改革委员会.体育与健身教学参考资料六至九年级(试用本)[M].上海:上海教育出版社,2020.

［2］夏雪梅.项目化学习的实施:学习素养视角下的中国建构[M].北京:教育科学出版社,2020.

［3］佘文森.核心素养导向下的课堂教学[M].上海:上海教育出版社,2017.

［4］董翠香,苏迎伟,钟健.基于学科核心素养的体育教学设计新探索[J].体育教学,2020,40(4):13—17.

［5］张悦颖,夏雪梅.跨学科的项目化学习:"4+1"课程实践手册[M].北京:教育科学出版社,2018.

学习素养视角下初中数学的项目化学习实践*
——以"设计教室地面铺装方案(平面镶嵌)"为例

黄怡青

《义务教育数学课程标准(2022年版)》要求数学课程要培养学生的核心素养,主要包括:会用数学的眼光观察现实世界,会用数学的思维思考现实世界,会用数学的语言表达现实世界。项目化学习正是可以帮助学生建立起学科知识与真实世界的联系的有效方式。在学习素养视角下,学校教学应充分以学生为主体,让课堂成为学生主动学习、合作学习、探究学习的场所,使学生在获得数学核心知识的同时获得促进他们终身学习的能力和品质。

一、相关概念

(一) 学习素养

学习素养就其早期形态而言是学会学习,后呈现出"素养"的特征。"素养"这个概念本身就蕴含着对学习和学会学习的新的理解。在学习基础素养项目组的界定中,学习意味着:人在面对多种情境时,解决问题与创造新意义的过程。学习素养既是人的一种发展手段,也是一种人生目的。

(二) 项目化学习

教育领域的项目化学习可以追溯至杜威的"做中学"。长期以来,众多教育学者都对其有过阐述。其中,巴克教育研究所对项目化学习的界定较为详细:学生在一段时间内通过研究并应对一个真实的、有吸引力的和复杂的问题、课题或挑战,从而掌握重点知识和技能。项目化学习让学生真正成为学习的主体,实现了教与学方式的变革。学生在真实情境中发现问题,通过独立思考、实践操作、小组合作等方式解决问题,在这一过程中又会形成新的问题,层层递进,实现对问题的不断探求。

---

* 本文是曾文洁主持的2022年度上海市教育科学研究项目"基于初中数学课本设计问题导出单,培养学生问题提出能力的实践研究"(立项编号 C2022246)的研究成果之一。

(三) 学习素养视角下的数学项目化学习

在学习素养视角下的初中数学项目化学习可以有效提高学生的学习素养,在达成知识目标的同时为发挥学生创造力提供了可能性。学生在活动中亲身经历了数学知识系统的产生过程,从对真实情境的深度思考,到核心知识的发掘,再到对知识再建构形成高阶认知。让学生在一个个有趣的、探究的活动中,既对数学知识进行深度学习,也促进了创造性和个性的发展。同时,项目化学习通过问题解决去学习数学,促进理解数学与其他学科、数学与现实世界的联系,提高学生核心素养。

二、学习素养视角下项目化学习设计策略

(一) 确定项目核心知识,形成驱动性问题

《平面镶嵌》是沪教版数学七年级上册第十一章《图形的运动》的阅读资料,是在学生已经学习了部分日常生活中常见的图形,学习了图形的运动以及有关概念,知道图形通过平移、旋转和翻折可以形成新的图形等知识的基础上进行拓展的内容。

在日常生活中,人行道、公园花坛、家庭装修等都随处可见几何图形的平面镶嵌,且这些图形可能是单一规则的,也可能是多边形组合,亦可以是不规则图形。基于核心知识和铺设地砖的实际情境,形成驱动性问题:我们在教室度过了学校生活的大部分时光,美观的教室布置对学习能起到促进作用。作为教室的小主人,你能设计出一款美观生动的地砖装饰教室吗?

(二) 设计项目学习结构

为完成驱动性问题的探究,结合项目化学习六维度设计要则,笔者进行了项目学习结构设计(表1),形成了较为系统全面的学习过程。

表1 "设计教室地面铺装方案"项目学习结构

	任务设计	学习目标	学习结果	计划课时
入项活动	收集实际生活中地砖样式	联系生活实际,结合生活场景发现平面镶嵌的数学问题	几何直观 分析能力	1
合作探究	探究平面镶嵌的定义	理解平面镶嵌的定义	几何直观 归纳总结	1
	探究几何图形平面镶嵌的条件	探究一种正多边形、几种边长相等的正多边形组合、一种任意多边形的平面镶嵌的条件	几何直观 实践能力 合作意识	2
	设计平面镶嵌的图案	通过访谈法、问卷法了解师生对于教室地面的铺装需求,设计平面镶嵌图案	应用意识 创新意识 审美能力	2
成果展示	总结交流小组设计成果	介绍小组成员及分工、活动方案、学习成果以及合作设计的作品,并自评和他评	应用意识 表达能力	1

(三) 项目实施过程

1. 情境引入,问题驱动

生活中有哪些场景会以地砖铺满地面?这些场景中有什么样的地砖样式?这些地砖样式属于哪个或哪几个几何图形?

学生思考问题链,领会入项活动要求和目标。分小组研讨并确定成员分工、活动计划。随后,学生在家里、公园、小区里、商场、美术馆等地开展活动,通过入项活动对本项目的核心知识产生一定的几何直观,为驱动性问题的解决作铺垫。

2. 发现本质,探究知识

通过入项活动中对真实情境的探索,学生能较为直观地认识到,一组几何图形能够既无重叠又无空缺地填满整个平面。由此引出本次项目化学习的数学核心知识——平面图形的镶嵌。而要完成驱动性问题,就要先解决本质问题:几何图形的平面镶嵌有什么条件?

学生分组合作动手实践,从平面镶嵌的概念入手,用各种各样的多边形拼接组合,不断尝试探究,形成了不同的平面镶嵌图案。经过讨论交流,学生分别总结了一种正多边形平面镶嵌的条件、几种边长相等的正多边形组合形成平面镶嵌的条件、任意一个三角形和任意一个四边形的平面镶嵌的条件,层层递进,最终归纳出平面镶嵌的多边形需要满足的条件是拼接点处的几个内角能构成360°,且互相重合的边相等。

3. 合作实践,解决问题

学生设计采访大纲选取部分同学和教师进行初步访谈,了解他们对目前教室地面铺设的想法以及有何改进建议。结合采访结果设计调查问卷,对同学和教师作较普及的调查后,设计兼具美学和适用性的地砖样式。

在活动过程中,教师密切关注每个小组的活动进展,适时提供帮助和相应学习支架,并引导学生思考:作品的设计理由和想法是什么?是否符合教室的场所定位并具备可行性?

4. 总结交流,展示成果

在项目最后,每个小组都需要展示各自合作学习的成果。其中包括:①小组成员及分工;②小组活动方案;③各项任务的学习成果;④合作设计的作品,并说明设计理由和想法;⑤其他小组成员担任"评审"进行点评和建议。

RAP组:选用正方形进行平面镶嵌,如图1。画出相邻4个正方形的对角线,则可看作是由四个边长为1的等腰直角三角形和一个边长为$\sqrt{2}$的大正方形组成的平面镶嵌图案。在初步设计图的基础上,设计了似花苞的形状,增加了层次感,希望能给人以美的感受(图1)。

0—7=—3组:选用两个正多边形平面镶嵌。经过计算,我们选择了边长相等的正六边形和正三角形。正六边形的一个内角为120°,正三角形的一个内角为60°,所以每个拼接点处可以由一个正六边形内角和4个正三角形,组合成为360°(图2)。

图 1　　　　　　　　　　　　　　　图 2

华罗庚小组：这个平面镶嵌图案是由正六边形与菱形两个图形组成的（图3）。为了使拼接点处4个内角其中有两个是正六边形的内角120°，计算得到其余两个内角分别为60°，由此确定了菱形的相邻两个内角分别是60°和120°。为了增加美观性，在基本图形的内部加上一些其他的图形，上色时通过同一颜色的由浅到深、由深到浅，给人以立体的感觉。

欧几里得组：用3个不同的正多边形组合平面镶嵌。通过组合选取了正十二边形、正六边形、正方形3种图形。正十二边形内角为150°，正六边形内角为120°，正方形内角为90°，相加为360°，满足了平面镶嵌的条件（图4）。

图 3　　　　　　　　　　　　　　　图 4

人民当家作组：灵感来源于小时候经常玩的拼图，受到启发后，利用图形的对称性创作了一个不规则的图案（图5）。以一个矩形为基础，以长的中点为旋转中心，在旋转中心左侧画一个半圆，绕旋转中心旋转180°，落在旋转中心右侧，下方同理。再以宽的中点为旋转中心，在下方画一个等腰直角三角形，绕旋转中心旋转180°，落在旋转中心上方。因此，这个基础图形旋转180°后可以与原图形平面镶嵌（图6）。

（四）全程评价

在本次项目化学习中设计了两次过程性评价量表（表2），考查学生在不同阶段中的认知情况、情感态度等方面，评价者由学生自己、小组同伴和教师构成。

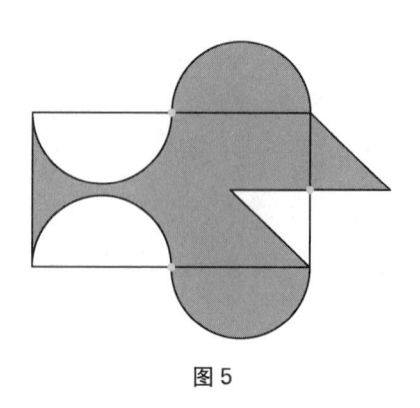

208　核心素养下的学校育人实践

图 5

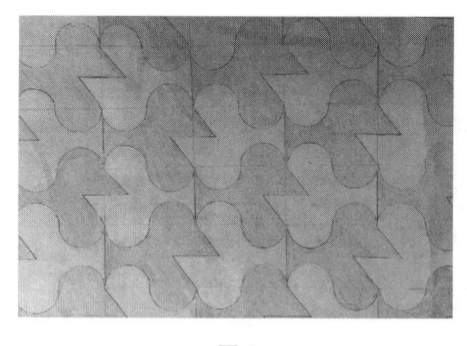

图 6

表 2　学习过程评价量表

评价项目	评　价　等　级			评价主体		
分值	优秀(20 分)	良好(15 分)	合格(10 分)	自评	互评	师评
课前准备	主动通过书籍、网络等途径主动探索相关核心知识	感觉有难度,但仍能尽力尝试学习	勉强能与组员共同完成学习任务			
团队协作	能够带领组员一起完成探究实践,并提出建议	能够配合组员一起完成探究实践,完成各活动	能够在同伴帮助下探究实践			
学习成果	充分理解平面镶嵌的相关知识,设计出适当的平面镶嵌图案	理解平面镶嵌的相关知识,并在组员带领下完成设计	知道平面镶嵌的相关知识,但作品呈现有困难			
等地	A(54—60 分)	B(42—53 分)	C(30—41 分)			
我的感想:						

项目最后,设计结果性评价量规(表 3)。为了培养学生的批判性思维,设计开放性问题:你认为其他小组的最终成果是否存在不足?你在本次活动中收获了什么?

表 3　成果交流评价量表

小组 评价项目	分数(0—10 分)		总分 满分 20 分	对作品的 优化建议
	表达流畅度	作品满意度		
RAP 组: 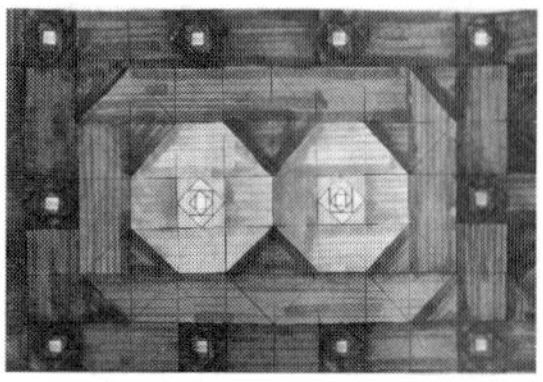				

(续表)

小组 / 评价项目	分数(0—10分) 表达流畅度	作品满意度	总分 满分20分	对作品的优化建议
0−7=−3组				
华罗庚小组				
欧几里得组				
人民当家作组				
我的感想：				

三、总结反思

(一) 教学设计体现完整性和系统性

项目化学习的设计是系统性的,前后关联性极强的,学生参与项目化学习经历了完整的知识形成过程。学生能在解决驱动性问题的过程中,基于核心知识,把握知识点之间的联系,建构系统化的知识结构,实现知识间的融会贯通。同时,学习素养下的项目化学习对学生的评价也是全程的,形式多样,关注到每个学生的不同发展。

(二)学习过程实现"以学生为中心"

学习素养视角下的初中数学项目化学习能让全体学生产生主动的、积极向上的、迎难而上的学习素养。无论学业成绩如何,每个学生都能在项目小组中找到合适自己的角色定位,获得成就感,激发学习兴趣。另外,学生在实践活动中培养自主学习、合作学习、探究学习的能力,提升问题解决能力,发展数学核心素养。

(三)项目化学习发掘数学学习更多可能性

本次项目化学习最终成果的形成不但需要学生结合所学数学知识,还需要运用美术知识来绘图。无论是艺术还是几何学,他们都是对现实世界的表现和再现,将感性的视觉艺术与理性的几何学有机统一,使学生发现数学之美,实现数学的美育功能。

参考文献

[1] 夏雪梅.项目化学习设计:学习素养视角下的国际与本土实践[M].北京:教育科学出版社,2018.

[2] 全永坤.基于项目化学习的初中数学大单元教学:以"图形的变换"为例[J].中学课程辅导,2023(15):60—62.

新课标科学学科核心素养引领下的项目化学习实践

——以"小设计,大不同"校园微更新改造项目为例

陈佳瑶

2024年可以称为上海科学教育的"元年"。习近平总书记指出:在"双减"中做好"科学教育加法",在探究实践中培养一批具备科学家潜质,愿意献身科学研究事业的青少年群体。2020年新课程标准正式落实,科学学科提出了"科学观念、科学思维、探究实践、态度责任"四大核心素养,为科技创新人才的培养提供了具体、可操作的目标。科学作为中学阶段少有的综合性课程,具备了在真实情境下发现问题,并通过思考在实践中解决问题的特点,也成为开展项目化学习实践的一片"优质试验田"。本文以近期已经完成实践的项目化学习"小设计,大不同"校园微更新改造项目为例,主要探讨如何在项目化学习的构思、设计以及实践中充分体现新课标科学学科核心素养。

一、项目构思阶段

(一)深入学习新课标科学核心素养,把握"工程设计与物化"核心概念

学科核心概念是从基础的"科学观念"出发,能够展示学科图景、反映学科思想的基本概念、规律和原理。本次新课标改革中强化了科学与技术的关联,突出了工程设计的价值。因此,本项目从核心概念中的"工程设计与物化"出发,寻找并搭建一个相对真实的建筑工程情境,在完成工程设计目标的过程中,学生需要了解工程背景和现状,提出设计方案,并将设计方案物化成模型,最终通过公开发表的形式对设计方案作评价和反思。在对这一工程深入持续的探索中,学生不可避免地需要调动其他学科的相关知识与技能,如数学——比例的计算与测量、地理——比例尺及方位判断、艺术——设计方案绘画表达、劳技——简易手工模型制作、语文——调研报告的撰写与语言表达等。这一核心概念的把握,为后续项目化学习的选题和目标的确立指明了方向。

(二)挖掘校园生活视角,唤起学生态度责任意识

2022年新课标修订的主要目标是落实立德树人的根本任务,强调育人导向。"态度责

任"这一核心素养重点强调了学生的社会责任感,即主人翁意识。校园即一个小型社会,学生对于校园生活、校园管理或校园设施陈列能够以发展的眼光提出建议或意见,主动参与校园环境的优化,就能展现其科学素养与态度责任。据此,"小设计大不同——校园微更新改造"项目以"校园改造"为选题,主要面向7—8年级的学生开展探究型课程。项目设计初衷来自学生与校园之间的紧密联系与情感。学生对学校功能是否完善、设施优缺等方面有着深切的感受和迫切改造的意愿。在已落成的校园建筑内,一些微小的设计改变,就可能带来意想不到的效果。从学生视角看校园空间的不足,这一真实情景更能激发学生对项目探究的积极性与持续性,促进了项目化学习教学主体由教师向学生的转变。

二、项目设计阶段

(一)将核心概念中的核心知识再建构,逆向设计以确立项目目标

项目化学习的特征之一是"逆向设计",即从项目最终成果出发,反向推理得出项目所需的知识与能力。本项目是基于"工程设计与物化"这一核心概念,那么校园改造工程设计需要一名设计师具备哪些知识与能力?由此可以将工程设计的核心知识分解重组,以"知识、能力、观念"3个分类再建构。例如:学生可以通过学习,了解建筑平面图识图方法、比例尺的换算方法和建筑方位的判断(知识层面),从而运用空间智能对校园作实地调研,学会基本数据统计与分析方法,进一步运用空间思维能力,将图纸和想象中的平面、抽象想法物化为实体模型,最后有条理和逻辑性地阐述设计理念与方案,自信地表达展示(能力层面)。通过整个项目,学生能意识到建筑空间为人的需求服务,理解微小的创新创意可以使生活更美好,明晰设计方案需要有充分的调研数据作为支撑,项目不仅要具备创意更需要兼顾可行性(观念层面)。明确项目细化的目标之后,项目的问题链和具体活动的设计就能做到有的放矢,从做中学。

(二)用高阶学习带动低阶学习,提升学生综合素养

项目化学习相较于传统的课堂教学模式,其优势在于:学生能在解决一个有挑战性的问题的过程中作持续性探究,体现问题解决、创见、决策、调研、协助等学习素养的发展。这些高阶认知策略,需要由低阶认知策略转换,也需要学生具备将事实性知识转化为概念性知识的能力。

因此,在本项目的活动设计框架中,学生在项目中首先通过对校园的实地走访、观察、体验,记录收集事实性知识,再根据校园功能、人群动线、空间使用状况及师生需求等方面开展全方位数据分析与调研,为后续改造设计提供充足依据。通过项目学习,学生能以批判性视角针对真实的校园空间中存在的现状问题,在全面评估调研后,结合创意生成一个实际可行

的解决方案并搭建模型,不仅体验到了创意设计从想法到落地的成就感,也体验到了真实情境下问题解决的全过程。

由高阶学习带动低阶学习,学生在实践过程中能逐步养成科学思维、创造性思维、团队沟通与合作、问题解决能力等重要的终身学习能力,将核心素养与育人目标真正落实到学习过程中。

(三) 分解大任务为小任务,以子问题链形式引导学生思考

项目化学习设计的核心是驱动性问题的设计,该问题是整个项目推进过程中的"题眼",问题的答案也正是项目成果的体现。因此。驱动性问题应与项目成果直接相连,并且是较为宏观的、具有挑战性的大任务。而子问题链则是将问题化大为小,化难为易,是为学生铺设通往学习成果的支架。

本项目的驱动性问题是:如何通过微小设计创意,对我们目前尚未被合理利用的校园空间进行改造完善?

学生在这个项目中,以"校园微更新改造"为核心,将经历 3 个阶段的学习历程。第一阶段,学生首先通过收集自然材料,尝试为流落荒岛的探险家贝尔设计并搭建一个牢固安全的"荒野小屋",初步认识什么是建筑空间;第二阶段,学生通过学习建筑平面图识图方法,结合校园实地走访,发现已有功能空间的问题,认识到"为什么要改造校园";第三阶段,学生以小组为单位选择一处可改造的空间,最终通过思维碰撞与合作,完成校园微更新创意设计方案,并制作相应的图纸与简易模型,作为项目成果在校园内发表展示。

子问题链以"什么是建筑—为什么要校园改造—怎样改造校园"的逻辑将驱动性问题分解,为学生提供可实际操作的任务,帮助学生搭建问题解决思路的框架。

(四) 以多样方式搭建学习支架,成为学生的引导者与项目共创者

项目化学习虽以学生为学习主体,但也需要教师搭建多样的学习支架,帮助学生一步步接近最终成果。学习支架搭建的方法主要可以分为 3 类:学习资源支架、问题引导支架、学习工具支架。例如,在"校园行走"调研活动中,教师提供校园施工时的平面设计图及总平面图,以实物图纸为学习资源,引导学生感受二维平面与三维空间之间的关系。在小组讨论设计理念的活动中,教师引导学生用"思维导图"作为工具记录头脑风暴的思考过程,鼓励学生敢于用发散思维提出创见。在设计方案的公开发表阶段,教师以问题链形式,帮助学生整理小组设计思路,并有逻辑性地表达设计想法。

教师在项目化学习活动中承担了引导者和共创者的角色,在倾听小组设计想法的同时,结合模型与学生探讨设计的可行性,引导学生思考设计是否真正解决了"设计提出的空间问题"。搭建活动为学生提供了充分的自主实践空间,在动手操作中发挥创造性思维,在团队

合作中探讨并解决复杂的实际问题。

三、项目实施阶段

1. 结合工程项目流程，模拟专家合作分工模式

项目化学习的特点之一是合作学习，分工明确，学生可以依据自身的特长选择合适的角色。本次搭建活动共设定了5个角色：组长、建造师、绘画师、调研专员和演说者。这些角色真实模拟了一个建筑工程项目从设计、绘画、建模、发表到统筹的各个环节，能让学生像专家一样思考与合作，体验一个项目从设计到落地建设的全过程。

2. 动手搭建模型，不断迭代更新完善设计

在初步确定小组设计方向之后，学生需要通过动手搭建模型，来验证设计方案的可行性。搭建过程中，小组角色分工的优势得以显现。搭建模型的材料需要调研专员收集与统筹，建造师和绘画师相互配合，在图纸和实际模型中寻找差距和问题，并不断推翻和改进设计方案。而演说者和组长也参与到搭建活动中，提出建议，共同推进设计方案的迭代。学生从教师提供的雪弗板、轻木板材、绿植造景摆件、木条树枝等材料中选择，需要综合考虑材料的坚固性、材料的连接方式以及色彩搭配，这些问题与科学、工程、数学和艺术等学科直接相关，为学生提供了运用跨学科知识综合解决问题的机会。

3. 公开发表成果，接受质疑并反思改进

项目的成果发表以小组设计方案公开汇报的形式，每组的演说者负责清晰准确地阐述小组的设计想法，包括使用的材料、模型的形式和结构，以及如何解决设计提出的问题。在展示完毕之后，小组成员需要共同回答其他小组对于设计方案提出的问题与质疑，并结合反馈意见最终完成搭建活动的反思与总结。

从学生呈现的作品中，"便于投放即清洁的校园垃圾站空间改造""荒废的二楼平台的重生""校园迎宾区景观优化改造""露天平台的避雨装置设计"等设计概念各有特点，创意满满。项目化学习活动在激发学生创造力的同时，也让学生体会到团队合作的成就感，对建筑空间的理解有了更为直接而深刻的认识。

"科学源于生活，而项目化学习正是生活该有的样子。"在项目化学习的构思阶段，以学科核心素养为出发点，设计阶段以核心素养为目标，以及实践中以学生活动落实学科核心素养。基于课程标准的项目化学习探索和实践，对教师开启和推进项目化学习有着重要的意义。项目化学习教与学的新样态，将推动科学教育走向全新的变革！

参考文献

［1］中华人民共和国教育部.义务教育科学课程标准(2022年版)[M].北京:北京师范大学出版社,2022.

［2］夏雪梅.项目化学习设计:学习素养视角下的国际与本土实践[M].北京:教育科学出版社,2018.

基于"五育融合"的跨学科项目化学习的设计与实践
——以"草莓成长日记"为例

董长江

《中国教育现代化2035》中明确提出"更注重学生全面发展,大力发展素质教育,促进德育、智育、体育、美育和劳动教育的有机融合"。首次明确提出"五育有机融合"的要求,把"五育有机融合"看成是发展素质教育的现实路径。《义务教育生物学课程标准(2022年版)》中课程内容明确指出,学生通过跨学科学习能运用多学科的知识和方法,通过设计和制作,解决现实问题,发展核心素养。由于不同学科在"五育"中有不同的侧重点,因此跨学科项目化学习成为实现"五育融合"的潜在途径。笔者结合生物课程内容"被子植物"一节,设计了跨学科项目化学习"草莓成长日记"。项目以如何种植草莓为真实问题情境,活动中学生综合利用生物、劳技、数学、美术等学科知识,系统地认识以草莓为代表的被子植物的器官和功能,感受生命成长的过程。学习过程中,通过小组合作、探究和实践等方式解决遇到的问题,学生的核心素养得以提升,"五育"得以发展。本文初步探索了基于"五育融合"的跨学科项目化学习的设计与实践路径。

一、理清思路塑"五育"

(一)项目起源

在植物一节的学习中,学生会认识各类植物,特别是在学习被子植物时,学生不但要认识这些植物,还要深入了解被子植物的各个器官与功能。通过研究如何种植一种被子植物,学生既能学习到生物学知识,还能在种植的过程中落实生物学以及相关学科的核心素养,从而发掘"五育"。原先基于课本知识和能力的智育就转变成了融合"五育"的跨学科活动,从而使学生"五育"得到全面发展。

(二)搭建项目骨架

教育生态学视角下的"五育融合",不是"五育"的简单拼凑和叠加,而是将"五育"聚集于学生的课程、活动中,并相互渗透,从而实现整体"五育"的生成。在跨学科项目化学习中应该整合主要学科的核心内容,通过项目化学习,学生不但能形成对学科内容的完整认知,更重要的是通过项目化学习充分发掘五育,探索"五育融合"的可能性。本项目驱动性问题是:如何种植草莓让草莓又快又好地生长并收获果实。为了更好地实施项目以及发掘项目学习中的"五育",项目围绕驱动性问题并结合新课标和教材核心内容搭建了"三纵两横"项目骨架。"三纵"指的是把驱动性问题分解为3个子任务:子任务一,如何获取草莓幼苗;子任务二,如何培养草莓植株,使其苗壮成长;子任务三,聚焦开花和结果,如何使草莓果实美味且高产。3个子任务对应草莓生长发育的3个阶段,即种子萌发、幼苗生长、开花结果。"两横"指的是生物学内容和草莓种植有关的知识。项目骨架的搭建帮助学生梳理了项目基本流程和思路,为后续发掘活动中的"五育"提供了保障(表1)。

表1 草莓成长日记"三纵两横"项目骨架

		三 纵		
		子任务1:如何获取草莓幼苗	子任务2:如何培养草莓植株,使其苗壮成长	子任务3:聚焦开花和结果,如何使草莓果实美味且高产
两横	生物学内容	草莓种子萌发探究实验	观察和绘制草莓的根、茎、叶	记录草莓花到果实的变化
		观察和认识种子的结构和功能	探究草莓叶正面背面颜色差异	观察和解剖草莓的花和果实
	种植知识	确定草莓繁殖的方式	交流草莓生长的条件	分享草莓开花结果期管理技术

(三)践行"五育"目标

项目目标的设定应以新课标核心素养为引领,涉及跨学科的项目还应参考所跨学科的核心素养要求。此项目最初设定目标时参照了主要学科生物,以及相关学科劳技、数学、美术的核心素养。但是,核心素养并不与"五育"一一对应,两者相互渗透、纵横交错,因而在依据核心素养设定目标后还需要从"五育融合"视角进一步梳理,发掘其中的"五育"(见表2)。

表2 核心素养目标中的"五育"

核心素养目标	核心素养	育人效果				
		德	智	体	美	劳
通过查找资料、集体讨论和探究实践,了解草莓的种植条件	科学态度(生物)	√	√			√
感知生命的成长过程,树立正确的生命观念	生命观念(生物)	√			√	
通过探究实践,养成探究习惯,初步形成准确表达和高效合作能力	探究实践(生物)	√	√	√		√

(续表)

核心素养目标	核心素养	育人效果				
		德	智	体	美	劳
能够进行独立思考和判断,多角度、辩证地分析问题,提出自己的见解;能够对他人的观点进行审视评判、质疑包容	科学思维(生物)	√	√		√	
利用劳动资源和工具完成草莓种植,经历草莓收获过程,体会劳动不易,珍惜劳动成果	劳动能力和品质(劳技)	√	√	√	√	√
在种子萌发条件的探究活动中,通过计算和比较萌发率的大小确定合适的萌发条件,用数学的知识解决问题	数据观念和应用意识(数学)		√			
能以小组为单位设计美观的、具有一定吸引力的主题展板,宣传草莓有关知识和种植技术	设计意识(美术)	√	√	√	√	√

德育致力于学生思想品德和人格素质的培养。本项目中,多数活动以小组为单位进行,小组成员要做到对他人的观点审视评判、质疑包容。成果之一是宣传展板的制作主题:我们为什么要自己种植草莓?组员们讨论得到以下观点:有些草莓种植过程使用了大量的农药,过多的农药可能影响环境,甚至会对人体造成危害,制作展板能向更多的人宣传保护环境、健康生活的观念。这些活动是对学生品德和人格的再塑。

智育是有目的、有计划、有组织地向学生传授系统的文化科学知识和技能的教育活动。智育贯穿整个教育教学活动。

体育精神体现在培养学生坚韧不拔的品格、团结协作和遵守规则的意识。学生在种植草莓过程中遇到困难永不言弃、不断探索,最终硕果累累。这是体育精神的重要体现。

美育提升人们认识美、理解美、欣赏美、创作美的能力。美育渗透在多个活动中:协作互助,提升心灵之美;栽培草莓,发现自然之美;制作展板,体现创造之美。

关于劳育,此次学习,实质是学生动手实践种植草莓,是一次具有劳动教育价值的实践活动。学生在实践中学习劳动技能,体会劳动的辛苦和收获的不易,此次学习有利于促进学生养成良好的劳动习惯,形成珍惜他人劳动成果的优良品质。

二、学习支架助"五育"

学习支架是教师设计并用于帮助学生解决问题或有效完成任务的各类支持,是实现"五育融合"的重要手段。入项阶段,教师向学生提出基于真实情景的驱动性问题,即情境型支架,学生开始了草莓种植和探究之旅。教师向学生提供了资源支架——Xmind思维导图制作软件,学生利用软件绘制精美的思维导图,不但梳理了学习思路还收获了精美的思维导图,学生智育和美育得以发展。在教师的引导下,学生实现小组组建和组内分工,交流型学习支架在学习中发挥着重要的作用:学生在小组学习中需要组织语言表达观点或者审慎地评价、包容不同的意见和观点,发现不同观点的可取之处,学生的德育、智育、美育得以综合发展。草莓应该集中种植还是分散种植?组内和组间不能达成一致。此时,教师向学生提供策略型支架,引导学生形成一致意见:组内集中种植,这样既能保证组内草莓种植条件一致,也能减少组间的差异,便于后续评比。这一策略型支架的搭建培养了学生坚韧不拔的品格,提升了团队协作的能力,是体育精神的重要体现。

三、全面评价促"五育"

没有评价引领的"五育融合",是没有"魂"也没有"帆"的。评价的原则之一是"以评促学",即合适的评价使学生明确学习的目标,改进学习。因而,全面的有针对性的评价对于实现学习中"五育融合"的目标至关重要。

(一) 基于"五育"的评价设计

为实现"五育融合"的目标,在教学评价中应该以"五育"为导向设计评价表,突出五育在评价中的引领作用,促进学生全面发展(表3)。该评价表是子任务二中的生成性评价表,在设置评价指标时应充分考虑评价指标对"五育"的指向性。

表3 草莓生长期种植技术信息收集评价表

评价指标	评价等级 A(11—15分)	B(6—10分)	C(0—5分)	小组自评	组间互评	师评	总评	育人效果
小组分工	分工明确,各司其职	有分工的体现,如合作讲解	未分工					德育、智育、体育
资料整理	内容精心组织和编排,图文并茂	部分资料进行整理	粘贴和复制,未整理					智育、美育、劳育
资料的可信度	来源于官方网站和权威书籍,真实可靠	资料部分来自官方	不能说明来源					智育、德育
呈现方式和效果	使用合适的方式,讲解流畅	呈现方式合适但不够流畅清晰	呈现方式单一且讲解不熟练					美育、智育
活动中遇到哪些问题,怎样解决的,有何收获?								德育、智育

(二) 多元的评价设计

初中生物新课标评价建议中指出,评价要多元化。强调主体多元,充分发挥学校、教师、学生等参与评价的积极性,利用各评价主体的评价结果,促进所有教育参与者教育方式和行为的改变。因而在设计评价表时还要考虑评价主体的多元性,让组内可以自评、组间可以互评、教师可以点评(表3)。不同主体看待问题的视角是存在差异的,多元评价可以使评价内容更加丰富和具有参考性。另外,学生用自评的方法发现学习过程中的问题和薄弱环节,分析形成的原因,并通过自我反思改进学习方法,也是落实"五育融合"的有效方法。

（三）注重过程性评价

跨学科项目化学习一般来说学习的周期较长,学习中学生"五育"的全面发展,不能仅仅通过最终的物化成果来判断。因此,项目化学习不能只关注终结性评价,更要关注过程性评价。在此次学习中,每个子任务均设置了过程性评价,在帮助学生不断改进学习的同时,也能适时地记录下这一阶段学生的学习状况,以方便教师后续开展更有针对性的教学,促进学生"五育融合"发展。

四、结语

在实践中不难发现"五育"不是彼此孤立、相互竞争的,而是相互交织融合,形成一个整体。实现"五育融合"的关键是用合适方式发掘"五育融合"的可能。虽然实现"五育融合"在教学中极具挑战,但以下几种"五育融合"方式值得一试。一是"某育融合"式,即以一育为切入点,通过在一育中发掘、渗透、落实五育,达成"五育融合"。二是"教材融合"式,主要方法是以教材作为载体,以"五育融合"的视角挖掘教材中的五育育人点。三是"活动融合"式,选择以某一活动为引领载体来融合各育。此次跨学科项目化学习以上3种方式均有涉及,是新课标引领下的基于"五育融合"的全新探索。

参考文献

[1] 宁本涛."五育融合"与中国基础教育生态重建[J].中国电化教育,2020(5):1—5.

[2] 伍红林,杨玥.《义务教育课程标准(2022年版)》中的"五育融合":回溯、内涵与实施建议[J].天津师范大学学报(基础教育版),2023,24(1):25—30.

[3] 李政涛,文娟."五育融合"与新时代"教育新体系"的构建[J].中国电化教育,2020(3):7—16.

Design for school uniforms 项目案例

冯姿媛

一、项目概述

（一）研究背景

根据《义务教育英语课程标准（2022年版）》，核心素养是课程育人价值的集中体现，是学生通过课程学习逐步形成的适应个人终身发展和社会发展需要的正确价值观、必备品格和关键能力。英语课程要培养的学生核心素养包括语言能力、文化意识、思维品质和学习能力等方面。但由于英语非母语，教学内容简单枯燥，因此学生虽然习得一定的语言知识，生活中却无法发挥其语用功能。

项目式学习是教师创设真实的驱动性问题或挑战的探究体验活动，引导学生综合运用多学科知识和技能分析问题、解决问题，并展示最终的学习成果。项目式学习突出了学生的主体地位，激发学生的内驱力，让学生在解决真实问题的过程中开展自主学习及合作学习。项目式学习有助于学生进行有意义的语言交流、学习和建构新知识、自我评价和反思，同时也提升了学生的各项能力。如问题解决能力、团队合作能力、逻辑思维能力、动手实践能力等等。

在新课标改革推行下，开展项目化教学势在必行。本项目 Design for school uniforms 以"如何设计出符合学生需求的理想校服？"为驱动性问题开展项目化学习，建立起不同学科领域之间的联系，提高知识的综合运用能力，提升学生的英语学科核心素养并培养学生对英语学习的兴趣。

（二）项目简介

牛津上海版英语教材 6B Unit 6 Seasonal changes 中介绍了 Rose Garden School 的夏季与冬季校服。校服是校园文化的一种载体和重要组成部分，能从侧面反映出学校的校风和学生的精神面貌，具有特殊的教育功能。作为学生在校时必须穿着的服饰，校服应同时兼具舒适性、便利性和美观性等，满足学生在校日常学习及体育活动的要求。学生作为校服的穿着者，能够感知到校服的优点和存在的问题，而这些存在的问题使得校服的认可度不高。因此本项目 Design for school uniforms 围绕着理想校服的设计,将学生置于真实的生活情景中,教师组织学生开展一系列实践活动,设计并展示理想的校服。在项目化学习的过程中,学生掌握基本服饰的表达方式,积极主动地学习更多服饰的表达,运用团队合作能力以及设计思维能力共同设计符合学生需求的校服样式。在最后的成果展示阶段运用语言以及多媒体的方式阐述设计样式、设计理念及亮点。本次的项目化学习提升了学生的语言学习能力、团队合作能力、信息科技能力以及设计思维能力。

二、项目设计

(一)项目目标

在项目化学习的进程中,需要明确以下学习目标:

学科知识:掌握基本服饰的表达方式。

学科能力:运用所学描述理想校服的样式,并说明设计理念和亮点。

通用素养类:

1. 自主学习更多服饰的表达并搜集不同的校服样式,提升自主学习能力。

2. 与小组成员分工合作,积极主动参与小组讨论,认真倾听组员想法并表达自己的想法建议,提升团队合作能力。

3. 按照学生的需求设计校服样式,提升逻辑思维能力和设计创新能力。

4. 制作用于展示成果的多媒体,提升信息科技能力。

(二)挑战性问题

本质问题:校服是校园文化的一种载体和重要组成部分,能从侧面反映出学校的校风和学生的精神面貌,具有特殊的教育功能。学生作为校服的穿着者,感知到现在的校服给他们的日常活动带来了一些问题,因此对校服的认可度不高。学生作为校园的小主人,参考同学们的想法,重新设计出认可度较高的校服。

驱动性问题:如何设计出符合学生需求的理想校服?

问题链:

问题一:如何用英语表达不同的服饰?

问题二:学生们对于校服的需求有哪些?

问题三:现在的校服存在哪些问题?

问题四:如何设计符合学生需求的校服?

问题五:理想的校服是什么样的?设计理念和亮点是什么?

（三）项目实施流程

项目实施流程如图1所示。

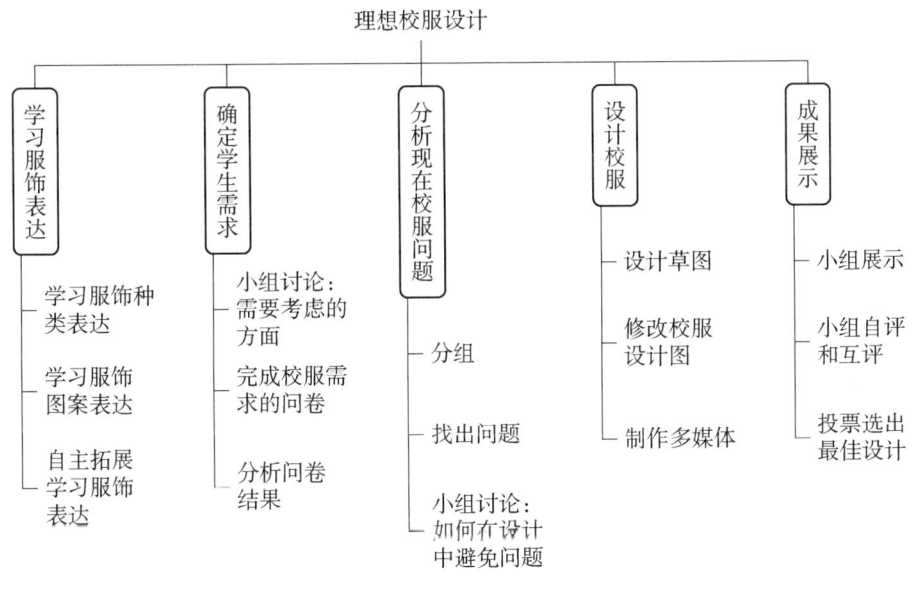

图1 项目实施流程

理想校服设计
- 学习服饰表达
  - 学习服饰种类表达
  - 学习服饰图案表达
  - 自主拓展学习服饰表达
- 确定学生需求
  - 小组讨论：需要考虑的方面
  - 完成校服需求的问卷
  - 分析问卷结果
- 分析现在校服问题
  - 分组
  - 找出问题
  - 小组讨论：如何在设计中避免问题
- 设计校服
  - 设计草图
  - 修改校服设计图
  - 制作多媒体
- 成果展示
  - 小组展示
  - 小组自评和互评
  - 投票选出最佳设计

三、项目实施过程

Design for school uniforms 项目式学习设计共涵盖5个教学实践活动，规划8个课时，具体流程及设计内容如下。

活动一：学习基本服饰的表达方式（2课时）。

学习目标：

1. 掌握服饰种类的表达并能准确描述服饰。

2. 拓展学习服饰图案的表达。

3. 自主学习更多服饰表达方式。

活动内容：

在这一实践活动中，学生学习了服饰种类的表达方式，并拓展学习7BU4中关于服饰图案的表达。在掌握了服饰表达后，学生根据图片描述服饰。学生对设计理想校服产生极大的兴趣，并积极主动地查询自己感兴趣的服饰表达方式。

活动二：完成关于校服的调查问卷并分析结果（1课时）。

学习目标：

1. 掌握设计校服时要考虑的方面。

2. 根据问卷调查结果确定学生对于校服的需求。

活动内容：

在这一实践活动中,学生思考设计校服时需要考虑到的方面,教师在讨论过程中帮助整理分类学生所提及的方面,并提供一份关于校服的问卷调查。完成问卷后,学生根据结果分析确定同学喜爱的校服样式。

A questionnaire about school uniforms

（1）Which aspect do you think is the most important, aesthetics, comfort, practicability or material?

（2）Which do you prefer to wear at school, formal wear or sports wear?

（3）Which material do you prefer, cotton（棉）, wool（羊毛）or polyester（聚酯纤维）?

（4）Which color do you prefer, grey, white, black, red, yellow, green or blue?

（5）How much do you want to pay for the set of uniform?

0—200　201—400　401—600

活动三:讨论现在校服存在的问题并阐述理由（2课时）。

学习目标：

1. 找出现在校服存在的问题。

2. 运用英语表达问题并阐述相应理由,提高思维逻辑能力。

3. 小组合作讨论,提高团队合作能力和交流能力。

活动内容：

在这一实践活动中,学生以小组为单位,任选一套校服,讨论该套校服中在学生中共存的问题,并阐述相对应的理由。学生仔细聆听组员的想法,并提供自己对此的看法与建议,小组讨论和谐融洽。每个小组在讨论结束后达成一致意见,整理讨论内容并填写表格。但学生对于问题及理由的英语表达不够准确,教师帮助修改用词及表达,使之更为通顺准确。小组活动后,根据评价量表进行组内自评与互评。

活动四:设计一套校服并制作展示设计的多媒体（2课时）。

学习目标：

1. 设计符合学生喜好的校服,提高设计创新能力。

2. 在设计中改善或避免校服现存问题,提高解决问题的能力。

3. 制作简洁清晰的多媒体,提高信息科技能力。

活动内容：

在这一实践活动中,学生收集尽可能多的校服样式,组内交流讨论可以借鉴的方面,组内交流积极热烈。通过实践活动二的调查问卷结果以及实践活动三中找出的问题,大致确定设计方向,并共同商讨完善整套校服的设计（图2）。设计完成后,组内商讨并确定多媒体中需要呈现的方面,学生对于制作多媒体缺乏经验,教师给予指导,使得多媒体简洁清晰(图3)。小组活动后,根据评价量表进行组内自评与互评。

图 2　学生校服设计

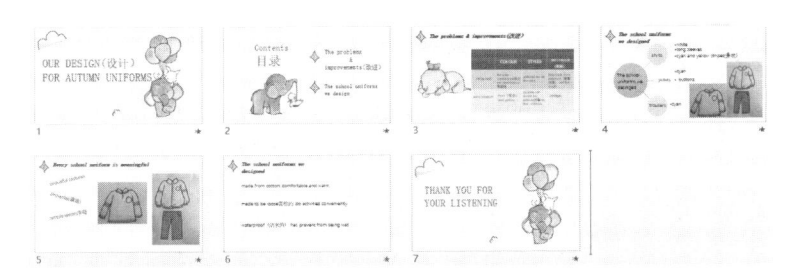

图 3　学生多媒体制作

活动五:展示校服设计并票选出最佳设计(1 课时)。

学习目标:

1. 展示时语言表达清晰正确,声音响亮清晰流畅,自信不怯场。
2. 校服设计兼具审美与实用性,设计理由充分且有条理。
3. 多媒体制作简洁清晰。

活动内容:

这一活动属于展示阶段,学生以小组为单位进行校服设计展示,说明设计理念和亮点。展示结束后,对照评价量表,各个小组进行自评与互评,并在组内共同商讨选出最佳设计并说明原因。

四、过程性评价量表

为了及时了解学生在每个实践活动中的学习状况,发现学习中存在的问题,以及鼓励学生对自己的学习过程进行反思和总结,在实践活动三、四和五后,学生需对照表1—表3共3个评价量表进行自评与互评。

表1 实践活动三:现在的冬季校服或夏季校服存在哪些问题?

项目	指标			自评	互评
	优秀	良好	一般		
报告的完整性	对校服的调查报告涵盖方面多而具体	对校服的调查报告涵盖方面不够具体	对校服的调查报告涵盖方面少		
语言表达的准确性	语言表达正确清晰	语言表达有错误但能理解其意	语言表达错误多,不清晰		
理由的适切性	陈述的理由合理	陈述的理由不够合理	陈述的理由不能说明校服存在的问题		

表2 实践活动四:小组设计——学生们喜欢的冬季或夏季校服

项目	指标			自评	互评
	优秀	良好	一般		
学习态度与参与度	积极主动参与小组活动,参与分派小组的个人任务并主动完成	积极参与每次的小组活动,并完成小组分派的个人任务	参与每次小组活动,大致完成个人任务		
合作交流	与组员共同承担任务,认真倾听组员想法并能表达自己的想法和建议	与组员共同承担任务,能认真倾听组员想法	在组员的帮助下完成个人任务,能认真倾听组员想法		
搜集校服样式	搜集范围广,能涵盖大部分校服样式	搜集一部分流行的校服样式	搜集的校服样式有限		
设计校服样式	根据学生需求设计兼具美观便利舒适的校服	根据学生需求设计校服,但不能兼具美观便利和舒适性	根据组内成员的喜好设计校服		

表3 实践活动五:小组展示——介绍设计的校服并说明设计的理念

项目	指标			自评	互评
	优秀	良好	一般		
语言表达	语言表达正确清晰	语言表达有错误但能理解其意	语言表达错误多,不清晰		
表现力	声音响亮清晰流畅,自信不怯场	声音响亮清晰,但不够流畅	声音不清晰,较小		

(续表)

项目	指标			自评	互评
	优秀	良好	一般		
成果展示	校服设计兼具审美与实用性,设计理由充分且有条理	校服设计兼具审美与实用性,但理由不够贴切	校服设计有审美或实用性,理由不够充分		
多媒体制作	多媒体制作简洁清晰	多媒体文字过多,但足够清晰	多媒体内容不够丰富		

五、项目总结与反思

本项目化案例结合教材内容,以学生真实生活学习情况搭建背景,解决学生生活中实际遇到的问题,学生对相关知识的习得、运用和迁移都有明显的提升。此外,本项目化学习激发学生英语学习兴趣,发挥学生主观能动性,学生个програм参与课程学习,成为主动的知识探求者。本项目化学习过程中,学生以小组为单位合作学习,认真聆听组员想法,主动表达自己的想法和建议,互帮互助,学生的团队合作能力以及团队意识有明显提升。

但在本项目式学习实际操作中发现了以下问题。一是评价量表未体现学生主体原则。评价应充分发挥学生的主体作用,教师应引导学生成为各类评价活动的设计者、参与者和合作者。但本项目化学习的评价量表都是由教师提供的,学生未参与评价量表的建构,这使得本次项目式学习的评价失去了学生的主体作用,学生依旧是被动接受评价,而不是主动构建。为了解决这个问题,在实践活动开展前,教师应用一个课时在班级中集思广益,使学生共同商讨本次项目化活动的评价量表,充分发挥学生的主体作用,教师在旁适时给予帮助整理。学生在自己制定并明确评价标准的情况下,能更好地参与每个活动。在项目化学习中,真实的问题、真实共建的评价标准与真实的体验才能有效促进学生学习的主动性,真正有助于学生核心素养的培养。

学校开放日设计

王佳卉

一、项目概述

（一）研究背景

根据《普通高中英语课程标准（2022年版）》（以下简称《课程标准》）对英语课程性质的定义，即英语课程体现工具性和人文性的统一，具有基础性、实践性和综合性特征。旨在发展学生语音能力、文化意识、思维品质和学习能力等核心素养，落实立德树人的根本任务。同时，《课程标准》还指出：秉持在体验中学习、在实践中运用、在迁移中创新的学习理念，倡导学生围绕真实情境和真实问题，激活已知，参与到指向主题意义探究的学习理解、应用实践和迁移创新等一系列相互关联、循环递进的语言学习和运用活动中。

基于以上《课程标准》的指导，聚焦到英语学科的项目化学习是指通过"项目"形式学习语言，在项目化学习的引领、核心问题的驱动下，开展"学校开放日设计"的项目化活动。学生在教师的带领下，在真实的生活情境中通过任务活动和成果展示来学习语言知识，寻求问题答案，在此过程中提升学科能力，培育学科核心素养。

（二）项目简介

校园是学生开展学习生活的重要场所，也是家长一直想要了解、观察的场所，六年级英语第五单元Open Day通过开放日活动的安排与展示，围绕如何设计一场开放日，将学生置于真实的生活情境，教师提出驱动性问题，组织学生对驱动性问题进行分解，形成思考路径和问题链。学生将对于自己学校的开放日活动的选择、设计、安排进行创新和完善，以此促进学生积极主动地学习，从而能够做到流利地阐述理由、合理地安排活动、向家长们展示自我风采。

在项目化学习的过程中，学生可以做到边体验校园生活，边学习社团及活动的英语表达方式和活动内容。学生可以用已学的内容来表达自己的想法和观点，并可以积极、主动地学习更多、更好的表达方式。学生在项目化学习的过程中，能够自主地、合理地安排各项活动及时间。并在最后的成果展示阶段，运用团队能力和绘画能力，设计出精美的、主题突出的海报。对于六年级学段的学生来说,本次项目化学习体现出了他们初步的策划安排能力、团队合作能力以及创造力。

二、项目价值

1. 提高学生的英语表达能力

初中阶段的学生对于英语感兴趣,很愿意使用英语作自我表达,但是预备年级的学生表达能力较为薄弱。同时,预备年级更是表达能力培养的重要阶段。因此,本项目将学习融入日常的校园生活中,让学生在体验学校各类社团和活动的过程中,学习对应的英语表达方式,并将已掌握的知识和新学知识进行联系,从而让学生可以主动、积极地阐述理由及表达自我。在项目化学习的过程中,学生在教师创设的情境下,通过完成每项任务,来达成最终的学习目标,提升自我表达能力。

2. 增强学生的自我学习能力

学生在参与学校活动的过程中,总结各社团及各项活动内容,并通过使用已掌握知识和查询英语牛津大词典等方式,尝试表述活动名称及概括活动内容。通过同学之间的互相讨论,选取最为合适的表达方式。在教师的教授下,学习、掌握更加规范、恰当的英语表达方式。在制作海报的环节中,学生主动探究思考制作一份海报需要涉及哪些方面及信息,在教师的协助下,选取精炼的语言文字和合适的插画完成海报。

3. 培养学生的评判性思维

在完成项目化学习的过程中,学生会经历、体验很多活动及社团,学生还需要考量,这些活动是否都适合在开放日展示给家长。不同的学生有不同的考量。要求学生可以表达自己的观点,并阐述理由。学生之间进行简单的辩论,最终选出合适的活动。确定完活动之后,学生还需要根据学校的专用教室位置,合理安排活动顺序,避免家长的来回爬楼等情况。在此过程中,学生通过探究、思考、辩论,不仅锻炼了他们的英语表达能力,还培养了他们的评判性思维。

4. 激发学生的校园小主人翁意识

预备年级的学生初入初中校园,对于这个学校及环境还很陌生,需要让这些学生尽快地融入校园生活中,同时也需要让学生对学校产生归属感。因此,本项目以设计学校开放日活动为载体,让学生积极地投入学校开展的各项社团及活动中。在参与社团和活动的过程中,学生可以更快、更好地从方方面面了解学校,知晓学校专用教室的位置,了解学校的特长、特色等。从而可以让学生以学校为荣,激发学生的小主人翁意识。

三、项目核心知识

英语学科知识：
(1) 掌握社团及活动和活动内容的英语表达方式。
(2) 灵活运用已学的英语内容来表达自己的想法和观点，并可以积极、主动地通过同伴互助等方式共同学习，接触更多、更好的表达方式。
(3) 学习各个教室的英语表达方式并合理安排各项活动及时间。
(4) 通过团队合作，设计出一份主题突出的英语海报。

对于六年级学段的学生来说，本次的项目化学习可以培养并锻炼他们的探索能力、策划能力、安排能力、团队合作能力以及创造力。

四、挑战性问题

本质问题：随着学生家长越来越关心孩子的校园生活，如何让家长感受到学校丰富的校园文化，让家长放心地把孩子交到学校开展学习以及各项活动成为需要考虑到的问题。

驱动性问题：如果你是开放日的策划师，你会如何安排本次开放日，设计哪些活动来体现丰富的校园文化？通过了解各项社团，除了现存的社团及活动，是否能够想出更加精彩、更加能展现学生校园生活的展示活动？以及如何以海报的形式来体现活动安排？

五、实施过程

（一）学习结构
学习结构如图 1 所示。

（二）学习过程
为了实现驱动性问题，制定了以下几个任务：
任务一：体验校园生活的不同社团及活动（1 课时）。
1. 学习目标：
(1) 探究学校不同的社团及活动。
(2) 自主探究学习社团的英语表达方式。
2. 问题链：
在日常的校园生活中，有哪些社团、哪些活动？

```
                          ┌─────────────────┐
                          │ 学校开放日设计方案 │
                          └─────────────────┘
```

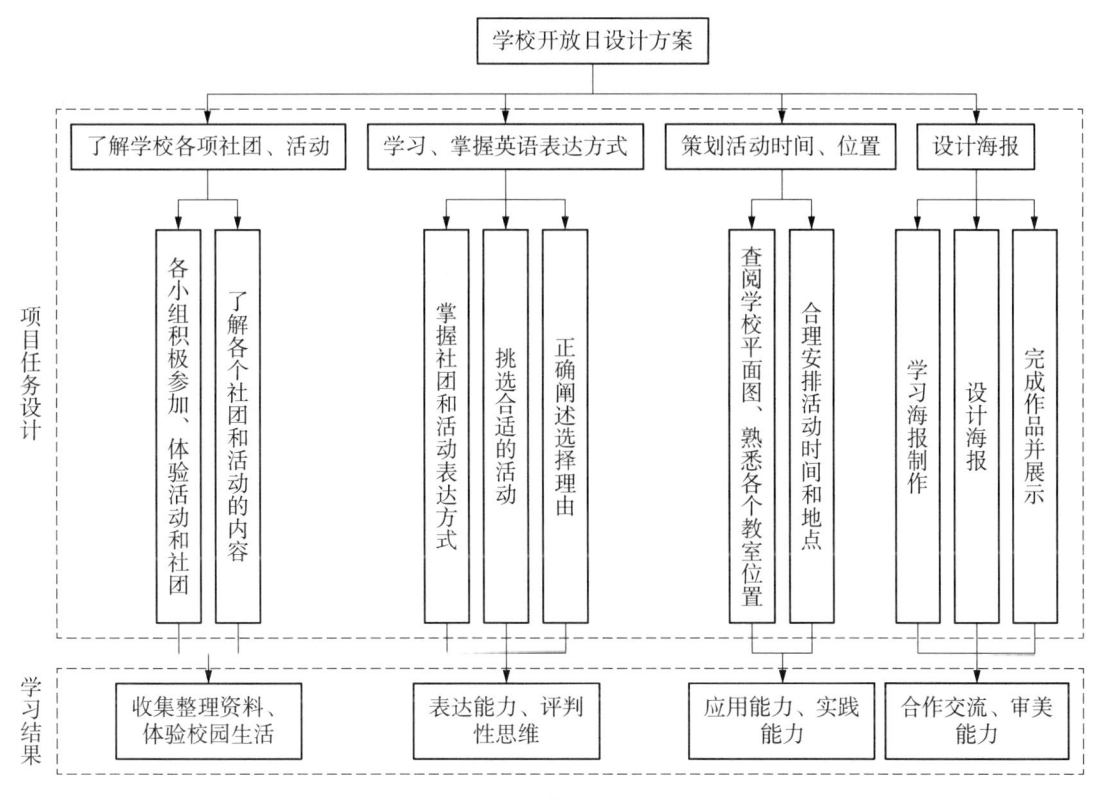

项目任务设计	了解学校各项社团、活动	学习、掌握英语表达方式	策划活动时间、位置	设计海报
	各小组积极参加、体验活动和社团 / 了解各个社团和活动的内容	掌握社团和活动表达方式 / 挑选合适的活动 / 正确阐述选择理由	查阅学校平面图、熟悉各个教室位置 / 合理安排活动时间和地点	学习海报制作 / 设计海报 / 完成作品并展示
学习结果	收集整理资料、体验校园生活	表达能力、评判性思维	应用能力、实践能力	合作交流、审美能力

图 1　学生结构

3. 在这个过程中，学生体验校园的多彩生活，记录各个社团的中文名称及活动内容，并尝试用英语表达（图 2）。学生表现积极，教师从旁协助，指导学生自主学习，通过英语大词典和电子词典来搜索单词和用法。

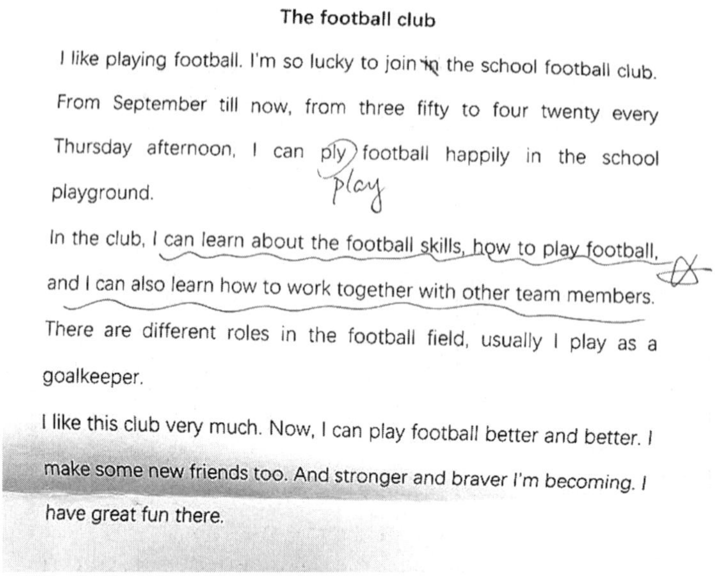

> **The football club**
>
> I like playing football. I'm so lucky to join in the school football club. From September till now, from three fifty to four twenty every Thursday afternoon, I can ply (play) football happily in the school playground.
>
> In the club, I can learn about the football skills, how to play football, and I can also learn how to work together with other team members. There are different roles in the football field, usually I play as a goalkeeper.
>
> I like this club very much. Now, I can play football better and better. I make some new friends too. And stronger and braver I'm becoming. I have great fun there.

图 2　学生进行自主学习

任务二:学习社团及活动的表达方式(2 课时)。

1. 学习目标:

(1) 掌握正确的英语表达方式。

(2) 小组合作学习,提高合作交流能力。

(3) 探究创新活动,提升创新能力。

2. 问题链:

(1) 该如何用英语来表达这些社团和项目活动?

(2) 除了现存的这些社团及活动,是否能够想出更加精彩、更加能展现校园生活的活动?

3. 在这个过程中,学生自主表达各社团及活动的英语名称,同学之间互相纠正表达方式,学生积极且氛围良好,同学之间互相学习,通过其他同学的帮助,更好地完成任务。教师从旁协助,纠正表达方式并教授更多内容。在此之后,学生以小组为单位,思考他们喜欢的、想要的更多活动,来体现他们的校园生活。教师和其他小组成员共同讨论如何用英语表达这些创新活动。

任务三:讨论适合在开放日展示的社团和活动及理由(2 课时)。

1. 学习目标:

(1) 选择合适开放日的活动。

(2) 运用英语表达自己的想法及理由。

(3) 小组讨论,提升学生评判能力。

2. 问题链:

(1) 哪些活动适合在开放日中进行展示?

(2) 为什么挑选这些活动?

3. 在这个过程中,学生先自行选择哪些活动或社团适合在开放日上展出,并给出相应理由,起初学生觉得很难用英语来表达。教师教授相应单词及词组,帮助学生运用新学的知识结合已学知识来表达观点及理由。以小组为单位,组员之间表达观点看法,并思考对其他组员的看法是否同意。进行简单的英语辩论,学生积极、主动,并且敢于表达自己的想法。通过教师上节课教授的内容,学生可以大致表达出自己的想法,能够简单地组织语句。

任务四:学习各个教室的英语表达方式并合理地安排各项活动及时间(1课时)。

1. 学习目标:

(1) 掌握各个教室的英语表达方式。

(2) 合理安排活动时间和地点。

(3) 学生根据学校的平面图安排路线,提高学生的实践安排能力。

2. 问题链:

(1) 如何用英语来表达各个教室名称?

(2) 根据学校的各个专用教室位置,如何合理安排活动顺序以及地点?

3. 学生找出学校的平面图(图3),并且积极寻找学习各个专用教室的英语表达方式(图4),设计规划合理的路线,避免家长楼上楼下反复跑。

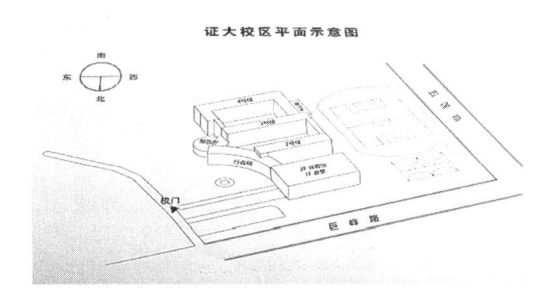

图 3　学校平面图　　　　图 4　专用教室及表达方式

任务五:学习英语海报的制作(1课时)。

1. 学习目标:

(1) 学习制作一份海报需要哪些要素。

(2) 结合所学知识和实际需求,设计一份英语海报。

2. 问题链:

(1) 制作一份海报有哪些要素?

(2) 制作一份精美的海报还需要注意哪些细节?

3. 学生以小组为单位,发挥各自所长,共同商讨,策划一张英语海报(图5)。锻炼了学生的团队合作能力。

图 5　小组海报展示

任务六:活动成果展示(1 课时)。

在本项目活动中,经历了"设置情景—提出问题—分析问题—解决问题"的过程,相信每名学生都有不同程度的收获。

在项目最后,每个小组都需要展示各自小组合作学习的成果。其中包括:海报展示、PPT 讲解活动项目、理由、时间及地点。其他小组成员担任"评审"进行点评和建议。

六、项目反思

这个项目在本校六年级学生中开展,是一个英语的学科项目。学生在体验校园生活、探究开放日活动的过程中,收集整理资料、主动探究、与同伴讨论,并且自主设计活动海报。项目化学习培养了学生的探索能力、实践能力和审美情操,同时也提高了学生的英语表述能力以及评判思维。项目最后,学生以小组为单位开展交流分享,总结了这一个月来的学习成果,也提升了对此项目的专业认识。反思该项目,我觉得可以从以下 3 点去考虑。

（一）评价量规多元化

评价量规不够完善，应该将活动种类的丰富性等衡量标准都纳入评价量规中。在设计项目的初期，应该先预设成果，根据所预设的成果作评价量规的设计，再结合各个阶段的不同目标，细化评价量规。在小组学习的过程中，也需设计个人评价量规，让所有学生在小组合作中起到作用，起到学习效果。例如：在小组学习环节中，部分英语表达能力较好的同学会选择进行最后成果的展示演讲，一部分美术绘画能力较强的同学会倾向于绘画海报展示，应将这些因素均考虑在内，评价量规不仅要涉及学习内容方面，也应将美术绘画考虑其中，让所有的学生都能充分发挥自己的能力，也能更好地进行项目化学习并达到最终目标。

（二）成果展示规范化

在成果展示环节，以小组为单位，展示各组海报以及所选择的各项活动，但是有些小组将展示重点集中在介绍所选活动及理由，并没有介绍海报的内容及细节。本次项目化学习是将海报作为最终的成果评价，因此在最终成果展示之前，教师应该先将成果展示的评价量规告知学生，要求学生先介绍海报，再描述活动及理由，使最终的成果展示环节更加规范，也能更好地体现学生是否达成了项目化学习目标。

（三）学习支架细节化

教师需要提前预设学生每个环节的学习成果、期望学生所达到的目标，以此来不断细化学习支架，让学生更好地开展学习以达到最终学习目标。例如：在项目初期的学习阶段，让学生探索活动的环节中，教师应在学生能够正确表达各项社团及活动之后，根据活动的类型或目的进行活动分类。这样会让学生在最后进行活动方案设计时更好地选择活动，选择出的活动种类也会更加丰富。

作为一名青年教师，我在本次的项目化学习中收获颇多，在每一次的项目活动前，我会仔细思考和预设学生成果；在项目活动后，也会进行反思与修改，真正做到教学相长。在之前的英语教学中，我只是注重课本内容的教学，忽视了英语学科在日常生活中的运用。英语是一门语言学科，进行日常生活的语言能力训练、文化意识培养才是英语教学的关键。这次项目化学习，也启发了我在今后的英语教学中，需要将课本中所学内容结合实际，更加注重英语在日常生活中的运用，不断提高学生的实践能力与评判能力。

核心素养视域下初中英语项目化学习策略探究
——以"Design for school uniforms"一课为例

徐玮倩

现行课程标准中明确指出,教师应注重激发并调动学生潜能,应组织学生开展项目学习活动、创造学习活动,侧重培养学生实践能力、创造能力,发展学生核心素养。这一要求为初中英语项目化教学提供了稳定契机。教学过程中,为满足教学需要、提升教学质量,教师需要深入把握教学设计原则,并找准教学实践路径。

为深入贯彻立德树人教育要求,促进学生学科素养积极养成,初中英语教学中,实施项目化教学,有较高现实意义。教师可以借助项目化教学手段,激发学生的创新意识,锻炼学生的实践能力、操作能力与合作能力,促使其能够结合知识学习解决现实问题,满足新课标要求。本文将选择"Design for school uniforms"一课内容,聚焦核心素养教育要求,对如何实施项目化教学展开探索。

一、核心素养视域下初中英语项目化教学设计原则

一是要落实课标要求。现行课程标准中针对英语教学建构了三类主题语境,分别为人与自我、人与社会、人与自然,为项目化教学任务的深层次开展提供了稳定载体。教学中,教师可以聚焦课程主题,设计学习项目,避免设计过于随意,限制学生素养发展;二是要指向素养提升。核心素养包含内容较丰富。教师在项目化教学中,应侧重强化学生的知识应用能力与问题解决能力,以此为出发点设计项目内容与项目活动,借此巩固学生核心素养发展基础,实现核心素养教育要求。

二、核心素养视域下初中英语项目化学习实践策略

(一)观照教学内容,设计项目目标

教学目标是教师开展教学活动的重要支撑,是教师设计教学活动、梳理教学逻辑的主要工具。所以,在项目化教学中,教师也要做好课前准备工作,观照教学内容以及学生主体,建

构合适的教学目标,巩固教学基础。"Design for school uniforms"一课主要由学生描述他们所设计的校服。教师需要在教学过程中,引导学生掌握一些与衣服相关的词汇,以校服为主题进行活动。因此,本次项目活动的主题便可以设定为"自主设计校服"。聚焦于核心素养教育要求,教师则可以将教学目标设定为以下3点:①describe their school uniforms fluently and correctly;②vote for the most artistic and the most practical set of uniforms and give reasons;③give some advice to other groups' design。

其中,目标一有助于巩固学生的学习基础,拓展词汇量;目标二与目标三有助于提升学生的自主能力,促进他们的发散思维,锻炼其合作能力、语言组织能力以及批判性思维,为他们的核心素养发展提供充足养分。

(二)搭建教学支架,支持项目深入

建构教学支架是项目化学习中的关键。项目化教学中,教师需要基于教学内容与教学目标,辅助学生建立支架,帮助学生创造学习条件,突破学习障碍。问题支架、资源支架、任务支架是项目化学习中较为常见的支架类型。而在"Design for school uniforms"项目化学习过程中,类似支架也可以得到充分运用。

在新课导入环节,教师可以建立问题支架,发布关于校服的问卷调查,如Which aspect of the school uniform do you think is the most important? Which do you prefer to wear at school? 等问题引发学生思考,来确定对于校服颜色、材质等的喜好,从而促使学生逐渐深入项目主题;在教学实践环节,教师可以建立资源支架,在第六单元的学习中,学生在第一、二课时中学习并掌握了简单的服饰表达;在教学深入环节,教师可以建立任务支架,要求学生以小组为单位分工合作,收集校服的样式,激发学生的创造灵感,提升他们的创造欲望,并且共同设计一套自己想象中的校服。

在各个支架的相互配合下,促进学生深入,丰富项目体验,提升自身能力以及核心素养。

(三)落实人本观念,丰富学生体验

项目化教学中,教师需要落实人本教育原则,组织学生开展多样化实践活动。通过探究实践活动,丰富学生的学习体验,使之在各类活动中自主地分析问题、解决问题,根据问题设定方案并通过实践论证方案可行性,进而达成学习目标;通过社会实践活动,鼓励学生基于项目情境与项目任务进行身份代入,在实践中强化自身的社交素养;通过技术实践活动,鼓励学生自主解决实践问题,促进其思维发散,强化创造素养。

"Design for school uniforms"一课教学中,主要的实践活动便是组织学生设计校服样式,而该活动的探究性、社会性与技术性特征都比较明显。项目活动中,教师可以通过探究性问题延伸学生思考,鼓励其探究一件校服中应包含哪些部分;可以通过社会性资源丰富学

生储备，使之充实对校服样式的认识，激活其灵感；可以通过技术性实践强化学生能力，鼓励其将想象转化为现实。并且，项目化学习需要以小组合作为依托，在相互交流的状态下，学生的多维素养可以得到充足发展，进而驱动他们的核心素养顺利养成。

（四）推进教学总结，促进共同发展

项目化学习活动结束后，适当地进行教学总结，也是至关重要的一大环节。"Design for school uniforms"项目结束后，教师可以组织各小组推举一名代表，向其他学生介绍本组的设计成果、设计思路。而其他小组的学生则可以结合自己的想法进行评价，并提出自己的建议与想法。通过这一方式，帮助学生积累经验，辅助学生建构多维图景。在多元视角，促进学生知识、策略、情感态度素养的积极发展，进而强化他们的核心素养。

三、结论

综上所述，英语学科教学中，项目化教学手段的实施，有助于提升学生的知识理解与掌握，并强化他们的实践能力与创新能力，可为他们核心素养的发展提供充足养分。为充分体现教学手段的作用，教师需要践行项目化教学原则，能够落实课标要求，关注学生核心素养发展需要。在此基础上，建构明确的项目目标、情境，以人本化观念指导学生开展项目活动。在多元实践中，拓展学生思维，助力建构高效英语课堂。

参考文献

[1] 王细平. 项目化学习视域下的英语主题单元教学：以 Book 1 Unit 2 Travelling Around 为例[J]. 福建教育学院学报，2024，25(3)35—37.

[2] 黄蕾. 英语单元项目化学习方案的设计原则与路径：以人教版选择性必修二 Unit4 Project 为例[J]. 教师教育论坛，2024，37(2)：36—38.

对比传统课堂,谈对初中数学项目化学习的实践与思考
——以"课桌高度与学生身高等因素的关系探究"项目化学习为例

顾天宇

一、项目探究缘由

缘由之一:创造性问题的解决很难通过传统的基于讲授的教学方法习得。关于生物主要能力的理论认为,问题解决和创造性等能力是在漫长的积累、实践等过程中形成的。而项目化学习为培养学生的创造性问题解决能力提供了新的可能性。

缘由之二:课桌高度不合适会导致学生近视、驼背等问题。习近平总书记强调,共同呵护好孩子的眼睛,让他们拥有一个光明的未来。如何找到适合学生的课桌高度成为必要性的问题。

缘由之三:函数在初中数学中占据着核心地位,不过,函数的概念非常抽象、难以理解,而项目化学习的真实性可以让函数与生活相联系,加深学生对函数概念的理解。

二、项目概述

本项目以学生常见的教室和课桌椅为真实情境,以"最适合我们自己的课桌高度具体是多少?"为驱动,将全班分成4个小组开展项目化学习。学生运用卷尺等工具测量出适合自己的课桌高度,得出课桌高度与身高等不同因素有关,并运用函数的相关知识探究课桌高度与身高等因素的关系,得出函数解析式。学生在真实的生活情境中深入理解函数的概念。最后在项目化学习展示课上,交流分享小组成果,小组互评并交流心得。

三、项目化学习与传统课堂对比

(一)项目化学习具有真实性

传统课堂上,学习的知识与技能往往只有在特定的数学课堂上才会使用,很多知识只为考试而存在,难以在生活中迁移。

而真实生活中遇到的问题往往是条件不全、结构不良的复杂问题。学生在项目化学习过程中运用的思维方式和解决问题的方式就是与真实场景类似的,所以可以在生活中进行迁移。学生能够在真实的情境中获得生长性的经验,培养出在实际问题中抽象出数学问题的能力,并能让学生更加关注我们真实的世界。

(二) 项目化学习聚焦概念性知识

传统课堂上,一般没有时间深入探究某一个概念,常见的都是对数学知识点的教学,以及解决程序性的问题,比如通过公式来解答问题。但是程序性的知识难以迁移,也难以抽象。

而项目化学习聚焦的是概念性的问题和知识。概念性的问题需要学生思考,对所学知识进行整合,学习概念性知识能提高学生的抽象思维能力,也能帮助学生对程序性知识进行理解和迁移。研究表明,进行项目化学习的学生在概念性问题上的表现要比传统学校的学生好很多。

(三) 项目化学习培养学生创造性解决复杂问题的能力

传统课堂上,学生往往是机械化地、被动地学习现成的知识和技能,然后再进行程序性的运用;教师提出的问题往往是条件齐全的;问题的结果往往是单一的,比起问题解决的过程更看重结果的正确性。

而项目化学习更看重学生在探索过程中培养解决问题的能力,遇到的问题也往往是条件不全、结构不良的复杂问题,需要学生创造性地补全条件,从而得出创造性的、多样化的结果,再将习得的经验进行创造性的迁移与运用。

四、项目设计

(一) 探究目标

1. 理解函数的概念、函数图象的作用,求出课桌高度与学生身高等因素的一次函数解析式。

2. 提高数学的思维能力和对数学的兴趣,培养创新和探索精神,以及解决复杂问题的能力。

3. 学会从多角度考虑问题,体会个体之间的差异性,养成良好坐姿,重视视力保护。

(二) 驱动性问题

本质问题:函数的概念是什么?

驱动性问题:学校里有很多教室使用了可调节高度的课桌椅,可是如果调节的高度不合适,容易养成不良坐姿,导致近视等问题。请同学们想一想,最适合我们自己的课桌高度具体是多少? 可能和哪些因素有关? 能否总结出一定的规律?

(三) 探究环节设计

本项目探究以小组合作学习的方式为主,根据学生数学学习基础和其他相关能力,成立了4个探究小组。

环节一:提出任务:测量出每个组员最合适的课桌高度。

与传统课堂的区别:

传统课堂上,教师往往会给出统一的测量标准,齐全的测量工具,明确的测量方法,然后所有学生按照统一的测量流程进行机械化操作。而在本环节,学生需要先思考怎样才叫"最合适"? 这个问题的答案没有统一的标准。学生从不同的来源获取信息,得到多样的答案。还需要思考需要用到哪些测量工具,探索用什么样的测量方法并不断改进,创造性地解决遇到的困难。

设计意图:

1. 培养学生创造性解决复杂问题的能力。

2. 学生在真实的情境中实践。

3. 学生意识到科学坐姿的重要性,从而养成良好的坐姿。

学生通过环节一的测量,发现对于不同的学生来说,最适合的课桌高度是不同的。

环节二:小组讨论:最合适的课桌高度与什么因素有关?

设计意图:不同小组可能会提出不一样的猜想,学生初步体会一个量会受到另一个量的影响。

环节三:对相关因素进行测量、统计,并绘制成表格。

设计意图:进一步体会一个量随着另一个量的变化而变化。

环节四:分析表格中的数据,并探究课桌高度和相关因素之间具有怎样的关系?

学生会经历以下思考过程:

1. 我们用哪个知识点来解决这个问题?

经过前几个环节的铺垫,容易想到用函数来解决这个问题。学生在真实的情境中深入理解函数的概念。

2. 如何观察变化趋势呢?

容易想到利用函数的图像,能更直观地进行观察。在这个过程中深刻体会函数图像的作用。

3. 观察图像特征,思考这是什么函数?

学生观察到这些点大致在一条直线上,根据一次函数的概念,会发现两个变量之间具有一次函数的关系。

4. 如何得出具体的一次函数解析式?

直角坐标平面内有很多点,学生会进行思考,通过多样的方法得出函数解析式。

与传统课堂的区别:

从获得的知识,能力与思维的角度来看,本环节与传统课堂有很大的不同:

第一:传统课堂上的问题和知识往往是程序性的。例如:教师会告诉你这是一次函数,学生通过一般式 $y=kx+b(k\neq 0)$,用待定系数法求出函数解析式,没有经历探索的过程。而本环节,学生需要思考,整合所学的知识,探究概念性的问题得到多样化的结果。

第二:传统课堂上所学的一次函数知识,只能应付考试,学生难以将函数应用于生活。而本环节,学生学到的函数知识、能力和思维都是基于现实的,能在生活中迁移。能培养学生在实际问题中抽象出数学问题的能力。

环节五:项目化学习展示课

在展示课上,学生回顾本次项目化学习的过程,整合所学知识,将所有的思考和体会融会贯通;通过倾听其他小组的探究成果,交流感悟,学生学会从不同角度思考问题,体会个体之间的差异性。

五、项目实施过程举要

对比传统课堂,本项目体现了项目化学习具有真实性、聚焦概念性知识,以及培养学生创造性解决复杂问题的能力的特点。

(一)环节一

由于没有告诉学生应该怎样去测量,所以不同小组在任务过程中,遇到不同的困难,使用了不同的测量方法,最终创造性地完成了任务。

探究一组:一开始询问被测量的同学"这个高度合不合适?"。结果发现测量出的数据不符合"身高较高的学生课桌高度较高"这样的生活经验。小组讨论发现这样的测量方法太过"主观"了,应该定下"客观"的测量标准。于是从保护视力的角度找到了科学的坐姿标准。

探究二组:一开始学生按照小学时"头正、身直、肩平、足安"的坐姿要求进行测量。测量后发现根本没有调整过课桌高度,测量时手臂的位置随着课桌高度的变化而变化。但是正确的测量方法应该是让课桌高度随着手臂位置的变化而变化。最终,从方便测量的角度,定下了更具体的、可操作的测量方法。

探究三组:一开始学生认为"最合适"就是"最舒适"。然而多次测量后发现数据差异极大。观察发现同一组员每次测量时的坐姿不同，从而得出不应该以"舒适"为标准，而应该要统一坐姿。测量时又遇到了困难：课桌和椅子的高度难以做到精确调节，效率极低。于是在课桌或椅子上垫书，来代替桌椅高度的调节，创造性地解决了问题。

探究四组：一开始学生就意识到要统一一个测量标准。但学生查找资料时发现有两种说法：一是身体要与椅面垂直，二是身体要前或后倾斜15°角。小组讨论后决定都测量一遍。完成了测量任务后，学生观察数据，提出了更多的疑问……

（二）环节四

学生在平面直角坐标系中画出散点图后，发现所有的点大致在一条直线上，那怎么得出一次函数解析式？在课堂上，学生学过两点确定一直线，但是这次却有10个左右的点，学生们探究得出了多样化的结果。

学生一：我认为要从这些点中找出最合适的两个点连成一直线。

学生二：哪两个点最合适？是否可以选择首尾两个点连成一直线？

学生三：我认为应该选择较为居中的两个点连成一直线，剩余的点均匀分布在直线两侧。

学生四：我们小组每位同学都测量了3次，我认为选择误差最小的两个点最合适。

学生五：我做PPT非常熟练，我知道PPT有自带的图表工具可以画趋势线。

学生六：既然是画图表，那我猜Excel里肯定也有类似的工具能帮助我们画图，我去研究一下。

学生七：那PPT或者Excel是怎么画趋势线的呢？也是选两个点吗？如果是这样的话，那么是哪两个点？我要去网上查一下资料，学习一下。

（三）探究三组和四组发现新的知识点

探究三组在探究"如何得出函数解析式"时，了解到PPT图表工具画出的趋势线是根据"最小二乘法公式"生成的，虽然超出了学生的知识范围，但是学生探索新知的勇气和求知欲值得鼓励。

探究四组在完成环节一后，经过数据分析，提出疑问：为什么同一组员，在直坐和斜坐时的课桌高度不同？学生类比了证明一个命题是真命题的方法，建立了数学模型，把探究对象从"直坐和斜坐时的课桌高度"，转变成了"在直角三角形中，15°角相邻的直角边与斜边的数量关系"。在实际问题中抽象出数学问题，创造性地解决了难题，并自学探究了九年级才会学的三角函数。

六、反思与迁移

对学生的教育不能单纯地依赖于传统课堂的教学,项目化学习是对传统课堂教学的补充与延伸。我们应引导学生积极参与项目化学习,在真实的实践中,将传统课堂上习得的程序性知识进行抽象,上升到概念性的知识,形成概念性的思维并进行迁移。只有在学以致用的学习活动中加强实践与思考,才能培养学生创造性解决复杂问题的能力。

本次项目化学习也有需要改进之处:

第一,在项目化学习展示课上,可以以一位学生为例,完成课后作业的演示。

第二,项目化学习和传统课堂的区别之一,就是项目化学习能更好地对习得的知识应用于生活、在生活中迁移。所以可以让学生们头脑风暴本次项目化实践可以迁移的场景,分享新情境中的运用。

如何设计有效、可行的项目化学习是教师需要不断实践与思考的。

参考文献

[1] 夏雪梅.项目化学习设计——学习素养视角下的国际与本土实践[M].北京:教育科学出版社,2018.

基于项目化学习的整本书阅读教学设计
——以《西游记》教学为例

孙悦青

一、项目简介

（一）项目化学习与核心素养

当前，我国正在以发展学生核心素养为主线着力建设和完善基础教育课程体系。核心素养是指学生在解决实际问题时所表现出的价值观、必备品格和关键能力。项目化学习（project-based learning，以下简称"PBL"）源于欧洲，它引导学生在真实情境中发现问题，通过合作探究解决问题，在潜移默化中培养学生的核心素养。由此可见，PBL与我国的教育变革理念不谋而合，都致力于提升学生的核心素养。如何将优秀的外国教育理念本土化，切实有效地服务于我国的教育，一直是教学界关注的重点问题。

（二）整本书阅读

《义务教育语文课程标准（2022年版）》提出7—9年级学生需要在阅读时"开展专题探究，建构整本书的阅读经验。"其中"专题研究"和PBL有相通之处，"建构整本书的阅读经验"更强调了整本书阅读的重要性。我国最早提出这个理念的是叶圣陶先生。他提出："国文教材似乎该用整本的书，而不该用单篇短篇，该把整本的书作主体，把单篇短章作辅佐。""整本书"相对"单篇短篇"而言，是指一部具备完整的内容结构、自洽的内在逻辑体系和明确统一的思想主旨的完整作品。这样的书籍不应该被割裂开来进行片段阅读，而要通篇阅读、融会贯通，更好地理解作品的内涵和艺术价值。在语文教学实践中，将PBL与整本书阅读相结合，是中西方先进教育理念的碰撞融合，是一次有价值的探索和实践。

（三）学情分析与《西游记》

七年级学生正处于青春期，很有主见和想法，愿意展现自身价值，渴望得到认可，主观能动性和实践能力较强，愿意主动探索而非被动接受，这正符合PBL的要求。在项目实施过程中,教师应该充分信任和尊重学生。

《西游记》是义务教育语文教科书七年级下册(以下简称"课本")的名著导读书目,是中华民族宝贵的文化结晶,共有 100 章回,篇幅较长,文白结合,阅读过程中需要耐心和自制力。《西游记》对七年级学生而言有阅读难度。但《西游记》内容奇幻有趣,相较于其他现实主义名著,其精彩的故事情节更加受到学生的喜爱。

(四) 项目目标

1. 学习并掌握精读和跳读相结合的阅读方法,通读全书,厘清故事内容。
2. 抓住细节刻画,分析主要人物的艺术形象,感受人物的多面性。
3. 初步了解小说创作,创新取经故事,为经典文学注入新的活力。
4. 培养团队协作能力。
5. 综合运用文字、图表、绘画、视频、3D 等多种形式,呈现项目成果。

二、项目实施

(一) 阶段一:入项活动(第 1 周)

《西游记》是很多学生的童年记忆,充满奇思妙想,内容丰富,人物形象鲜明立体,容易激起小学生的阅读兴趣。但"我爱阅读出版社"出版的面向小学生的《西游记》读本大量滞销,家长反馈小学生读不懂。因此该出版社准备策划并出版一本面向小学生的《西游记》助读读本——《梦幻西游》,来帮助小学生梳理故事情节,了解人物形象,更好地走近《西游记》。出版社将在年底举行项目投资会,诚邀各编辑部踊跃投稿。

教师为学生介绍项目规划,并且根据学生特点和意愿将学生分成 6 个编辑部,每个编辑部 6—7 人。各编辑部票选出总编辑,负责统筹、分配和监督工作。

(二) 阶段二:能力与知识建构(第 2—8 周)

1. 能力建构(第 2 周)

(1) 教师指导阅读方法——精读和跳读。

① 概念讲解:精读是指细腻地感受、透彻地理解和广泛地联想。跳读是指主动地舍弃、有意地忽略,以求更高的阅读效率。

② 语段训练:学生在 10 分钟内阅读课本 133 页"孙行者一调芭蕉扇"内容,用"＿＿"标注精读语段,用"～～"标注跳读语段。

③ 学生分享精读和跳读语段,并说明理由,教师点评。

④ 教师总结:在阅读中我们需要依照阅读目的选取不同的方法。阅读《西游记》时,优

先把握其情节和内容,重复的、大篇幅环境描写的、对于人物肖像刻画的语段可以跳读,而那些与情节发展有关联的、能够体现人物性格特点的语段应该精读。

(2) 教师讲解小说创作的相关知识。

(3) 模板设计。教师展示常见的读书笔记写作模板、个人求职简历模板和旅游路线图供学生参考,引导学生设计适合《西游记》成果展示的模板。

(4) 模板挑选。

① 各编辑部展示成果,由 6 位总编辑和教师进行投票选举,挑选最终成果展示模板。

② 模板展示(如图1)。

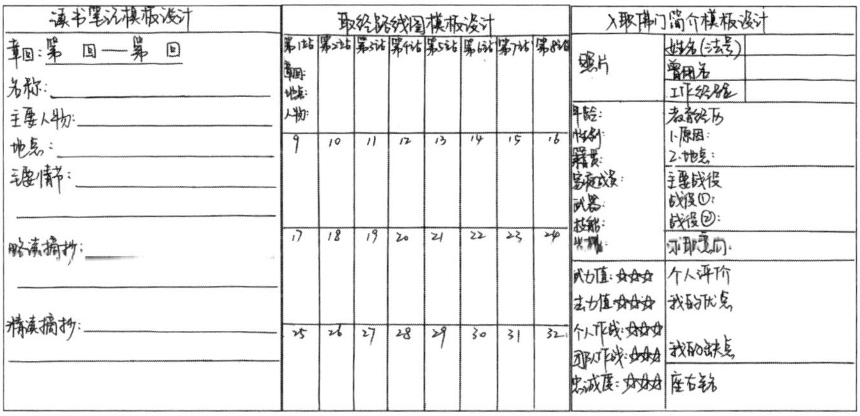

图1 成果展示模板

读书笔记模板帮助学生关注时间、人物、地点、起因、经过、结果等重要信息,同时体现了课本的阅读要求——精读和跳读。

原著目录以对联形式呈现,小学生阅读难度较大,难以有效索引。该取经路线图模板删繁就简,关键信息一目了然,可以取代目录,为小学生的阅读提供便利。

入职模板保留了简历的基本结构,但是内容根据《西游记》作了个性化调整,例如武力值、法术值等;学生需要将书本内容前后贯通,基于情节作出自己的分析、梳理、总结,才能写出最恰当的内容。

(5) 量表设计。

① 6个小组两两合作,分别设计取经路线图评价量表、入职佛门简历评价量表和第81难创作评价量表。

② 教师指导,最终确定量表。

③ 量表展示(见表1—3)。

表 1　取经路线图评价量表

评价项目&分数	评价指标			辑部评价	教师评价
	评价等级				
	A级(30分)	B级(20分)	C级(10分)		
信息准确度(30分)	简洁明了,各项要素均准确体现	缺失部分细节信息,但总体不影响使用	缺乏关键必要信息,有继续改进必要		
画面美观度(30分)	画面整齐美观,没有生僻字,便于小学生阅读	存在部分生僻字等,画面不够整齐,但不影响使用	画面混乱模糊,影响阅读使用		
信息完整度(30分)	关键信息翔实,没有缺失	信息基本齐全,但是个别地方不够完整	信息缺失严重		
基本分(10分)	是否完成目录,具备基础要素				

表 2　入职佛门简历评价量表

评价项目&分数	评价指标			辑部评价	教师评价
	评价等级				
	A级(30分)	B级(20分)	C级(10分)		
入职佛门做职场人(30分)	简历以求职为导向,既包括基本信息也包括竞争优势	总体上描述了求职者的基本信息	学生对简历的理解,主要内容的描述上存在偏差		
取经之路生动呈现(30分)	详略得当,准确且宏观地对取经之路的艰难险阻进行描述	重点把握和总体描述有待提高,让老板眼前一亮的地方有限	流水账式的描述		
设计亮点 offer 到手(30分)	简历在如照片、版式、语言风格等方面让老板眼前一亮,留下印象	有内容有结构,但缺乏亮点	仅满足对基本信息的要求		
基本分(10分)	是否完成简历,具备基础要素				

表 3　第 81 难创作评价量表

评价项目&分数	评价指标			辑部评价	教师评价
	评价要素				
	要素1:10分	要素2:10分	要素3:10分		
人物(30分)	符合原著的人物性格	对文章中每个人物都进行了有效的刻画和描述	是否解锁有效新人物		

(续表)

评价项目&分数	评价指标			辑部评价	教师评价
	评价要素				
	要素1:10分	要素2:10分	要素3:10分		
情节(30分)	是否具备起因、经过、结果基本要素,故事是否完整	是否有引人入胜的前奏、环环相扣的中奏、余韵悠长的结局	故事的发生是否符合原著的背景架构		
语言文字(30分)	语言风格是否符合原著	语言是否文从字顺	是否有精彩的人物、环境描写		
基本分(10分)	是否完成小说,具备基础要素				

2. 知识建构(第3—8周)

1) 教师布置阅读规划如表4所示。

表4 《西游记》阅读规划

时间	情节	章回范围	时间	情节	章回范围
第3周	孙悟空介绍	1—7回	第6周	① 真假美猴王	56—58回
	唐僧介绍	8—12回		② 三调芭蕉扇	59—61回
	猪悟能、沙悟净、白龙马介绍	13—22回		③ 还宝金光寺	62—63回
第4周	① 四圣试禅心	23回		④ 唐僧遇树精	64回
	② 五庄观窃参	24—26回		⑤ 误入小雷音	65—66回
	③ 三打白骨精	27回		⑥ 拯救驼罗庄	67回
	④ 双战黄袍怪	28—31回	第7周	① 智取紫金铃	68—71回
	⑤ 夺宝莲花洞	32—36回		② 盘丝洞斗妖	72—73回
	⑥ 除妖乌鸡国	37—39回		③ 狮驼岭斗三妖	74—77回
第5周	① 大战红孩儿	40—42回		④ 比丘国救难	78—79回
	② 黑水河遇险	43回		⑤ 无底洞逼婚	80—83回
	③ 车迟国斗法	44—46回		⑥ 灭法国救僧	84—86回
	④ 鱼篮收鱼精	47—49回	第8周	① 凤仙郡求雨	87回
	⑤ 大闹金峴洞	50—52回		② 玉华县战狮精	88—90回
	⑥ 情阻女儿国	53—55回		③ 大战犀牛怪	91—92回
				④ 天竺收玉兔	93—95回
				⑤ 寇员外遇难	96—97回
				⑥ 取经后遇难、五圣成真	98—100回

说明:考虑到本项目的服务对象是小学生,所以阅读规划和成品展示以故事并非以章回为单位,增强可读性和趣味性。

(2) 学生每个周末完成一篇读书笔记。

(3) 教师批改并点评。

(4) 6个编辑部轮流利用早午自习时间作内容介绍。

(三) 阶段三：信息梳理与形成成果（第9—11周）

1. 活动一：情节梳理（第9周）

(1) 各编辑部根据书本内容，完成表2。

(2) 个性化美工。

2. 活动二：人物形象分析（第10周）

(1) 各编辑部对师徒四人进行分析，完成表3。

(2) 个性化美工。

3. 活动三：经典再加工（第11周）

(1) 各编辑部设计情节框架，形成新第81难草稿。

(2) 将草稿组织成为通顺的语言文字，形成初稿。

(3) 模仿原文语言风格为初稿添加人物描写和环境描写。

(4) 主编审核定稿。

(四) 阶段四：成果展示（第12周）

1. 主持人开场

"敬爱的出版社社长（教师扮演），亲爱的总编辑和同学们，大家上午好！欢迎大家来到本次投资会，我们将从6个方案中挑选出'最佳策划奖'和'最佳团队奖'，获奖的两个编辑部进入终极PK，下面有请第一个编辑部登场！"

2. 成果展示与打分

6个编辑部依次投屏，分工介绍展示成果。完成展示后，总编们按照表4—表6打分，分数计算完成后再请下一个编辑部展示。

3. "最佳策划奖"和"最佳团队奖"

根据打分结果，3个量表分数相加得分最高的获"最佳策划奖"，由出版社社长根据汇报过程表现评选出"最佳团队奖"。

4. 优秀成果展示

优秀成果如图2—图4所示。

(五) 阶段五：成果汇集整理（第13周）

教师收集整理项目成果和这一过程的资料，复盘并记录项目实施的过程，进行反思总结。对获奖的编辑部进行嘉奖。

图2　学生成果1

图3　学生成果2

图4　学生成果3

三、对整本书阅读项目化学习的思考

（一）教师要为自己留有参与的空间

整本书阅读时间较长，通过阅读大量文字完成任务，感官调动单一，缺乏对学生敏感点的刺激性，难以长久坚持。因此教师在规划项目时，就要为自己留有参与、陪伴和引导的契机。例如,本项目第 3—8 周是学生最容易懈怠的阅读阶段,笔者设计了每周撰写读书笔记和 PPT 汇报分享活动。教师通过阅读读书笔记和倾听 PPT 汇报,了解学生对情节和人物形象的把握情况,顺势点评、引导和鼓励。一方面监督懒散的学生完成任务;另一方面有了教师的全程陪伴,学生的积极性也能有所提高;关键是教师能够敏锐发现项目实施过程的具体问题,及时调整改善。

(二) 核心素养与应试需求并重

PBL 是在欧美教育的土壤中产生并且趋于成熟的,在本土化的过程中需要充分结合我国国情和学生学情。在当前的教育背景下,语文仍然是中考和高考的重要科目,学生和家长有一定的应试需求,这是一线语文教师无法忽视的重要现实因素。语文学科的项目化需要更多地考虑基础知识的落实和基本语文素养的培养。

(三) 为学生"去项目化"

PBL 的任务设计也需要与学生的日常学习生活紧密结合,尽量避免形式化的活动。在教学过程中,也不要因为执行项目而影响常规教学活动,过多占用学生课余的时间。因此笔者提倡"去项目化",为学生提供"浸润式"的 PBL 体验,润物无声。例如本项目设计的读书笔记和课前汇报都是语文教学的常规活动,学生在执行的过程中并不会感觉到特殊。

参考文献

［1］张丰.重新定义学习:项目化学习 15 例[M].北京:教育科学出版社,2020:1—2.

［2］陈丽亭.基于项目化学习的《西游记》整本书阅读教学设计研究[D].重庆:西南大学,2022.

［3］中华人民共和国教育部.义务教育语文课程标准(2022 年版)[M].北京:北京师范大学出版社,2022:14—17.

［4］叶圣陶.论中学国文课程标准修订[M].北京:教育科学出版社,1941:98.

依托项目化学习　畅游拼音王国

——以统编版教材语文一年级上册第二、三单元"汉语拼音"为例

王雨菲

一、研究背景

《义务教育语文课程标准(2022年版)》(以下简称《课程标准(2022)》)对于拼音学习是这样陈述的:"学会汉语拼音。能读准声母、韵母、声调和整体认读音节。能准确地拼读音节,正确书写声母、韵母和音节。"拼音是小学语文课程的重要组成部分,也是启蒙教育的主要内容。为了能让学生更好地学习语文知识,就要提高拼音教学的质量,为学生奠定良好基础。

夏雪梅将项目化学习界定为:"学生在一段时间内对于学科或跨学科有关的驱动性问题进行深入持续的探索,在调动所有知识、能力、品质等创造性地解决新问题、形成公开成果中,形成对核心知识和学习历程的深刻理解。"而拼音项目化学习可以借助真实情境聚焦拼音这一核心知识,激发他们在生活中运用拼音的积极性,把原本抽象的、概念化的拼音向具象、情境化转变,逐步提升学生的核心素养。

本项目整合统编版教材语文一年级上册第二、三单元"汉语拼音"的内容,在学习完这两个单元后组织活动,以"玩"促"学"。对一年级学生来说,将拼音学以致用,能端正学习的态度、拓展学习的深度。通过在情境中学习、实践中巩固,增强学生身心参与的愉悦感、联想记忆的趣味感、生活运用的获得感。

二、明确目标和挑战性问题

(一)明确项目目标

明确项目目标是实现拼音项目化学习的首要环节。项目化学习主要聚焦核心知识,这是项目目标中的重点,也是推进项目问题解决、形成高质量的项目成果过程中不可回避的主要知识、思维方法。"这类知识与能力往往来自课程标准的要求,也是课程标准、教材中的重要知识与技能"。因此,基于项目化的拼音学习应立足于核心知识设计目标,而目标的制定

需要参照《课标标准(2022)》,围绕"知识""技能"和"实践"三个大概念以及学生的实际学情。

从知识与能力目标来看,结合绘画、手工等多种形式的活动巩固拼音学习,使学生能够牢固掌握拼音知识,为识字、阅读与表达打下扎实的基础。而高阶认知能让学生掌握基本核心能力——拼音拼读与书写能力以及剪贴绘画能力,并且在项目实施过程中,能够将学习到的知识灵活运用,懂得小组分工合作,以及最重要的创造性思维与多元表达能力。

基于这样的认识,此次拼音项目化学习明确了目标:通过项目化学习,牢固掌握汉语拼音知识,为识字、阅读与表达打下扎实的基础。

(二)驱动性问题

明确了目标,就需要选择问题驱动学生对核心知识进行思考、探索和表达来实现目标。一个好的驱动性问题能提供给学生多向度的探索空间,激发学习的内驱力。出于以下两点的考虑,最终将"如何增添学生学习拼音的乐趣,激发他们在生活中运用拼音的积极性?"作为此次项目化的驱动性问题。

第一点是生活性,项目化学习格外注重以生活为根基,力求让学生在真实的情境中学习与探究。《课标标准(2022)》指出,应创设丰富多样的学习情境,设计富有挑战性的学习任务,激发学生的好奇心、想象力和求知欲。开启拼音项目化学习时,学生刚学完拼音,项目结合生活实践巩固强化学生的拼音运用能力,不仅能激发学生浓厚的学习兴趣,而且能将所学知识运用于实践之中,实现学以致用。第二点是包容性,这一驱动性问题包含了一系列的子问题,每一个子问题的背后都指向拼音学习的目标,保障学生在项目中获取知识的建构与技能的习得,推动项目进程并获取成果。究其根本,就是如何通过玩中学,复习、巩固拼音知识。

三、子问题的分解设计

为了更好地将拼音巩固学习与此项目衔接,我们安排了入项活动,即让学生明确驱动性问题,并进一步将驱动性问题拆解为多个子问题。这样做不仅能够有效引导学生在项目探究实践中实现从低阶到高阶思维的跃升,还能够推动他们从理解事实性、程序性知识向深入理解概念性知识的转变。

入项活动第一步是带领学生一起同声母、韵母、整体认读音节打招呼,与他们做游戏;第二步是让学生进行头脑风暴,谈一谈你是用什么方法学习拼音的;第三步是进行方式优选,提出此次活动建议。

最终明确驱动性问题背景下的子问题:一是找寻藏在生活中的声母宝宝,二是利用包装袋制作一张拼音小报,三是开展拼音吃火锅活动。在这些过程中,项目化学习得以持续深化,能提升学生的综合能力和认知水平。

（一）子问题一:你能在我们的生活中找到拼音宝宝的身影吗？

现阶段,学生已经完成拼音的学习,但是小学低年级学生对事物的认知不够精细,对于字形接近的"b、p、d、q""f、t"等容易混淆。这一活动可以让学生在生活中进一步巩固拼音字形,便于识记,助力学生拥有在生活中运用拼音的初步能力。（图1）

图1　生活中的拼音

（二）子问题二:你在逛超市的时候认识了哪些零食包装上的字？

小学低年级阶段的拼音学习中,除了做基础的发音练习外,还对学生的拼音规范书写有一定的要求。而一年级小学生的手腕、手指对一些精细动作的控制能力较弱,五指肌肉的发育也不够完善。因此在拼音书写中往往存在弯曲力度、方向、结构紧凑性把握不好的问题。

活动二可以让学生对写拼音产生兴趣,从而愿意写,寻找自己生活中的物品包装袋,并将它制作成一张有趣的拼贴小报,进一步巩固规范拼音书写。拼音识字小报难点在于从会拼读到会用拼音给汉字注音。学生通过找寻身边的物品包装袋,剪一贴一标,而通过小组合作也可以进一步巩固强化他们的合作能力,结合基础生活实际去探索和运用。

这一活动的关键是为包装袋上的汉字注上拼音,读一认一写,不仅培养了他们的审美创造能力,还使学习的自主性、活动性、趣味性得到充分体现。（图2）

（三）子问题三:在火锅店吃饭的时候,你认识菜单上的字并能够自己点菜吗？

项目前两个阶段,学生已经通过用黏土捏制拼音以及寻找藏在生活中的拼音强化了形,并且用零食包装袋自制了一张拼音小报,进一步巩固了拼音拼读以及书写音节词的能力。

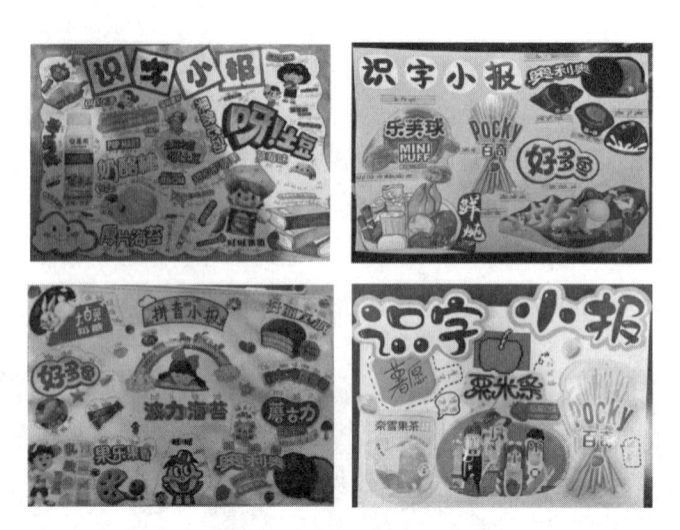

图 2　拼贴识字小报

但还存在的问题是：对唇齿、卷舌、翘舌等难点的掌握不够，如何在生活中进一步运用拼音？

教师再次明确驱动性问题：如何增添学生学习拼音的乐趣，激发他们在生活中运用拼音的积极性？在子问题三中，教师创设吃火锅的情境，让学生在吃火锅中进一步感受拼音的乐趣。（图3）

图 3　拼音火锅

教师将学生分成火锅小组，配对食材图片及拼音并练习拼读。组长检查成员的配对和拼读是否正确，并按照小组依次上台展示"涮食材"，拼读正确者将拼音贴在黑板上的大锅中。在活动过程中，学生需要能正确拼读到大方上台展示拼读再到能完整表达一个句子。

利用最贴近生活的美食，再一次让学生学会将书本上的知识运用到生活中。让学生明白生活处处充满学习。在不断的积累与运用中，拼音学习逐渐向深处迈进，为阅读奠定基础。

四、项目成果的评价

在项目化学习的最后阶段，学生需要将自己的项目成果通过实物展现的形式演示。通过展示成果，学生不仅能够巩固自己的拼音能力，还能从他人的作品中作进一步巩固。

本次项目化学习活动旨在关注个体差异，促进学生的全面发展，强调实践操作与动手能力，注重培养学生小组合作以及沟通表达能力，以引发深度学习，进而培育学生的高阶思维能力。因此在项目成果评价时设立学生自评、同伴互评、教师评价3个评价维度（表1）。师生之间的评议环节是不可或缺的一部分，根据学生的展示内容，教师可以及时给出建议。而学生之间的互评则能促进彼此之间的交流和学习，形成积极向上的学习氛围。这样的评价全方位、立体化、多维度地激励了学生在项目化学习中的表现，培养学生学习拼音的兴趣，引导他们养成良好的学习习惯，而这也是项目化学习的目的和意义。

同时在项目化进程中也注重过程性评价，寻找活动中学生的突出亮点，例如评选拼读之星、书写之星、团队之星、表达之星、动手之星等。

表1 项目评价表

评价内容	自评星级	互评星级	师评星级
能熟练拼读拼音	☆☆☆☆☆	☆☆☆☆☆	☆☆☆☆☆
能熟练运用并正确书写拼音	☆☆☆☆☆	☆☆☆☆☆	☆☆☆☆☆
积极参与小组活动	☆☆☆☆☆	☆☆☆☆☆	☆☆☆☆☆
明确表达自己观点 聆听时认真专心	☆☆☆☆☆	☆☆☆☆☆	☆☆☆☆☆
制作动手能力	☆☆☆☆☆	☆☆☆☆☆	☆☆☆☆☆
		合计_____星	等第_____

优：65—75；良：55—64；合格：45—54；需努力：45以下。

五、项目反思

本项目整合了两个单元的拼音学习内容，创建拼音乐园的情境，把学生的"学"和"玩"结合起来。不仅有利于学生拼读能力的提高，更为其运用拼音打下了坚实的基础，让学生在学、用、思等方面都有长足的发展。"用中学"理念让拼音教学变得形象而立体，课堂内的真实情境、课堂外的生活场域、生活中的具体实践，使语言的思维在学习中更有深度。通过创设真实情境，提高课堂的效率和深度，初入校门的一年级学生在情境学习中打下了拼音学习的坚实基础，为进一步的语文学习铺就一条宽阔的道路。

通过此次项目化学习，总结出以下问题：如何让项目化学习真正融入平时的教学中？项目化学习与传统学习有很大不同，形式上更注重实践；内容上更注重综合。以素养为导向的项目化学习，重新定位了教师的角色，把教师"教"、学生"学"的立场推向了合作学习的共同体,学生能力提升,教师理念转变。在日常教学实践中,由于项目化活动学习时间较长,仅靠课内时间难以完成,需要形成长周期作业机制,让活动开展更有效。从学校层面制定项目化活动开发与实施的规划,设定具有真实情境的开放性问题,努力找准生活与项目化的对接点,拓展生长点,培养发现课程的意识和能力。

参考文献

［1］中华人民共和国教育部.义务教育语文课程标准(2022年版)[M].北京:北京师范大学出版社,2022:31—32.

［2］夏雪梅.项目化学习设计:学习素养视角下的国际与本土实践[M].北京:教育科学出版社,2018:65.

［3］夏雪梅.项目化学习的实施:学习素养视角下的中国建构[M].北京:教育科学出版社,2018:45.

［4］王艺敏.汉语拼音趣味教学的实践研究[J]文理导航(下旬).2023(8):82—84.

［5］易进,姚颖,黄国威,等.《义务教育语文课程标准(2022年版)》解读(笔谈)[J]湖南第一师范学院学报.2022,22(3):44—56.

［6］闫宏.情境教学视角下的小学语文拼音教学策略[J]教学管理与教育研究.2023(16):82—84.

［7］范君玉.基于"用中学"理念的小学语文拼音教学探索[J]阅读.2023:7—9.

教学辅助材料在小学道德与法治项目化学习中的应用探索

——以二年级下册"我们好好玩"单元为例

杨晓敏

　　《义务教育道德与法治课程标准(2022年版)》提倡采用议题式、体验式和项目式教学方法,以增强学生的参与感和体验,促进知识构建和深刻感悟。项目化教学强调以学生为中心和问题为导向,激发合作与交流能力,尽管在实际执行中面临如存在缺乏深度的伪项目(实际是传统教学内容)和忽视学生主体性(学生参与度不高,没有有效的深入探究)的挑战。那么,在实践中应该如何克服这些挑战?近几年,学校所在的地域有提供配套学习辅助材料,这类材料属于自选订购范畴,平均一套材料在20—30元,覆盖小学5个年级。材料虽设计巧妙且完整,但应用不广泛,主因是教师专业度和学校订购意愿不足。

　　基于此,本文以二年级下册第二单元"我们好好玩"为例,探讨如何通过教学辅助材料来开展项目化学习活动,实现对学生道德与法治核心素养的培养,从而提高教学的整体效果和学生的学习体验。

一、着眼真实现状,明晰单元项目式学习目标

(一)分析单元,找准目标

　　第二单元"我们好好玩"由4节课组成,旨在通过选择健康的游戏方式、创新传统游戏及安全参与,培养学生文明、健康、创新和安全的游戏习惯。这一单元的核心目标是提高学生的人际交往能力、规则意识、创新思维和安全意识,进而培养学生的道德修养和责任感。观察发现,学生在选择和参与游戏时常感困惑,例如不清楚哪些游戏适宜或如何正确参与,且在游戏中经常与同伴发生冲突,显示出对游戏规则和人际交流技巧的理解不足。因此,本单元设定了明确的学习目标以应对这些挑战。

　　1. 积极参与多种游戏,掌握基础玩法并在实践中培养创新与问题解决能力。通过体验和合作探究,培育健康游戏习惯,如遵守规则和自我保护意识。

　　2. 在参与游戏的互动中,体验动手动脑的乐趣,并内化合作的价值与共享精神。认识遵守游戏规则的重要性,为成为遵纪守法的负责任成员奠定基础。

（二）设计问题，推动实践

道德与法治学科的学习需要深入理解学生的具体需求，并为学生提供更多的实践与体验机会。为了深入探索核心素养的培养，笔者设计了两个驱动性问题，并作了问卷调查。调查结果显示，方案二因其更具挑战性和新颖性而更受学生欢迎，因此，选择"游戏博览会"作为本单元的项目化学习主题，如表1所示。

表1 项目化学习主题方案表

	驱动性问题
方案一：文明游戏评比	学校即将举办"文明游戏大评比"活动，目标是收集全校学生喜爱的文明、安全且富有趣味的游戏。请选择一款游戏并通过视频形式推荐，清晰介绍游戏的名称、规则、所需参与人数以及适合的活动场地。
方案二：游戏博览会	学校将组织举办"游戏博览会"活动，展览主题包括"我熟悉的游戏""怀旧游戏复兴""环保游戏工坊"以及"游戏安全侦探"。若负责其中一个展位，你会选择哪个主题并规划哪些具体的展销活动？

二、梳理学习辅助材料内容，确定项目方案

（一）第二单元学习辅助材料简介

在"我们好好玩"这一单元中，学习辅助材料提供了第6课和第8课的实践素材。第6课的辅助材料包括"毽子"与"鸣叫的蝉"，着重于通过实际动手活动来重现与创新传统游戏，强化学生的动手能力和创造思维；第8课的"游戏安全指示牌"则是设计来提高学生对安全游戏环境的认识，通过小组合作培养学生的安全意识和团队协作能力，如表2所示。

表2 第二单元学习辅助材料梳理表

材料名称	课题	具体内容	特色
毽子	第6课《传统游戏我会玩》	了解传统游戏的生活智慧，体会传统游戏的趣味性	制作毽子互动游戏
鸣叫的蝉	第6课《传统游戏我会玩》	体会自己制作传统游戏玩具的乐趣	单人制作会鸣叫的蝉
游戏安全指示牌	第8课《安全地玩》	知道快乐游戏中安全的重要性	小组合作设计游戏安全提示牌

尽管第5课《健康游戏我常玩》和第7课《我们有新玩法》两节缺少专门的辅助材料，但

利用"毽子"作为教学辅助可以有效填补这一空白。通过制作和玩毽子,学生不仅能体验传统游戏的趣味和文化价值,还能在实践中创新和改进玩法,增强课程的连贯性和实用性。此外,这一活动也为接下来的"游戏博览会"项目主题做好准备,学生将展示他们对毽子游戏的深入理解和创新设计。这不仅考验他们的动手能力,也展现团队合作和创新思维。

(二)结合学习辅助材料的单元项目化学习设计

"游戏博览会"项目旨在将教学内容与学生的实际操作相结合,通过以下4个精心设计的子项目来加深学生的学习体验:常玩游戏新探索、传统游戏有趣味、挑战创编新游戏和游戏隐患我来查。这些主题通过结合学习辅助材料如"毯子",有效促进了学生对各类游戏的深入了解与实践体验。

在实践中学生将共同体验4个关键的学习任务:我熟悉的游戏、怀旧游戏复兴、环保游戏工坊、校园游戏隐患一起查。此外,每个学习任务都将作为一种驱动性问题,引导学生深入思考"如何成功开展游戏博览会",将单元的学习目标与实际的项目实施紧密联系起来,实现从理论到实践的无缝对接,如表3所示。

表3 第二单元"游戏博览会"项目化学习详细规划表

主题	游戏博览会			
环节	项目内容	学习辅助材料	课时	核心素养
入项	了解博览会的核心特征,确定具体的游戏展销主题,并草拟博览会的初步活动计划	毽子(用于动手制作,引入游戏的基本概念)	1	创新思维 团队协作
分项目探究	常玩游戏新探索:实践体验游戏玩法		1	规则意识 人际交往 健康观念
	传统游戏有趣味:学习并传承传统游戏,探索其文化价值和教育意义	鸣叫的蝉(制作传统游戏玩具,增加互动性)	1	文化认同 创新与安全
	挑战创编新游戏:利用废弃物品创编新游戏,倡导环保和创新		1	环保意识 创新思维
	游戏隐患我来查:识别和解决游戏中的安全隐患,增强安全意识	游戏安全指示牌(设计和实施安全教育活动)	1	安全意识 责任感
出项与评价	游戏博览会		分组分工:1 迭代方案:1 展示评价:1	自我评价 同伴评价

(三)项目化学习实施框架与教学策略思维导图

项目化学习实施框架与教学策略思维导图如图1所示。

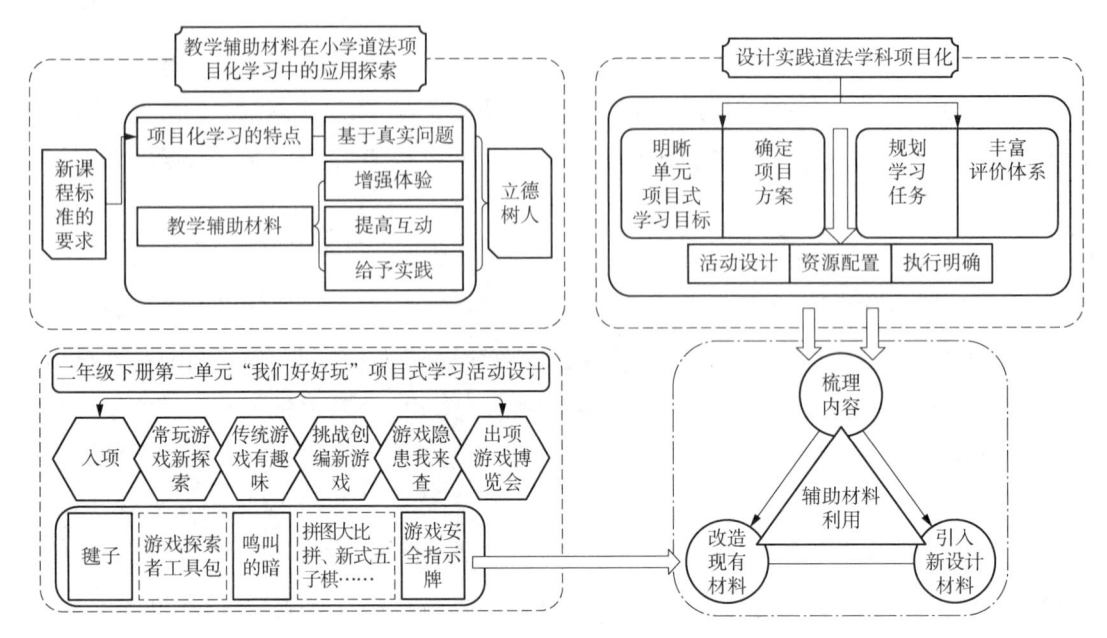

图 1 项目化学习实施框架与教学策略图

三、规划学习任务,发展学科关键能力

(一)逐级分解子项目任务,把握单元学习问题链线索

问题链是根据单元中心议题精心设计的,并依据学生的现有知识和经验,以逻辑性结构串联一系列相关问题。这种方法有助于系统地组织教学内容,确保课程中的各主题和知识点得到有效整合,进而支持学生在探究活动中独立构建知识,形成清晰的认知框架。在本项目中,笔者把整体教学计划转换成一系列适合不同学习阶段的问题,重点是让学生通过"我是展销员"的角色扮演深入思考,探索作为博览会摊主需要具备的技能和知识。通过这样的问题导向和任务驱动,学生可以更深入地参与学习过程,有效提升自主学习能力和问题解决技巧,如图 2 所示。

(二)项目任务分析单,辅导具体活动细节

围绕问题链,笔者还设计了项目任务分析单,学生可以详细分析并准备各个子项目的活动。如某小组选择"怀旧游戏复兴"作为展销主题。在任务分析单的指导下,学生确定和策划参与的子项目活动,讨论并确认开展子项目所需的各项准备工作,了解父母那代人小时候的游戏及游戏规则,体验、掌握这些游戏。接着,学生将使用思维导图筛选并标注子项目的核心任务,并根据这些任务进行小组分工,明确各成员的责任和角色,各小队成员分别就"挑木棒""翻花绳""跳皮筋"等开展了自主学习,如图 3 所示。

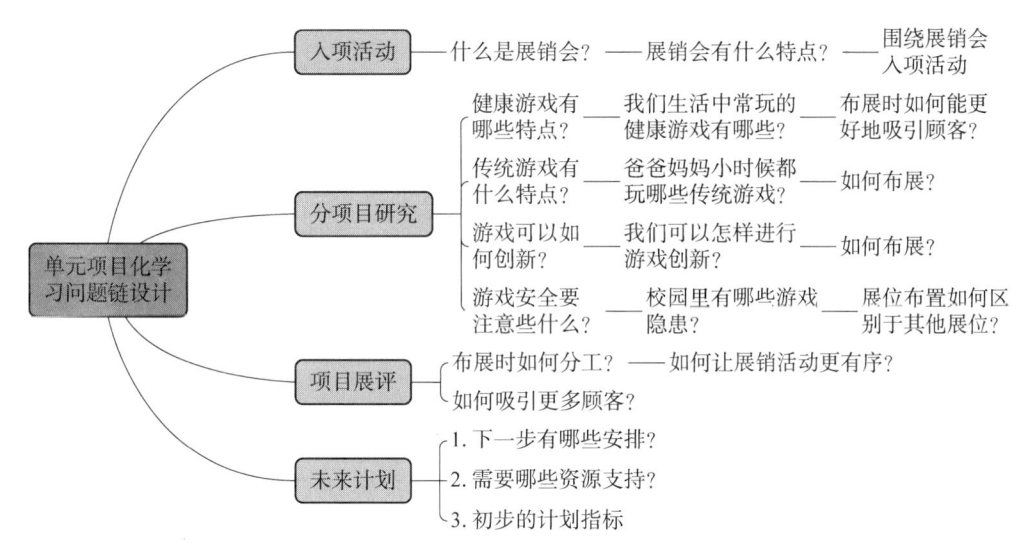

```
单元项目化学       ┌─ 入项活动 ─── 什么是展销会？─── 展销会有什么特点？─── 围绕展销会
习问题链设计        │                                                    入项活动
                  │              健康游戏有      我们生活中常玩的      布展时如何能更
                  │              哪些特点？      健康游戏有哪些？      好地吸引顾客？
                  │              传统游戏有      爸爸妈妈小时候都
                  ├─ 分项目研究 ─ 什么特点？      玩哪些传统游戏？─── 如何布展？
                  │              游戏可以如      我们可以怎样进行
                  │              何创新？        游戏创新？────── 如何布展？
                  │              游戏安全要      校园里有哪些游戏      展位布置如何区
                  │              注意些什么？    隐患？              别于其他展位？
                  │              布展时如何分工？── 如何让展销活动更有序？
                  ├─ 项目展评 ──
                  │              如何吸引更多顾客？
                  │              1.下一步有哪些安排？
                  └─ 未来计划 ── 2.需要哪些资源支持？
                                3.初步的计划指标
```

图2　第二单元项目化学习问题链设计图

---

1. 选择参与的子项目：你希望参加本次博览会的哪个子项目活动？请列出你感兴趣的游戏或活动主题。

2. 讨论与计划：小组成员需集体讨论确定开展所选子项目所需的各项准备工作。利用思维导图来梳理和可视化计划流程。

3. 核心任务确定：小组需筛选并明确子项目的主要任务，并在思维导图中标注这些任务及其与其他任务的联系。

4. 获取支持：针对核心及相关任务，小组需确定需要哪些外部帮助，可能来源包括教师、家长或其他团队的资源与指导。

5. 任务分配与执行：根据确定的任务，进行小组内部的明确分工。每位成员需了解自己的职责，以促进团队协作和项目的顺利进行。

图3　第二单元项目化学习任务分析图

（三）提供支架性资源，促成进阶式项目任务探究

1. 分层材料探究单

在探究过程中依据学生的初步学习水平分层提供学习支持，这有助于学生定制个性化的探究任务并找到解决方案。这种方法促使知识、行动和思考的融合，进而推动学生进行深入学习并高效完成项目，如表4所示。

表 4　第二单元"我们好好玩"分层材料与目标详述表

层次	活动	描述	学习目标
基础层	视频学习与讨论	观看视频《跳绳的不同玩法》，小组讨论跳绳可以有哪些不同的玩法	理解游戏规则对玩法的影响，增强理解多样性的能力
	小组合作与展示	每组学生设计并制作一款新游戏，班级展示并进行同伴评价	提高团队合作能力，学习如何公开表达和接受批评
中级层	动手实践活动	利用废旧材料（如废纸盒、旧布料等）自主制作简单玩具，如"拼图大比拼"	增强创新思维和动手能力，学习基本的工艺技能
	理论学习与感悟	学生阅读教科书关于游戏创编的理论，进行感悟分享	通过理论学习激发对游戏设计的兴趣和基本理解
	小组合作与展示	每组学生设计并制作一款新游戏，班级展示并进行同伴评价	提高团队合作能力，学习如何公开表达和接受批评
高级层	规则改编讨论	小组讨论如何通过改变现有游戏规则来创造全新的游戏体验，设计具体游戏来实施	理解规则在游戏设计中的核心作用，学习创造性地调整规则
	独立项目设计	学生独立或领导小组设计复杂的游戏项目，完成后进行班级展示并分析改进点	提升解决复杂问题的能力，增强创新和领导力

在"一起创编新游戏"子项目中，教师根据前测结果提供个性化学习支架，以匹配学生的知识和技能水平。初级层学生通过小组合作，从基本游戏规则学起，通过自主学习和同伴互助理解规则变化对玩法的影响，并尝试使用废弃材料制作简单玩具，如"拼图大比拼"和"新式五子棋"，以增强成就感；中级层学生自主探究，可用废旧光盘制作"溜溜球"等略具挑战性的玩具。教师提供适时支持，并邀请科学老师解释相关物理原理，以促进创新；高级层学生独立或领导小组设计复杂游戏，负责规则设计及项目策划执行。这种分层探究方式结合教师指导，确保学生在操作中提升技能，拓展学习的广度和深度，实现理论与实践的无缝对接。

2. 优化教学辅导材料，实操与创新并重

(1) 改造现有教学辅导材料。在优化和扩充现有教学辅导材料的过程中，特别注意一些活动实施中遇到的具体问题，比如"鸣叫的蝉"这一活动，由于线圈绕制难度较大，学生难以掌握，因此作了调整。现在这个环节被简化，学生只需要组装"蝉"的身体部分，省去了复杂的线圈绕制步骤。这样的调整旨在降低操作难度，确保所有学生都能顺利完成制作，从而更好地投入学习和体验中。

(2) 引入新的教学辅导材料。鉴于现有教学辅助材料未覆盖"游戏探索者工具包"和"环保创客箱"的关键部分，笔者特别设计了这两种新的辅助材料来填补这一空缺。游戏探索者工具包专为"常玩游戏新探索"环节设计，包含各种传统和现代游戏的工具及说明书，使学生能够实际体验和深入理解不同游戏的玩法及社交和规则意识的影响。对于"挑战创编新游戏"环节,引入了环保创客箱,这一工具包包含多样化的可回收材料和基本制作工具,鼓励学生利用环保资源创造全新的游戏,不仅激发了学生的创新思维,也强化了他们的环保意识。

四、丰富评价体系,从表象评价转向深层提炼

项目学习的成果不仅展现了学习的质量,还体现了学生解决问题的能力、团队合作表现和理解深度。其评价应全面评估学生的表现,同时一个明确设定的评价体系可以帮助师生识别关键的评价点和标准,从而有效地指导具有针对性的教学和学习调整。

（一）实施动态评价,确保学习适应性

在项目实施过程中,笔者采用了动态评价方法,以确保教学活动与学生的实际学习需求保持一致。通过持续监测学生的学习进展,笔者能够及时调整教学策略,以适应学生在不同学习阶段的变化。例如,根据学生在项目中的表现,评价标准被适时调整,确保评价既公正又具有激励作用。这种动态的评价过程强调了学习过程的重要性,而非仅仅关注最终成果。

（二）深化评价内容,促进深层学习

为了从表象的任务完成到深层次的知识理解与技能掌握的转向,笔者重视评价内容的深化。通过设计具有挑战性的反思和自评任务,引导学生回顾思考他们的学习过程、解决问题的策略以及合作的效果。例如,在游戏博览会项目中,学生不仅要展示他们的游戏设计,还要附一份反思报告,这一项目旨在鼓励学生进行自我审视,推动他们在认知和情感层面达到更深层的学习。

（三）建立生活化评价标准,提升教学与生活的连接

为了将学习成果有效融入学生的日常生活,笔者在"我们好好玩"单元中特别强调了生活化的评价标准。教学评价不仅关注学生在课堂上如何遵守游戏规则和处理冲突,还观察他们在实际生活中如何运用这些知识展示团队精神和领导力。通过结合家长和社区成员的反馈,评价也扩展到了学生在家庭和社区的行为表现。这种生活化的评价方法使学习更轻松、愉快,并提升了学生的生活能力和热爱生活的积极性。这些做法增强了学生的学习动机,还促进了他们在道德和法治素养上的实际应用。

（四）多元评价方法,全面提炼学习成果

基于此,笔者设计了一个基于学生核心素养的分层评价体系,评价指标细致地融入项目化学习的每一个阶段,并采用了多元评价方法,包括自评、同伴评价、教师评价以及家长和社区的

反馈,以全面评价学生的学习成果,促使学生从多个视角审视自己的学习进展和成效,从而获得关于其社会交往能力、知识应用、创新能力以及道德责任感等方面的综合反馈,如表5所示。

表5 第二单元基于学生核心素养的分层评价体系

评价指标		评价标准	评价方法	主体
知识与技能	规则意识	了解并遵守游戏规则,公平竞争	观察与讨论	教师、同伴家长
	安全意识	识别和解决游戏中的安全隐患,增强自我保护意识	安全教育活动、实际操作	教师、同伴
	实际操作	在项目活动中,展现出良好的操作技能和物品管理能力,如游戏材料的使用、保管	实践操作、物品管理检查	教师
个人与社交发展	交往技能	在游戏互动中展示良好的交流和合作能力	小组互评自我评价	教师、同伴
	团队协作	在团队项目中,有效沟通和分工,共同达成目标	项目评审团队互评	教师、同伴
	生活应用	将学到的知识和技能应用于日常生活中,如在家庭和社区活动中展现学到的道德和法治知识	家长反馈社区观察	家长社区成员
	道德行为	通过游戏和活动中的表现,体现对社会规则的理解和遵循,以及对公正、尊重和同情的价值观的内化	社区反馈教师评价	家长社区成员
创新与参与	创新能力	设计新游戏或改编现有游戏,展示创新思维和问题解决能力	展示与反馈	教师同伴
	积极参与	在所有活动中展示积极地参与态度和努力,包括准备和执行各种游戏和展示	教师观察自我反思	教师学生
	反思改进	学生能够在活动后作自我反思,识别自己的优势和改进空间,并在未来的类似活动中展示	自我反思同伴评价	学生同伴

五、反思与建议

(一)展望:辅助教材的可实践性高

当前教育改革强调学科项目化的重要性,视其为提升学生综合能力和核心素养的关键途径。然而,许多成功的教学实例仅限于特定学校或区域,限制了它们的广泛应用。通过不断更新和使用官方提供的教学辅助材料,笔者将高效的教学方法推广至更广泛的学生群体,从而提高更多学生的学习体验。

(二)挑战:教学资源的应用限制

教学辅助材料为学科教学带来了一定的便利,但也有它的不足之处,材料内容并不能覆盖教材每一课。例如,二年级下册的教学辅助材料仅提供了 8 个活动,而整个学期包含 16 节课,导致教师在实际教学中可能面临资源不足的问题。

(三)应对:操作难度的实际挑战

特定的教学辅助材料,如"鸣叫的蝉"或"种植盒"(种植活动中的种子只给了 4 颗,种出花的概率不大),因操作复杂或材料问题难以达到预期教学效果。为克服这些问题,教师可以通过简化操作流程或采用易于操作的替代材料来提升学生的参与感和操作体验,确保教学活动的有效执行。

六、结束语

项目化学习的推进不应仅停留在形式上的创新,其核心应聚焦于如何通过具体的教学活动来提升学生的核心素养。教学辅助材料的恰当利用是实现单元项目式学习的关键,这不仅需要发掘易于操作且适用性广的教学方法,更需要确保这些方法能与学生的实际需求和发展目标相匹配。这样的应用不仅能够提升教学实践的质量,还能深化学生对道德与法治教育的理解。最终,这种教学策略将有助于塑造具有批判性思维和社会责任感的未来公民,真正实现教育的长远目标和社会价值。

参考文献

[1] 中华人民共和国教育部. 义务教育道德与法治课程标准(2022 版)[M]. 北京:北京师范大学出版社,2022:1—73.

[2] 李亚. 道德与法治项目式单元"教-学"流程重构[J]. 中小学德育,2023(5):41—44.

基于核心素养的小学数学项目化学习实践
——以"小小时间规划师"项目为例

印嘉妮

"项目化学习"的概念源于欧美国家,最早可追溯到 16 世纪时期的意大利。20 世纪初,美国教育家克伯屈和杜威对项目化学习进行了理论充实,随后人们从"问题式学习"转向"项目化学习",应用范围也由高等教育扩展到基础教育。项目化学习给学生提供了思考、解决问题和应用所学知识的机会,通过项目驱动用来解决教育中理论与实践分离的问题。

《义务教育课程方案和课程标准(2022 年版)》中明确:要深化教学改革,强化学科实践,基于真实情境,培养学生综合运用知识解决问题的能力。并提出:要推进综合学习,开展主题化、项目式学习等综合性教学活动,促进学生举一反三、融会贯通,加强知识间内在关联,促进知识结构化。数学来源于生活,又作用于生活,为了拓宽数学思维,培育数学核心素养,需通过项目化学习背景,进一步激发学习数学的热情。"小小时间规划师"这个项目背景源于沪教版二年级第二学期第三章"时间的初步认识(二)"的探究活动,结合学生自身学校生活,落实相关学科的知识,并建立一定的时间观念。

一、根据课程标准,明确项目化学习目标

根据《义务教育课程方案和课程标准(2022 年版)》设定项目化学习目标,学生要认识时间单位时、分、秒,能够认读钟表上的时间,初步了解时分秒之间的关系,学会区分时刻和时间段。教师应结合教学活动让学生在实际操作中建立 1 小时、1 分、1 秒的感知。让学生在日常生活中建立一定的时间量感,领会时间的长短。学生通过解决生活中的实际问题,分析并了解合理的生活方式,学会科学的作息安排,从而认识到时间的重要性,懂得珍惜时间。初步学会合理规划时间,体验数学与日常生活的联系,认识数学的实际应用。因此,对项目化学习的目标设定如下。

1. 通过活动,初步建立 1(小)时、1 分(钟)、1 秒的量感。在贴合学生的生活情境中认识时、分、秒,并结合生活经验体会和述说时间的长短。

2. 学生根据实际问题,对生活日常进行记录,了解时间的意义,懂得遵守时间的重要

性。分析了解合理的生活是怎么样的,了解应该如何科学作息,合理规划时间,体会数学与日常生活的密切联系,感知数学是有用的。

3. 能够根据自身情况,合理规划自己的时间,养成珍惜时间、合理规划时间、科学作息的意识,体会时间的重要性,感知数学来源于生活。

三、根据学生情况,激发学生学习兴趣

俗话说:"兴趣是最好的老师。"时间对于二年级学生而言是一个难点,想要激发学生的项目化学习兴趣,围绕核心知识点,提出学生感兴趣的驱动性问题至关重要。对此,教师可以对学生作项前调查,了解学生对时间已有的认知,再根据学生的实际情况,设计驱动性问题。驱动性问题要能够调动学生探究学习的热情,能够让学生主动探究时间,建立一定的时间观念。结合"双减"和五项管理要求,希望学生在学习的基础上,对科学作息有初步了解,产生一定的规划意识。因此,在"小小时间规划师"项目化学习中,结合符合学生情况的项前调查,将本质问题和驱动性问题设定如下。

本质问题:怎样在日常生活中建立合理的时间观念?

驱动性问题:有的小朋友一天多姿多彩,有的小朋友一天却只做了两三件事情,为什么差异那么大?我们该怎么合理安排时间?

三、结合生活情境,设计项目实施过程

"小小时间规划师"项目根据学生情况和项目目标安排了4个活动。

1. 任务一:项前调查

学习的主体是学生,项目化学习的设计与学生学习情况不可分割。借助钉钉软件进行问卷调查,了解学生的日常生活习惯。在明确学生的生活作息和学生对时间的了解程度后,教师可以及时优化项目设计,从而更好地引导学生进行学习探究。

2. 任务二:认识时和分

结合教材,通过学习小伙伴小胖的一天,先引导学生复习巩固一年级学习有关时间的知识,如几时、几时半的认读方法,设疑引发学生思考,这是什么时刻,进一步探究时和分之间的关系,能够认读时刻。

活动1:掌握大格和小格的关系,知道钟面上有60个小格,分针走一小格就是1分钟。

活动2:掌握时刻认读的方法,时针走过几,分针走了几小格就是几时几分。

二年级学生有一定的生活经验,知道钟面上除了大格还有小格。在探究过程中,进一步了解时和分的关系,分针走一小格就是1分钟。分针从12开始走一圈,时针走一大格,即1

小时＝60分钟。在合作探究的过程中,掌握认读时刻的方法,时针走过几,分针走了几小格就是几时几分,培养学生合作探究的能力。

3. 任务三:认识分和秒

课前布置:观察钟面,除了学习过的时和分,你还观察到了什么？

学生通过观察发现,钟面除了有时针、分针,还有秒针,从而认识秒。学生分享关于秒的知识。通过观察探索,秒针走一小格是一秒钟,秒针走一圈,分针走一小格,即1分钟＝60秒。在活动中感知1秒,小组合作探索,1秒钟我们能做什么？

课后布置:制作创意钟表,发挥想象,试着制作一个创意钟表。拨一拨,说一说,什么时刻你在做什么吧！

通过制作创意钟表,加深学生对时间的认识,知道钟面上有12个数字、12个大格、60个小格,每个大格里有5个小格。钟面上还有3根针,时针、分针、秒针,其中秒针最长、分针较长、时针最短。通过拨一拨、说一说,掌握时刻的认读。

4. 任务四:进一步认识时间,了解科学作息

课前布置活动:一分钟能做什么？一秒钟能做什么？动手试一试。

一秒钟能做什么？一分钟能做什么？一小时可以做什么？课堂上学生交流分享。进一步实践,感知一秒钟、一分钟的长度,结合生活经验感知一小时,体会时、分、秒之间的关系。

小明的安排合理吗？你觉得怎么安排更加合理？交流如何科学作息。通过合作探究,知道科学作息的安排是什么样的,如早睡早起,早晨的时间更适合学习,中午餐后适当休息,睡前不要运动,小学生应睡满10小时……

课后布置:知道了该如何科学作息,想一想你的作息合理吗？根据科学作息,重新规划你的一天吧。结合钟面,用精彩的创意小报向同学们展示你精彩的一天。

5. 任务五:合理安排,科学作息

小组交流,小组成员的安排合理吗？选择最美时间规划小报。说一说你发现的问题。借助评价单,观察学生画的钟面和时刻是否对应？活动安排是否合理？每项任务所需的时间是否合理？不合理的地方应该怎样改正？通过交流加深对时间的认识,养成合理安排、科学作息的意识,感知时间的珍贵。

四、项目评价

项目评价的核心目标在于多角度地了解学生的学习状况,旨在激励学生学习,持续进步,并以此为教师优化教学提供依据。本次评价采用过程性评价与终结性评价相结合的方式进行考评(表1)。

表 1 "小小时间规划师"评价表

评价项目	评价标准	自评得星	他评得星
能从数学角度发现问题	我能大胆提出数学问题	☆☆☆☆☆	☆☆☆☆☆
	我能设计合理可行的计划		
	我能勇敢表达自己的想法		
能运用数学知识解决问题	我能用数学的方式记录表达	☆☆☆☆☆	☆☆☆☆☆
	我能数量掌握时间的知识		
	我能解决时间相关的问题		
能交流分享收获和反思	我能积极参与讨论交流	☆☆☆☆☆	☆☆☆☆☆
	我能认真倾听别人发言		
	我能自主反思完善作品		

五、项目成果

本项目化学习所涉及的学科知识包括对时和分、分和秒之间关系的认识，能够帮助学生认读时刻，初步建立关于时间的量感，养成珍惜时间、合理规划时间、科学作息的意识，体会时间的重要性，感知数学来源于生活。

六、项目反思

在深入实施本次项目化学习之后，我们不仅对项目化教育的全貌有了更为清晰的认知，而且取得了显著的成效。这一过程强调以学生为中心，教师作为引导者，共同在探索的征途中汲取知识的甘霖。特别针对"小小时间规划师"这一项目，其目标群体设定为二年级学生，鉴于他们的年龄特征，项目设计面临一定挑战。为此，我们精心策划了家长参与机制，并通过家长知情同意书确保每个参与者的理解与配合，最终赢得了家长的全力支持，为项目的顺利推进奠定了坚实基础。

反思这次实践，我们意识到二年级学生的年龄局限确实增加了项目实施的难度，进而萌生了将类似项目拓展至小学高年级的想法，以期获得更佳的教学效果。同时，我们认识到每个学生的活动需求各具特色，因此在时间规划上需充分体现个性化原则，尽管这带来了额外的挑战，却也为学生提供了宝贵的学习体验与知识积累。

从项目成果展示中不难发现，学生们不仅在学科知识的掌握与能力的提升上取得了显著进步，更在实践与探索中深化了学科素养。然而，受限于年龄因素，学生的反馈并未完全符合预期,这促使我们深刻反思项目设计中的不足之处,并意识到在激发学生兴趣与持续动力方面需作出更多努力。在项目中期,学生兴趣有所减退,针对这一现象,我们及时采取了表扬与指导并重的策略,有效激发了学生的学习热情。

综上所述,本次项目化学习不仅为学生带来了丰富的收获,也为我们教师团队提供了宝贵的经验积累。展望未来,我们将持续优化项目设计,强化引导策略,力求在未来的项目化学习中实现更加完美的教学效果。

参考文献

［1］王平.项目化作业:"双减"背景下数学作业跨年段整体设计与实施:以"运河名胜研究"项目为例[J].小学教学设计,2022(11):36—39.

［2］曹一鸣,汤牧文.数学跨学科主题学习设计与实施中需要关注的几个问题[J].中小学课堂教学研究,2023(4):1—3.

［3］吴立宝,刘颖超,郭衎.2022年版和2011年版义务教育数学课程标准比较研究[J].教育研究与评论,2022(5):28—34.

"有趣的创意卡套制作"案例

邹 萱

一、项目概述

（一）研究背景

劳动教育是发挥劳动的育人功能,对学生进行热爱劳动教育的活动。在新课标中,我们不仅要教给学生劳动技术与技能,还需要在学生的劳动体验过程中,让他们体会劳动的乐趣与意义,培养学生的劳动价值观与劳动品质。

新课标还要求学生能从日常生活劳动中发现问题,综合运用生活基本技能,选择合适的工具材料来解决问题。

基于以上内容,在项目化学习核心问题的驱动下,开展"有趣的创意卡套制作"的项目化学习活动。学生在教师的带领下,在真实生活情境中,通过一系列学习与探究过程,制作属于自己的创意卡套,培养核心素养。

（二）项目简介

"有趣的创意卡套制作"项目化学习,是以六年级劳动技术布艺单元的学习为基础,围绕"如何制作出富有创意的卡套"的驱动性问题,经过一系列前期调研、运用设计、交流、制作、美化等方式,综合运用所学基础知识与生活经验,根据实际需求,考虑实用、美观等方面,设计并制作创意卡套。培养学生的团队合作能力、动手能力、创造能力,提升学生的审美能力、创新能力等综合素养。

二、项目设计

（一）项目目标

1. 能通过资料收集整理,调研卡套样式、功能等要点,总结分享,帮助后期进行设计,形成调研PPT。

2. 在收集布料的过程中,了解不同布料的特点,提升旧物改造与废物利用的环保节能意识,继承中华民族勤俭节约的传统美德。

3. 根据实际设计需求构思方案,绘制布艺卡套设计草图、展开图、裁剪图。

4. 根据布艺作品的一般制作流程,完成布艺卡套的制作。

5. 在设计与实践过程中交流评价,及时发现卡套设计制作中遇到的问题,不断尝试改进完善,形成劳动质量意识。

6. 发展学生自主创作的能力,培养学生的审美能力与创新思维。

7. 通过设计与制作布艺卡套,让学生感受劳动创造价值,体悟劳动的快乐。

(二) 框架问题

1. 本质问题

如何制作一款又实用又美观的创意卡套呢?

2. 驱动性问题

我们已经学习了布艺基础知识、基本针法的操作,也自己尝试制作了布艺作品。在学习制作的过程中,你是否有很多好的创意想法想要实践?是否想制作一款属于自己的创意卡套?

3. 内容问题(问题链)

(1) 市面上的卡套有哪些样式、功能、颜色搭配?

(2) 你想设计的创意卡套是什么样的? 有哪些功能,是什么颜色的?

(3) 创意卡套制作时需要哪些材料? 制作步骤有哪些? 制作时需要注意些什么?

(4) 创意卡套如何制作?

(5) 如何合理排布介绍文字与卡套位置? 如何固定卡套成品?

(6) 如何向其他同学和教师讲解自己的作品?

(三) 项目评价

本次项目化学习采用自评、互评、师评3个维度,以星值的方式展开评价,内容涵盖以下方面(表1):

表1 有趣的创意卡套制作评价量规

内　　容	自评	互评	教师评价
能调研并整理市面上卡套的样式、功能、颜色搭配等内容	☆☆☆	☆☆☆	☆☆☆
创意卡套草图设计合理、功能恰当	☆☆☆	☆☆☆	☆☆☆
创意卡套所用制作材料、制作步骤合理	☆☆☆	☆☆☆	☆☆☆

(续表)

内　　容	自评	互评	教师评价
创意卡套制作步骤有序、针法运用熟练、缝合紧密	☆☆☆	☆☆☆	☆☆☆
能很流利地向其他同学和教师介绍自己的作品与设计思路	☆☆☆	☆☆☆	☆☆☆
展板布置完整、合理、美观	☆☆☆	☆☆☆	☆☆☆

三、项目实施

本次项目化学习设计的实践活动包括：

（一）入项活动

1. 前置任务一：调查布艺卡套的用途、形状、结构、材质和封口方式等

鉴于市面上卡套种类繁多，学生们进行了深入调研分析，并对这些卡套的特点进行详细分析（图1—图2）。学生们将调研结果精心整理，制作成调研PPT（图3—图4），并在课堂上进行分享。这一过程旨在帮助学生深入了解卡套组成部分，为后续设计卡套，提供有力的设计参考和清晰的设计思路。

图1　学生任务单1　　　　　图2　学生任务单2

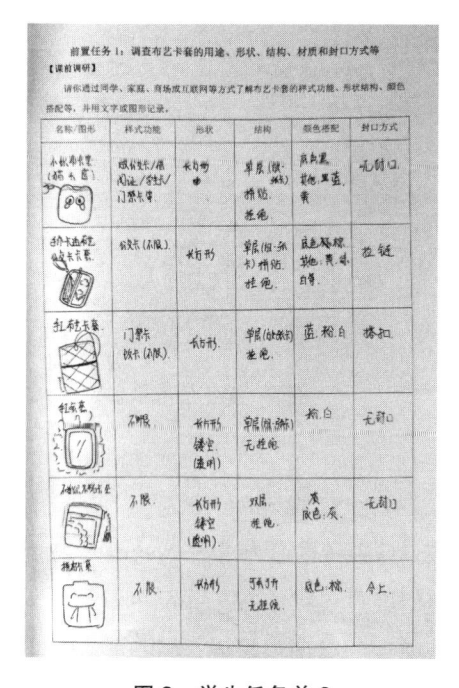

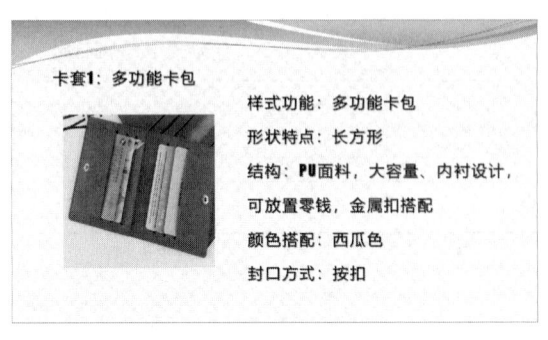

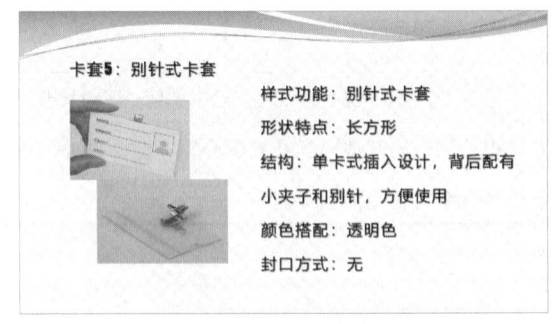

图3 学生调研PPT1　　　　　　　图4 学生调研PPT2

2. 前置任务二：收集花色布料，准备工具

经过前期调研，为了更好地将想法融入创意实践，学生们利用学习单，对收集到的布料作细致的分类评估，详细记录布料的名称、质地等内容，以及用到的其他工具（图5—图6）。这一过程中，他们不仅对卡套材质作了深入思考与分析，还完成了分析表格，为后续的布艺创作打下了坚实的基础。

图5 学生任务单3　　　　　　　图6 学生任务单4

（二）项目实施活动一

1. 劳动规划：学习布艺作品的设计与制作的一般步骤

学生们经过项目前布艺作品的实际制作后，深入体验了布艺作品的基本制作方法。他们进行了细致的回顾与提炼，经过讨论共同总结出布艺作品设计与制作的一般步骤（图7），这些步骤为他们的后续创作提供了清晰的指导。

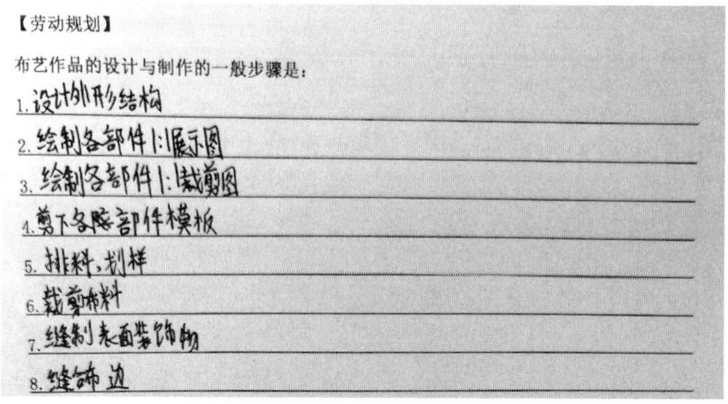

【劳动规划】

布艺作品的设计与制作的一般步骤是：

1. 设计外形结构
2. 绘制各部件1:1展示图
3. 绘制各部件1:1裁剪图
4. 剪下各股部件模板
5. 排料，划样
6. 裁剪布料
7. 缝制表面装饰物
8. 缝饰边

图7　学生任务单5

2. 任务一：交流调查结果，确定制作目标

学生们经过调研，对想要制作的卡套功能样式有了大致想法，这一步主要是为了确定制作时的卡套特点，如：使用对象、样式功能等（图8）。

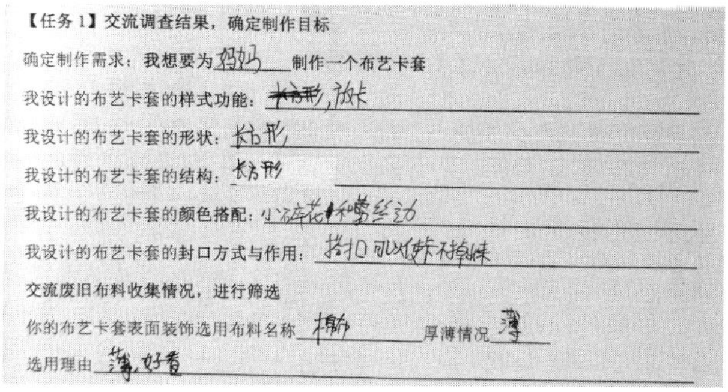

【任务1】交流调查结果，确定制作目标

确定制作需求：我想要为妈妈制作一个布艺卡套

我设计的布艺卡套的样式功能：~~长方形~~，放卡

我设计的布艺卡套的形状：长方形

我设计的布艺卡套的结构：长方形

我设计的布艺卡套的颜色搭配：小碎花和蕾丝边

我设计的布艺卡套的封口方式与作用：搭扣可以使卡不掉出来

交流废旧布料收集情况，进行筛选

你的布艺卡套表面装饰选用布料名称 棉布 厚薄情况 薄

选用理由 薄，好看

图8　学生任务单6

3. 任务二：测量卡片尺寸

市面上的卡片种类多、尺寸不一，所以首先需要精确测量卡片具体尺寸，确保卡套内部能够适配。这一步主要确定了卡套内部大小（图9），在这个尺寸的基础上，进行设计。

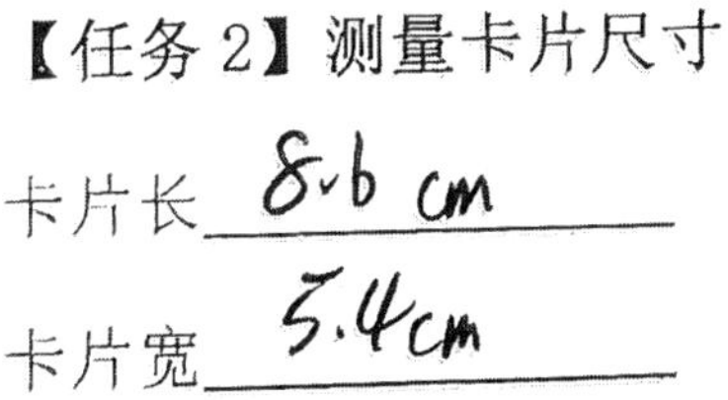

【任务2】测量卡片尺寸

卡片长 8.6 cm

卡片宽 5.4cm

图9　学生任务单7

（三）项目实施活动二

1. 任务三：根据需求构思设计方案，绘制设计草图

这一步主要让学生根据最终确定的卡套形状结构等内容，绘制卡套的设计草图。将卡套形状等内容绘制在框内（图10），帮助后期绘制展开图与裁剪图。

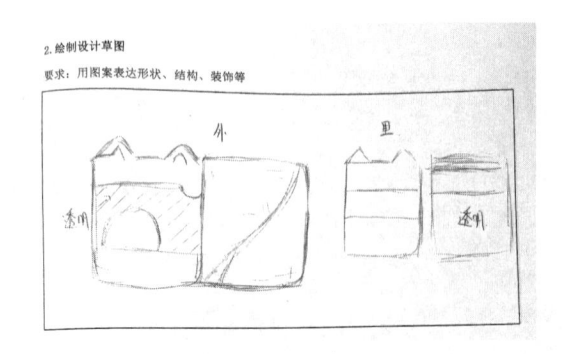

图 10　学生任务单 8

2. 任务四：绘制展开图

学生们的作品已经有了基本样式，这一步主要根据方案与实际需求，计算各边尺寸，画出 1∶1 效果图，标注单位尺寸，罗列所需材料等内容(图 11)。

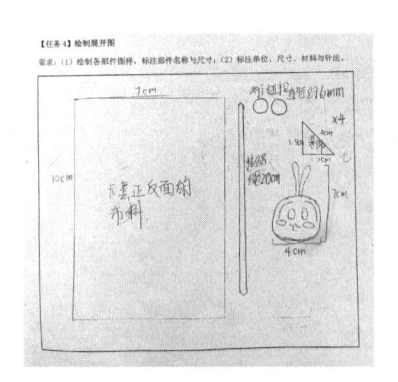

图 11　学生任务单 9

3. 任务五：绘制裁剪图

经过展开图绘制，学生对卡套样式作了精细的绘制。

在按照设计的尺寸裁剪布料时，他们发现卡片无法放入卡套中。经过仔细分析，发现是由于在缝合过程中，两块布料间的夹层空间缩小，导致实际可用内部空间比预期小了一圈。学生们进行交流讨论后最终认识到裁剪布料前需预留缝制余量。经过讨论测算，在卡套缝边额外留出 0.5 厘米的空间。这样能在缝合时，保证插入卡片的空间足够且合适。

于是，这一步完成了卡套的裁剪图绘制。在展开图尺寸的基础上，留 0.5 厘米缝边。同时标注尺寸、单位等(图 12—15)。

学生们通过严谨绘制与精确计算，理解了布艺作品在设计上所需的精准度与细致性，这为接下来卡套的实际制作打下了坚实且专业的基础。

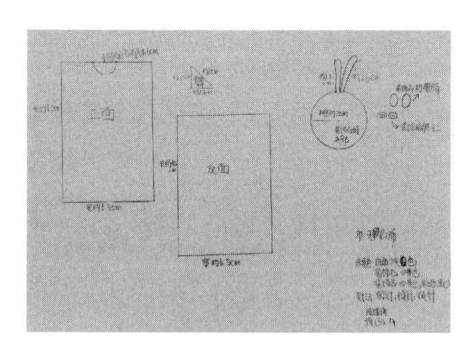

图 12　学生任务单 10　　　　　　　图 13　学生任务单 11

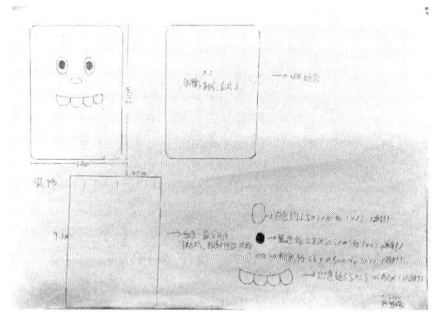

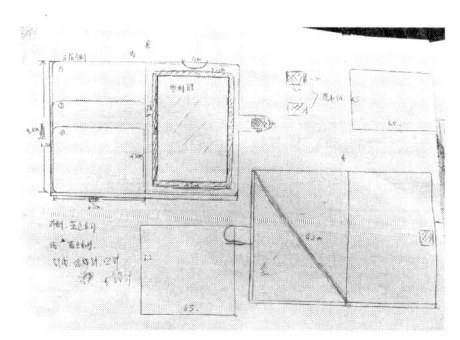

图 14　学生任务单 12　　　　　　　图 15　学生任务单 13

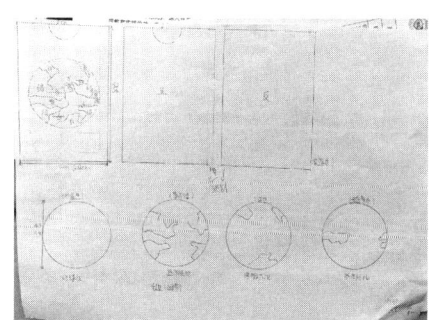

（四）项目实施活动三

1. 任务六：根据裁剪图，剪下各部件模板后，在布料上排料并裁剪布料

经过上述任务的准备，学生们正式进入制作阶段。首先是精确裁剪各零部件布料，需在排料前，将裁剪图上的各部件沿边精准剪下作为模板。在节省布料的原则下，将模板贴布边放置。使用划粉笔沿着模板边缘，在布料上依次描边并沿着描边线条精准地剪下布料。

在此环节中，学生们遵循任务单上的评价标准进行制作。在裁剪过程中，遇到了挑战：划粉笔的头部较粗，在布料上画出的线条宽度较大。裁剪布料时，需判断，应沿着内边缘还是外边缘裁剪。

学生们经过深入讨论验证，最终判定应沿着内边缘进行裁剪。这是因为内边缘的尺寸与模板完全吻合，而若沿外边缘裁剪，可能会因线条宽度导致布料尺寸偏大，从而影响最终作品的呈现效果。

2. 任务七：设计缝制工艺流程

现在进入关键的缝纫环节。在开始前，必须对缝制顺序和步骤进行规划。

为确保缝制效果的美观和完整性，应遵循从前到后的顺序。首先将最前的装饰图案进行缝合，例如表情、文字等。

接着是缝合步骤。根据学生在香袋制作中的经验,应首先用攻针临时固定布料边缘。因为布料容易因针的穿进穿出而移位,从而影响最终缝制效果。

缝合布料的详细步骤应为:首先缝合装饰部分;接着缝合封口,确保其平整且牢固;最后缝制卡套边缘,确保所有缝线流畅。通过精确规划,能确保缝制出的作品既美观又实用(图16)。

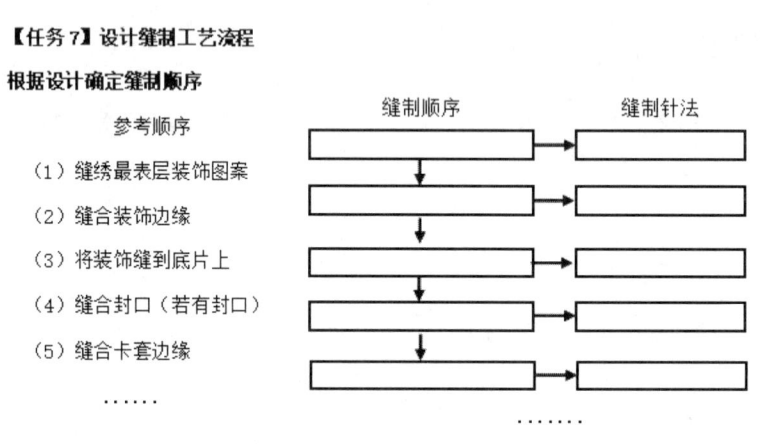

图16 学生任务单14

3. 任务八:缝制创意布艺卡套

根据任务单上的要求与确定的缝制顺序,进行缝制。注意起、止针结位置,针距小于0.5厘米,顺序正确、针法操作正确,安全规范地使用工具(图17)。

图17 学生任务单15

经过精细与耐心的缝制,学生们的作品效果逐渐显现出来。

在制作时,学生们遇到了挑战,如他们设想的最终缝制效果与实际成果存在出入,这让他们感到困惑。经过及时调整,学生们逐渐学会了在制作中大胆实践从而找到解决问题的方法。他们的信心得以恢复,继续投入缝制中。最终一件件充满创意的布艺卡套作品得以呈现,不仅展示了学生的才华,也见证了他们的成长与努力。

四、项目成果

在最终的作品展示活动中,明确投票规则后,学生们将票投给了自己喜爱的作品,成功甄选出了数款布艺卡套佳作。

在作品分享环节,荣获优秀作品的学生阐述了他们的设计理念、卡套的结构特点与优势以及卡套表面装饰部分的独特灵感来源。他们还介绍了在缝制过程中运用的专业针法,这些精细的技艺和独特的创意赢得了在场同学们的高度认可(图18)。

为了进一步激发学生的创新思维,拓展环节展示了更多形式的创意卡套设计。这些设计包括将动物形象巧妙地融入卡套形状中,将花朵的花蕊部分设计成独特的缝线纹理等。这些富有巧思的设计不仅开阔了视野,也拓宽了设计思路,为他们未来创作出更富有创意的布艺作品奠定了坚实的基础。

最终,部分优秀作品在学校科技节活动中进行展出,这些作品凭借独特的创意和精湛的工艺,赢得了师生的高度评价和广泛赞誉(图19)。

图18 学生作品展示1　　图19 学生作品展示2

五、项目反思

本次的项目专为预备年级学生精心打造,旨在通过两个学期的系统学习,在课程中掌握基本的劳动方法,同时提升劳动素养和创新思维。这次项目的过程也是一次自我探索、小组合作、将想法实现的过程。

项目过程中,学生们通过组建项目小组、分工协作、规划实施,不仅锻炼了团队协作能力,还培养了自主探究、信息整合和设计思维等能力。在卡套设计环节,学生们展现了出色的审美和绘图能力,将创意想法付诸实践。在制作阶段,他们不仅掌握了缝纫技巧,还关注到了细节和实用效果。通过项目展示、评价与拓展,学生们的表达能力得到增强,自信心得到提升,同时视野和设计思路也得到进一步拓宽。

笔者作为职初教师,首次尝试项目化学习,在实施过程中也发现需要改进的地方。整体项目时间稍显紧凑,对于刚学会布艺缝纫、没有太多实践经验的学生来说,针法与缝纫技巧掌握得不是很到位,导致部分学生缝制进度缓慢,个别未能按时完成作品。部分学生在将设计稿转化为实物的过程中出现偏差,这也提示笔者在未来的项目中需要更加注重学生的实践经验和技能提升。

我校作为科技特色学校,一直以来在科技上的成果颇丰。作为其中一部分的劳动教育学科,也有着丰富的资源和成果。基于本次项目化学习的成功经验,可以继续深化和拓展课程内容,如设计并制作更多创意纸艺、绳结作品等,让学生在实践中感受精益求精、追求创新的工匠精神,同时传承和发扬中华优秀传统工艺。

核心素养导向下的初中历史项目化教学实践
——以"走进数字博物馆·史证抗战"为例

李 莉

随着《义务教育历史课程标准(2022年版)》(以下简称"新课标")的颁布,以项目化学习为代表的探究式、跨学科、综合化、体验式学习方式已成为广大一线教师关注的热点,也成为教学实践的发展趋势。

一、当前项目化教学存在的问题

新课标聚焦核心素养,鼓励开展项目化学习,为初中历史核心素养的培养开辟新路径。项目化学习,指让学生在真实的驱动性问题的引领下,经历资料收集、规律探索、结论完善等学习过程,不断修订完善、公开展示,最终形成一份公开的、可见的成果。当前,历史学科项目化教学由于教师缺乏对项目化教学的正确认识、教学资源匮乏等原因,存在项目设计可行性低、研发能力不足等问题。项目化教学常常简单地变成活动课、讨论课,让原本为促进学生深度学习而进行的项目化教学流于形式,学生的深度学习并没有真正发生。围绕核心素养的培育,深化学习方式的变革成为当前教学面临的挑战。

二、关于项目化教学的设计与实施

基于对以上问题的思考,笔者尝试通过项目化学习的实践,让学习过程具有指向学科核心素养发展、提升课堂活力的可能,促进真实学习的发生。本文将以"走进数字博物馆·史证抗战"项目化学习的实践为例,探寻项目化学习与历史学科核心素养培养的融合路径。

(一)借助学情调查,了解真实学习起点

当前,学生的学习已不再受限于课堂教学,很多学生在正式学习抗日战争史前,已经对日本侵略、南京大屠杀等内容有了一定了解,线下也参观过不少相关博物馆。为明确学生真正的学习起点,笔者课前通过调查问卷了解学生对抗日战争的认识以及对数字博物馆的使用程度,把握学情。从调查数据看,大部分学生都对日本侵华行径有一定的认识,但面对日本右翼势力美化侵略行径,否认南京大屠杀暴行的行为,暂无法有效地利用史实、史料作为证据进行驳斥。同时对数字博物馆了解非常有限,因此也无法整合馆藏史料,还原历史真相,史料实证意识较弱。针对这些情况,本次项目化设计将在基于史实的常规教学外,注重提升学生的史学思维,强化史料实证意识,发展核心素养。

(二) 明确素养目标,开展项目设计

项目化学习强调"以终为始",即从项目一开始就对结果做出规划,并根据结果来设计教学目标。新课标在课程实施的"教学建议"中明确:"(要)将核心素养的培育作为教学的出发点和落脚点,使教学目标在培育学生核心素养方面起到指引性、规定性的作用。"可见,项目化教学目标的确立,不是以单纯的知识记忆为目标,而是聚焦于学生探究问题和解决问题的关键能力、正确价值观和必备品格,聚焦于学生核心素养的达成度。

1. 明确项目素养目标

基于此,在设计本次项目教学目标时,笔者根据新课标中的"内容要求"及"学业要求",并结合学生现有的知识水平,确立核心素养五位一体的综合性教学目标:一是以课程标准要求的学科学习内容为核心,通过学生自主分析与小组内讨论结合,配合教师提问点拨,知道抗日战争是正义性的反侵略战争,认识日本帝国主义凶恶残暴的侵略本质。二是依托史料互证,完善证据意识。学生在探究过程中掌握收集、分析、解读史料的能力,并能够对史料进行归类处理,运用不同类型、不同角度的史料互证,努力还原历史的真相,强化历史的证据意识和逻辑意识。三是弘扬民族精神,涵养家国情怀。通过本次项目学习,提升对中华民族抗日战争历史的了解,进一步树立文化自信和民族自豪感,增强国家认同感和归属感,认识和平的重要性,树立正确的世界观,珍爱和平、远离战争。四是借助互联网、数字博物馆、历史书籍,结合本课教材内容,小组内合作探究,在深度理解和掌握有关数字博物馆史料的基础上,形成汇报成果,提升学生合作探究能力及语言表达能力。五是通过最终成果展示,分享交流、总结,回顾整个项目活动,进行合理的过程性评价,强调唯物史观。

2. 分析项目可行性

明确项目目标是开展项目设计的关键。而进行项目可行性分析,是确认项目设计能否有效实施的前提。因此,在进行本次项目化设计之初,我一直围绕着以下两个问题思考:

(1) 可否以"走进数字博物馆·史证抗战"为主题开展项目活动?

(2) 如何将"走进数字博物馆·史证抗战"项目活动与单元整体教学相结合?

基于此,笔者从新课标要求、教学资源和学生能力三个方面分析了本次项目活动的可行性。

从新课标要求出发:在历史教学活动中,应积极开发利用社会资源。社会资源是校内课

程资源的必要补充,如历史遗址遗迹、博物馆等,特别是(要)用好红色资源,发掘红色文化的教育价值,弘扬革命传统,传承红色基因。社会资源的开发利用可以拓宽学生视野,引导学生关注历史与现实的联系,将课堂知识与社会实际生活相联系,真实地感知历史,切实提高学生的核心素养。

从教学资源出发:中国历史第三册第六单元"中华民族的抗日战争"知识贯穿本次项目化学习,构建了学生对抗日战争历史的基本认知。同时,随着信息技术、VR技术的快速发展,国家大力开发博物馆数字资源,各级各类的数字博物馆纷纷上线,并对公众免费开放,如九一八事变博物馆、中国人民抗日战争纪念馆、侵华日军南京大屠杀遇难同胞纪念馆、四行仓库抗战纪念馆等,使这次走进数字博物馆项目化学习具备可行性。

从学生能力出发:七年级学生已初步具备了在教师的指导下从材料中提取有效信息的能力,这为本次项目化学习进行史料探究活动做好了铺垫。

基于对课标、教学资源以及学生能力的分析,本次项目化学习以中国历史第三册第六单元"中华民族的抗日战争"为基础,进行"走进数字博物馆·史证抗战"项目化学习探究。

(三) 唤醒学习动力,有序推进项目

学科项目化学习的驱动性问题应基于本质问题设计,并且要巧妙地将核心知识融入其中,既要考虑学生的兴趣、问题的真实性和必要性,唤醒学生的学习动力,又要保证学生能在学习过程中基于对史实的理解,具备收集、整合史料,解决问题,形成汇报成果的能力。

1. 入项:真实情境激发学习欲望

首先,需构建知识框架,整理基本认知。了解学生对抗日战争的印象和认识,把握学情,并确定本次项目本质问题——"如何用史料呈现真实的抗日战争历史?"其次,通过习题设疑,启发学生思维。以学生在练习册中遇到的习题为契机,介绍日本右翼势力不仅否认南京大屠杀,而且对于日军侵略行径,一直在实行美化政策,否认历史甚至篡改历史。由此引出驱动性问题——"面对日本右翼势力美化侵略、否认历史、篡改历史的行径,你将如何用史料呈现真实的抗日战争历史?"以激发学生学习欲望,唤醒学习动力。

2. 实践:集思广益构思作品设计

在本次项目化学习过程中,各小组深入参观数字博物馆,搜寻史料,解读史料,形成初步认识。同学们召开小组会议进行头脑风暴,科学合理分工,分头完成各自任务,共同完成演讲稿与宣传海报。遇到难题,积极寻求帮助,通过线上线下方式向教师提问和探讨。各小组凝心聚力、集思广益,初步形成汇报成果。

3. 改进:互评互鉴完善学习成果

项目实施的过程,也是改进的过程。不仅是教师要根据项目推进情况改进教学设计,学生也应在互评互鉴中修改完善学习成果。成果展示初步构思完成后,学生进行组内展示与

讨论,每位同学谈谈自己搜寻到的史料,是否能有力地证明抗战历史?是否有更合适、高效的展示方式?在这一环节,部分小组发现存在内容史实分析浮于表层、形式较为单一等问题。针对以上问题,小组讨论后修改完善,在深度理解和掌握有关数字博物馆史料的基础上,运用不同类型、不同角度的史料互证,努力还原历史的真相,形成最终汇报成果。同时,小组内对本阶段的学习表现进行互评,提高团队合作效率与凝聚力。

4. 出项:成果展示提升学习成效

在出项活动上,学生通过"上台汇报"和"海报展示"分享自己的学习成果。

各小组成员深入参观数字博物馆,从中方、日方再到第三方材料,从文献、实物、图像史料再到亲历者回忆,用史实证明日军制造南京大屠杀等惨案,铁证如山,不容篡改。学生汇报演讲生动、感情充沛,使同学们对于抗日战争的理解也从书上单薄的文字变得更深刻、更全面,真正认识到和平的珍贵。

同时,各小组将精心设计的海报进行展示,介绍重要馆藏史料,分享参观感悟。通过海报宣传推荐,帮助更多同学初步认识数字博物馆,激发他们课后访问的好奇心。本次项目化学习,在弘扬民族精神,提升家国情怀的同时,进一步提升学生历史的证据意识和逻辑意识,培养合作探究能力及语言表达能力,在成果展示中收获成长。

总之,在项目实施过程中,教师的角色不再是一个答案的提供者,而是一个引领者、启发者、合作者,学生是项目的主角。这样的学习模式能够拓展学生思维,提高学生的自主学习能力和实践应用能力,使得学生能够以一种全新的角度看待历史这门学科,进而提升历史的证据意识和逻辑思维能力,加深对历史知识的认知,推动学生更深入地学习。

三、项目化学习赋能历史教学的思考与成长

项目化学习赋能历史教学,对教学来说是一种探索,是教师与学生对历史学习的一种理解,是践行核心素养的一种体现。项目化学习的意义不在于提高知识获取的短期效率,而是通过营造实践的场景,让学习者在真实的世界里自主地体验与思考、探究与行动。

对于教师而言,在项目的设计、推进和实践中,教师转变为倾听者和观察者的身份,既成为促进学生发展的支持者,更进一步收获了创意和成就,使个人专业能力得到提升,实现教学相长。

对于参与项目活动的学生而言,在项目学习过程中,学习的兴趣和积极性被唤醒,对历史的认识增强,学习视野被打开,综合学习能力得到提升,有效落实史料实证、历史解释等学科素养。

项目化学习强调团队协作,需要较为稳固的伙伴关系。在整个项目过程中,需要参与者不断地讨论、交流与互助,团队成员间相互依赖,各自贡献所长。因此,相比于传统的课堂教

学,项目化学习能够有效调动生生合作以及师生合作。在项目实施过程中,师生之间大部分时间是平等的,大家集思广益、通力合作,完成项目任务。这种合作是主动的、积极的,是全新的教学体验。

参考文献

[1] 夏雪梅.素养时代的项目化学习如何设计[J].江苏教育,2019(22):7—11.

[2] 陈久华.以项目化学习为引擎促进义务教育"双新"落实——浦东新区推进义务教育项目化学习的区域经验[J].浦东教育,2023(08):46—49.

[3] 王荣琳.项目式教学在初中历史教学中的应用研究[D].聊城:聊城大学,2023.

[4] 赵静.基于实践案例的项目式学习研究[J].科学教育与博物馆,2021,7(01):48—54.

基于课程改革下以学生为中心的课前教学模式的优化

——以"相似三角形"24.2(1)比例线段为例

唐舒妍

2022年4月,《义务教育数学课程标准(2022年版)》(以下简称"课标")发布,其中提出了一个重要的教学理念,即注重信息技术与数学教学的融合。这一理念是在当前网络不断改革和发展的背景下提出的,我们的课程也需要与时俱进,要充分利用现代化信息技术,为学生提供更加丰富的学习资源,设计更加生动有趣的教学活动,并满足学生多样化的学习和发展需求。

一、教学内容及分析

(一)研究背景

随着信息技术在社会各个领域的迅速发展,它已经成为现代教育不可或缺的一部分。在数学教学中,信息技术具有巨大的潜力,可以帮助学生更好地理解和掌握数学知识,提高他们的学习兴趣和学习效果。例如,借助互联网和计算机软件,学生可以做虚拟实验、模拟演示等活动,从而更加深入地理解数学原理;同时,网络还可以提供海量的数字化学习资源,如视频、音频、图像等,让学生在多样化的学习资源中选择适合自己的内容。但是,庞大的信息库很难对学生个性化的学习需求提供一对一的针对性学习辅导。制定精准的学习策略,这是信息技术很难取代的,但它可以作为教师的辅助更好地干预学生的学习过程,提升教学质量和教学素养。

(二)学情分析

在传统的教学学习过程中,数学课程通常布置的课前教学活动就是预习书本并完成书上的课后习题。但是,课前学习的方式总是比较单一,并且学生只会通过普通的查看书本进行学习,机械式地模仿例题的做法来完成课后练习,实际上并没有通透地理解知识、领悟知识,这样的"自主学习",学生到底学会了没有?学得怎么样?教师很难考查到,学生也通常似懂非懂地误以为自己完全掌握了这些知识点,以至于在真正的考试中暴露出问题。随着年级的升高,在这样的课前教学活动中,部分学生其实预习得一知半解,对部分知识很难完全领悟,虽然在课中教学活动中教师可能解决了部分疑问,但由于课堂的时间限制以及课后其他教学活动的繁忙,可能很难做到面面俱到并答疑解惑。因此,这部分的疑难一直没有得到完善的解决。现在通过 Classin 的 LMS 管理平台,这些问题都能得以改善优化,做到智能化精准化教学,下面笔者将以"相似三角形"这一章的 24.2(1) 比例线段为例,谈谈课程改革下以学生为中心如何优化课前教学模式。

(三) 教材分析

沪教版九年级第一学期的"相似三角形"这一章是基于"全等三角形"几何性质的延伸和拓展,是学习三角函数的基础,也为圆的学习作铺垫,对前后所学知识进行了连接,是平面几何中非常重要的一部分知识。但是,九年级的教学非常紧凑,教学步伐十分快,而知识内容多且复杂,学生很难在课堂教学时接受。暑期的时间既能让学生从 4 个月的辛苦学习中得到休息,也可以利用这两个月的时间进行查缺补漏、学习新知。将这一章节的课前教学预习布置在暑假中,供有需要的同学在作自主学习的同时,进行有针对的辅导,教师可以通过 Classin 分享学习资料电子课本、搭建课前学习活动、制定个性化课前自主学习。

二、教学内容设计及实践

(一) 布置书本预习的教学活动

在这个教学活动中,需要学生首先自行预习书本内容并对书本上有疑问的地方提出问题,鼓励学生在自主学习的过程中发现问题并提出问题。

在线下的教学过程中,数学的课本于学生而言,经常只有在圈画概念定理以及完成课堂练习时才会被翻阅,但教材才是课程标准落地的载体。例题和习题是经过各类专家反复琢磨,精心挑选的结果,凝聚了专家们的集体智慧。所以说,教材就像一口井,挖得越深,井水就越甘甜。对课本例题和习题由浅入深地挖掘,可以培养学生思维的深刻性与创造性。教师与学生由于思维水平、认知能力和知识储备上的差异,教师很难对学生认知上的困难产生共鸣和理解,这样就容易导致教师在线下教学过程中将对学生的认识封闭当成已知快速讲解过去。因此,通过这样的教学活动对学生的疑问进行搜集,一方面能帮助学生主动去阅读书本,深挖课本内容,做到立足课本,用好课本、用活课本,深入挖掘知识点,引导学生要发现问题,大胆提出疑问;另一方面也能让教师对学生的疑问有所了解,在课堂教学活动中更好地解决问题,做到在课前就能理解学生,不断反思自己的教学,才能更好地帮助学生成长。

在笔者设计的课前学习中,同学们就在书本的预习中遇到的不理解知识点以及更好的想法提出了讨论,比如在学习合比性质的时候发现可以直接通过分式的计算得到合比的性质,不需要设 k 来完成,以及对于等比性质可以推广到任意和有限多个相等的比的情形这句话的不理解。借此学习活动充分调动学生学习的积极性以及自主思考能力,弥补了平时课堂中学生很难花时间关注数学课本的空缺。依托这项活动,让学生对课本的解读放在了课前,加深对课本的阅读以及概念性质的理解,关注概念的现实背景,引导学生从数学概念、原理及法则之间的联系出发,建立有意义的知识结构,帮助学生会用整体的、联系的、发展的眼光看问题,形成科学的思维习惯,发展核心素养。

(二) 播放对应课时的录播课

设置该教学活动让学生对于知识有一定的了解并能解决在数学的自主学习中遇到的部分疑难,对概念性质有更深的理解。教师可以节选各位名师录制的"空中课堂"的视频并结合自己根据学生实际情况制作的录播课进行播放,有效利用空中课堂,作双师互补。

(三) 建立讨论活动"集思妙想"

建立线上讨论活动——在看完录播课后,你的疑问是否解决了?如果没有解决,请将你的疑问提交上来,大家一起讨论!学生可以就自己共鸣的问题进行点赞,抑或是对自己能帮忙解决的问题作解答,教师也可以对学生的疑问进行追问补充,以便进一步引发学生思考和探究。一则,从学生的眼光去看待问题容易产生共鸣,容易用他们同等的知识储备帮助换位思考解决问题,推动积极良好的生生互动。二则,锻炼其他学生的表达能力、分析问题的能力以及解决问题的能力,有利于学生在数学学习的过程中利用数学知识解决问题,也便于他们自己在此过程中积极思考、整合知识。搭建多维学习互动平台,引导学生有话敢说、有问敢提、有理能辩,让学生帮助同学从学生的角度去解决问题,让学生做到真正自主学习,培养良好的学习能力,做到积极思考,促进学生理解和掌握基础知识和基本技能,做到会用数学的思维思考问题,会用数学的语言表达问题、解决问题。

(四) 播放自制的录播课

将讨论帖中并没有完全解决的问题且想要进行额外补充的内容作拓展延伸,整合后录制微视频,供学生答疑解惑。暑期学生的课余活动相对而言也比较丰富,不一定有足够多的时间观看在线直播课,将教学内容录制成录播课便于学生随时观看且能重复播放,有利于加强线上网络空间与线下物理空间的融合,突破传统数学教学的时空限制,丰富教学资源,为学生的自主学习创造条件。

(五) 布置作业,检验成果

为了检验学生的自学成果,教师布置作业,将作业分为 3 类,第一类重在对知识的理解,第二类重在对知识的掌握,第三类重在对知识的运用。教师作批阅,对学生的学习成果进行验收,可以更好地了解学生对于本节课知识的掌握程度,同时可以在后台收集学生的准确率、完成率以便作数据整理,收集学生的错题作为样本在线下课堂教学时与学生进行辨析,避免类似错误的出现。这样教师可以精准了解每个知识点掌握的情况,学生也可以实时了解自己的薄弱点,以便课后加强巩固。

三、教学思考与展望

(一)教学反思

在实践中,笔者也在反思,在这种课前教学过程中,教学评价暂时还比较单一。目前评价方式主要表现为教师单方面的笔头作业布置,对学生的学习作出评价,评价维度主要体现在知识技能的掌握,很难关注到学生的基本活动经验的积累。如何结合线下的教学形成更好的多元化的评价方式,增强学生学习数学的自信心,提高学生学习数学的兴趣,还可以在继续实践的过程中继续优化改进。

(二)教学展望

"相似三角形"这一章节在学生实际的学习过程中产生了非常大的阻力,但在学业水平考核中又承担了很重要的角色,如果能将这一章节的学习细化到线上的课前教学中,线下的课堂教学一定能够顺利地推动展开,就能有更充足的时间让学生从复杂的抽象图形中进行抽丝剥茧,解决问题。在24.2(1)比例线段的课前学习活动中,笔者看到了课前教学活动展开的可能性,也看到了精准化教学的无限可能性,目前线下教学由于班级人数的众多,很难做到一对一地、因材施教,但 Classin 作为辅助工具可以帮教师加强信息技术与数学教学的融合,做到精准化教学。

教师的教学过程中最重要的环节之一就是备课,备课不单单是备教材,更重要的是备学生,而每个学生的个体差异性都比较大,学情也并不相同,搭建优质的课前教学平台有助于教师更好地了解学生的学习情况。传统式的教学更多的都是以经验来优化教学,而精准的数据可以更有效地帮助教师了解学生的薄弱点,做到精准改进、优化教学,更多地看到学生的"思",才能更好地"教",他们也能更好地"学"。借助智能教学平台,完善课前教学活动,更好地做到因材施教,才能促进学生思维的跳动,推动数学学科核心素养的培养。

参考文献

[1] 中华人民共和国教育部. 义务教育数学课程标准(2022版)[M]. 北京:北京师范大学出版社,2022.

大数据支持下小学英语教育信息化策略研究

金　昕

在互联网与大数据的时代浪潮中，大数据不仅为教育教学模式的革新注入了强大的动力，更在课堂教学和评价方式方面展现出了无尽的潜力。教育信息化作为一种将信息技术与教育教学深度融合的新型教学模式，正逐渐成为教育领域的重要发展方向。在小学英语教学中，信息技术手段的巧妙运用能够将原本枯燥、抽象的知识转化为具体、生动的形象，有效激发学生的学习兴趣，进而显著提升学习效果。本文基于大数据支持背景下的小学英语教育信息化改革优势与现状，从"新视野—新情境—新评价"3个方面提出了开展小学英语教育信息化的新模式。

一、大数据支持下小学英语教育信息化现状探究

（一）小学英语信息化教学优势分析

在新时代大数据支持下，教育科技已迈向信息化新纪元，展现出令人瞩目的发展态势。国家对教育信息化水平作出了明确指示，倡导在校园内构建起完善的信息化教学基础设施体系，广泛普及信息化终端设备，实现与网络信息平台的多元化融合，从而推动学校教学模式的现代化进程。

小学阶段正是英语语言学习的黄金时期，教师可以充分借助教育科技，培养学生的语言学习习惯、英文表达技巧与语感敏锐度，全力营造融合先进教学技术的语言学习殿堂。将大数据技术应用于英语教学中，能够极大地丰富教学内容，提升课堂的教学效率，优化教学评价机制，进而培养学生的创新思维。这种融合不仅让英语教学更具吸引力，也让学生在学习过程中更加轻松自如，从而实现教育教学的双赢。

因此，推进小学英语教育信息化建设无疑是英语教育创新发展的必由之路，对丰富学生英语学习体验具有不可估量的价值。在智能化教学环境的滋养下，学生能更加热忱地投入教师们精心策划的多样化语言学习活动中。

(二)小学英语信息化教学问题研究

1. 部分教师信息化操作水平尚不熟练

目前,许多教师的信息化素养参差不齐,无法适应教育信息化改革下的教学模式转变。教师普遍缺乏计算机操作的熟练度,对多媒体应用的驾驭能力也有待提高。一些教师可能在使用多媒体设备、网络教学资源以及教学软件时感到力不从心,无法充分发挥大数据工具在教学中的优势。此外,部分教师对于信息化教学技术的接受程度有限,缺乏主动学习和探索新技术的意愿,这在一定程度上限制了他们的信息化操作水平。同时信息化工具众多,筛选和实际运用的能力对于教师而言是一种很高的要求。

2. 教学内容碎片化严重,学习停留于表面

信息化教学技术的广泛运用,深刻地影响了教学活动的各个环节。信息技术的不合理利用会使得传统教学活动的秩序受到冲击。其中,教学重点和难点被混淆的现象尤为明显,使得教学内容碎片化严重。在教学实践中,教师常常借助大量的教学资源,如PPT、音频和视频来辅助教学。图片、音频、视频等信息不断地冲击着学生的视觉,使得他们在学习过程中倍感疲惫,缺乏足够的思考空间,也难以对重点内容作及时的笔记记录。最终,这些教学方式导致教学内容仅仅停留在表面,未能真正被学生所消化和吸收。

二、大数据支持下小学英语教育信息化的"三新"策略

(一)新视野:延伸课堂教学,拓宽英语视野

教育信息技术具有开放性、互动性和共享性的特点,能够为学生提供更多的学习资源。大数据支持背景下,在小学英语课堂教学中融入信息技术可以极大地拓展教学的深度和广度,延伸英语课堂学习,使教学更加生动、直观、有趣,为学生提供新视野。

小学英语教学中的学科核心素养分别是语言能力、文化意识、思维品质和学习能力。在有限的教学时间内,教师应致力于在4个核心素养上促使学生取得最大程度的提升。此时,信息技术的运用就显得尤为重要。通过运用现代多媒体技术,可以充分挖掘音频、视频、图像等多元化教学资源的优势,将抽象的英文教学内容具象化、形象化,使得英语知识更加易于理解和掌握。

以小学英语三年级下册M2U1 Animals教学为例,在传统的教学方式下,教师可能只是简单地讲述动物的名称、习性和特点等,但这种方式往往显得单调乏味,难以激发学生的学习兴趣。而在教育信息化中,教师可以运用信息技术手段,通过互联网平台下载各种动物的习性视频,并在课堂上展示给学生观看。同时,教师可以结合英文讲解向学生教授对不同种类animals的描述方式,如"Look at the zebras. They are strong. They have black and white stripes. They like eating grass. They can run fast."教师还可以利用精心制作的课件

来展示动物的外貌特征、声音以及生活习性等内容。通过文章、视频结合的方式,使学生更加直观地感受到动物的魅力,从而激发他们的学习兴趣和热情。

在完成 M2U1 的学习后,教师可以设计一系列紧扣课程内容的思维导图训练。相关练习需要结合视频等资源的观察,问题的引导,如"Which animal do you like best?""What can they do?"等。这些可以促使学生在课后进行自主练习与思考,形成独立语篇输出。学生可以充分利用网络和相关教学资源,学会用英语表达自己的想法和观点。这样的做法不仅有助于学生对所学知识的巩固、拓展和延伸,还能有效拓宽他们的英语视野,提升英语表达能力。

通过信息技术的运用,学生对英语课程产生了更为深厚的情感联系,他们能够更加深入地了解动物的习性和特点,进而产生对动物的关爱之情。同时,这种教学方式也拓宽了学生的学习视野,使他们在学习语言知识的同时,还能够了解到更多关于自然界的知识。这种综合性的学习方式有助于提高学生的综合素养,培养他们的环保意识和尊重自然的生态意识。

(二)新情境:创设真实情境,激发学生兴趣

在大数据支持下的小学英语课堂教学中,教师可以运用多媒体技术构建课堂教学新情境,向学生更好地展现视觉材料,如英语国家的风土人情、节日庆典、日常交际等场景的照片或录像。这种直观且生动的多媒体课件,不仅能在最大程度上激发学生英语学习的热情,更能协助他们在真实的情境中深入理解并内化所学知识,显著提升教学质量。通过模拟所学语言知识的应用场景,学生得以将知识应用于实际情境中。此外,互动式的多媒体教学软件也为创设仿真教学情景提供了便利,例如开展线上英语教学游戏教学。学生在游戏中完成指定课程游戏任务,不仅锻炼了英语技能,还激发了学习英语的兴趣。

以小学英语五年级上册 M3U3 Seeing the doctor 这一主题教学为例,在教学实践中,教师可以巧妙地运用信息化教育工具,构建一个充满活力的真实教学情境。为了让学生更好地融入学习氛围,教师可以从网络上搜寻丰富多样的优质教学资源,并精心创设一个模拟"Seeing the doctor"的情境,引导学生们回忆自己的亲身经历,畅谈在患病期间被人悉心照料、就医过程中的点滴感受。同时,教师可以引导学生们在教学情境中分别饰演不同的角色,如 doctor、patient、nurse 等,并尝试通过英文完成就医的对话。对于英语语言表达方面稍显薄弱的学生,教师可以鼓励他们先用中文表达自己的体验和感受,然后再指导他们尝试用英语来复述,或者提供一些关键的单词和语法点,以帮助他们更好地完成表达。

大数据支持下的情境教学方式,不仅能够提升学生的学习效率,更能激发学生对知识的探索欲望,让学生在轻松愉快的氛围中不断提升自己的英语表达能力。

(三) 新评价：优化评价方式，助力提质增效

在教育信息化的大背景下，小学英语教学中学生个体的差异性愈发凸显。通过实施多元评价和合作指标，教师能够精准地为每名学生找到适宜的学习路径，同时方便教师因材施教，最大程度地推动每个学生的个性化成长。因此，构建多元化的教学评估体系成为小学英语教学中的一项重要任务。这一完善的评估体系涵盖了多个维度，包括教师评价、家长反馈、小组互评以及学生自评等多种评价主体，并贯穿课前、课中、课后等各个评价阶段。在完成教学评价后，教师可将这些结果汇总保存，形成一份详尽的"电子档案袋"。通过强大的数据处理能力，教师可以将评价结果可视化，从而更直观地帮助学生发现并弥补自身的薄弱点，实现提质增效。

在实际操作中，教师可以采用多种评估方法。例如，对学生的学习态度、习惯以及课堂表现做全方位的观察与记录；在主题学习活动结束后，根据学生在活动中的表现作针对性的评价；让学生完成演讲、写作等任务，并通过对作品质量的评估来反映学生的学习成果。此外，教师还可以设计简洁易用的学生自我评价表，让学生通过对比教师评价与自我评价，更直观地认识到自身的不足并采取相应的改进措施。

此外，还可以建立英语学习评价档案袋。这一形式，教师可以紧密地连接家庭、学校和学生，使家长们能够更直观地了解学生在校期间的英语学习表现。这一举措不仅增强了家校之间的沟通与合作，还有助于提升家长对学生学习进程的关注度。同时，评价档案袋的存在也为学生提供了一个宝贵的自我反思方式，他们可以借此回顾自己的英语学习历程，做阶段性的深度自评，从而感受到学习的满足感和成就感。这种积极的自我评价体验有助于激发学生的学习兴趣和动力，为他们在英语学习道路上的长足发展奠定坚实基础。最终，通过建立英语学习评价档案袋，教师能够形成学习的良性循环，关注个体发展，确保每一名学生都能够跟上整体学习步伐，共同进步。

三、总结与展望

大数据支持小学英语教学已成为现代教育发展的主流趋势，教师需根据课程的具体内容以及学生的个性特点，精心筛选适合的网络教学资源，并在课堂上巧妙地运用信息技术。通过创新的课堂方式，不仅能够充分激发学生的学习热情，为他们打造优质的教学环境，更能够开阔他们的知识视野，使课堂教学质量得到显著提升。然而，大数据技术与小学英语教学的深度融合仍然存在许多亟待解决的难题，欲在英语课堂上充分发挥信息技术的优势，教师还需将其与教学内容紧密结合，使其相得益彰。

参考文献

［1］康玉霞.教育信息化2.0背景下小学英语教学与信息技术的融合[J].中国新通信,2024,26(4):206—208.

［2］张悦.技术引领,创新赋能:教育信息化背景下小学英语教学思路[J].校园英语,2022(28):172—174.

［3］聂敏利.融入教育信息技术,增效小学英语课堂[J].校园英语,2021(27):166—167.